通往"蓝花"深处
A MENTAL JOURNEY TO THE MYSTERY OF "BLUE FLOWER"
——马克思与德国浪漫派研究

刘 聪/著

我已经没有任何贪欲,可是我很想见到那朵蓝花。① 它萦绕在我心里,除了它我什么也不能写,什么也不想写。……②

——诺瓦利斯:《海因里希·冯·奥夫特尔丁根》

我们拥有艺术——以免我们亡于真理。

——弗里德里希·尼采:《权力意志》

---

① 蓝花(die blaue Blume),德国早期浪漫派旗手诺瓦利斯(Novalis,原名 Friedlich von Hardenkerg)在其小说《海因希·冯·奥夫特尔丁根》(*Heinrich von of Terdingen*)中,描写了年轻人奥夫特尔丁根梦到一株生长在山岩间与喷泉畔的蓝花,此后便在对蓝花的渴慕中开始了追寻的漫游。"蓝花"在诺瓦利斯这里意指浪漫诗的本质,也意味着浪漫主义者内心对无限事物的憧憬。小说发表之后,诺瓦利斯获得了"蓝花诗人"的称号,"蓝花"也成为德国早期浪漫派的象征。

② 诺瓦利斯:《大革命与诗化小说——诺瓦利斯选集卷二》,林克等译,北京:华夏出版社 2008 年版,第 34 页。

序　言

马克思无疑是近代思想史上最复杂的思想家之一，无法被某种单一固定的立场或类型所定位。中国学界对马克思哲学的研究目前正进入一个寻求主题创新和方法创新的转型时期，其原因就在于这种根本理解的深化。比如，我们早已习惯了马克思的理性主义者身份，却较少留意马克思思想中的浪漫主义精神气质。刘聪博士的新著《通往"蓝花"深处——马克思与德国浪漫派研究》，在吸收国内外相关研究成果的基础上，对马克思与德国早期浪漫派之间的理论渊源关系进行了系统而深入的考察，书中一改马克思哲学研究中习见的设计问题和确立观点的方式，从思想史研究的角度，把浪漫主义作为马克思思想中一个不可或缺的固有维度，给予极大重视，甚至将马克思看做是一位浪漫主义者，其研究内容和学术见地给学界对马克思的理解带来了一缕清新的气息。

我总的印象，这是一本选题新颖、立论坚实、文笔清丽的学术著作。全书从启蒙运动自身暴露出的内在困境谈起，对德国早期浪漫主义哲学的产生与内容作出了细致分析；从浪漫派、黑格尔与马克思启蒙运动批判入手，对浪漫反讽、概念辩证法、实践辩证法的逻辑结构进行了对比；在浪漫反讽与概念辩证法的内在关联中，对实践辩证法向反讽结构的形式性趋同予以置证；从马克思对黑格尔现实哲学与浪漫派"形式反讽"的超越与融汇中，对马克思阶级理论的反讽本质进行了浪漫主义的诠释。作者没有采取国内学界马克思哲学研究惯有的和固定的理路，同时也放弃了以往对浪漫主义思潮的简单泛化的理解，而是以新的视角、新的资料和新的理路，在马克思与德国浪漫派的比较研究中让读者见证了一个更加复杂也更加鲜活的马克思。

德国浪漫派的产生和影响是近代欧洲思想史的一个重要环节。德国早期浪漫主义者的一个突出特点是热衷于一切美好事物的无限性内涵，赋予普通寻常事物以崇高的意义和神秘的面纱，以此恢复已知事物那未知的尊严，使有限之物重归无限性的深邃本质领域。作者提出，在马克思的整个思想气质中不可遏制地具有一个浪漫主义的内在维度，在马克思对人类解放美好理想的承诺与追求中，特别是在马克思关于无产阶级革命主体的理论设计中，无疑充满了一种革命浪漫主义的激情。书中最后一章从浪漫主义角度对马克思的阶级理论作专题解读，作者将马克思阶级理论看做浪漫反讽与黑格尔政治哲学相结合的后果，见解独到，论证亦很有力度，是全书中最富创意的内容。另外，就马克思思想的德国渊源而论，马克思无疑是受到德国浪漫派和德国古典哲学的双重滋养而成长起来的，但以往研究者们（包括我本人）大多偏重于关注德国古典哲学对马克思的影响，而将德国浪漫派对马克思的影响予以忽略。刘聪在她的书中重新考察了马克思思想的这种双重起源，并且证明马克思在超越德国古典哲学的概念思辨形式的过程中，接受了德国浪漫派的重要影响。这无疑是非常值得重视的思想史研究结论。

这本书是作者刘聪在她的博士学位论文的基础上拓展而成的。在指导刘聪作论文的过程中，我发现她悟性不错，也很用功，思维类型与众不同。她爱好文学，诗写得很好，可以说这本书的选题对作者来说并非偶然。她没有完全按照我要求的哲学套路去写她的博士论文，而是另有一功，为严格刻板的哲学研究赋予了一种诗意的优美和灵动，论文完成后，其新颖的选题、内容和风格受到老师和同学们的关注和好评。现在这本书得以出版，我希望它能被学界接受，并希望作者在今后的学术研究生涯中做得更好。

张 盾

2013年3月6日于长春

A Mental Journey to the Mystery of "Blue flower"

A Study of Marx tand German Romanticists

目　录
contents

导　论　马克思的浪漫与现实 …………………………… 1
　　一、马克思的浪漫主义诗情 ………………………… 3
　　二、国内的研究现状 ………………………………… 13
　　三、反思与方法 ……………………………………… 19

第一章　启蒙运动与浪漫主义 …………………………… 27
　第一节　启蒙的世纪与时代的困境 …………………… 29
　　一、18世纪的欧洲与启蒙运动 ……………………… 30
　　二、启蒙的任务 ……………………………………… 37
　　三、启蒙的结果 ……………………………………… 42
　第二节　浪漫派与德国早期浪漫主义 ………………… 47
　　一、土壤：德意志状况 ……………………………… 48
　　二、萌蘖：德国浪漫主义的产生 …………………… 52
　　三、蓝花：德国早期浪漫主义的特征 ……………… 57
　第三节　弗·施莱格尔的浪漫主义哲学 ……………… 61
　　一、超越"直线哲学" ………………………………… 62

二、浪漫派的绝对唯心主义 ……………………………… 64
三、浪漫反讽 …………………………………………………… 66

第二章　面向启蒙的三个批判 ……………………………………… 71
第一节　德国早期浪漫派与启蒙运动批判 ………………………… 73
一、批判与审美 ………………………………………………… 75
二、分裂与诗 …………………………………………………… 77
三、宗教改革与宗教历史哲学 ………………………………… 80
第二节　黑格尔与启蒙 ……………………………………………… 83
一、抽象理性批判与思辨理性 ………………………………… 83
二、教化世界的合理性与道德意识的世界 …………………… 87
三、启蒙对信仰的误解与宗教信仰 …………………………… 89
第三节　现代性问题图景中的马克思 ……………………………… 91
一、从抽象理性批判到资本批判 ……………………………… 92
二、从消除二元分裂到消除私有财产 ………………………… 95
三、从理论批判到无产阶级革命 ……………………………… 97

第三章　反讽与辩证法之争 ………………………………………… 101
第一节　反讽理论的哲学释读 ……………………………………… 104
一、苏格拉底与古典反讽 ……………………………………… 104
二、反讽理论形而上学意蕴的提升：从一种修辞到一种
　　实践 ………………………………………………………… 108
第二节　概念辩证法的圆圈 ………………………………………… 120
第三节　反讽与辩证法的内在关联 ………………………………… 125

第四章　马克思实践辩证法的反讽维度释读 ……………………… 135
第一节　实践辩证法的本质 ………………………………………… 137

一、批判性、否定性、革命性 ……………………… 138
　二、理论实践与政治实践的融合 …………………… 139
　三、属人性质的辩证法 ……………………………… 140
第二节　反讽与实践辩证法的"结构性改造" ………… 141
　一、"颠倒"还是"改造" …………………………… 142
　二、"改造"还是反讽还原 ………………………… 144
　三、终结的理念还是无限中的理想 ………………… 148
第三节　反讽结构的样式与马克思实践辩证法的旨趣 … 150
　一、借用与引申：从反诘法到浪漫反讽与概念辩证法 … 151
　二、逻辑异同与辩证法的彻底性 …………………… 156
　三、马克思实践辩证法与浪漫反讽的形式性趋同 … 160

第五章　马克思反讽哲学的现实转向 ………………… 165
第一节　马克思诗歌中的反讽前兆 …………………… 168
　一、马克思哲学的浪漫主义根源 …………………… 168
　二、青年马克思诗歌中的反讽元素 ………………… 171
第二节　走向现实的马克思 …………………………… 178
　一、青年马克思的黑格尔转向 ……………………… 180
　二、博士论文中自我意识哲学观的确立 …………… 183
第三节　马克思与黑格尔的激进本色 ………………… 188
　一、黑格尔评语中的浪漫派弱点 …………………… 189
　二、黑格尔的左派本色 ……………………………… 196
　三、马克思对黑格尔哲学的真正继承 ……………… 210

第六章　反讽哲学观下的马克思阶级理论 …………… 221
第一节　马克思实践哲学对浪漫反讽的修正 ………… 223
　一、修正何以可能：从浪漫反讽到实践哲学 ……… 224

二、从克尔凯郭尔视角看马克思对"形式反讽"的修正 … 226
 第二节 反讽主体与无产阶级 …………………………………… 236
  一、革命主体身份的必然：作为私有制的产物 ………… 237
  二、革命主体身份的确证：无产阶级的自我意识 ……… 239
  三、革命主体身份的呈现：自我异化与反讽中的反题 … 241
 第三节 批判、反讽与革命 …………………………………… 243
  一、无产阶级革命的自我批评 …………………………… 244
  二、资产阶级的自我毁灭 ………………………………… 247
  三、无产阶级的自我扬弃 ………………………………… 250
 第四节 黄金时代与共产主义 ………………………………… 252

结束语 …………………………………………………………… 257

主要参考书目 …………………………………………………… 259

后　记 …………………………………………………………… 267

导 论
马克思的浪漫与现实

1836年秋,波恩。当马克思在莱茵河畔的弥蒙雾霭中写下第一行热情洋溢的文字,我们可以这样说,浪漫主义已注定成为其理论哲思的原发点了。这个来自特利尔市的青年没有安分地度过其一生,他在酒精的感性催化与英雄主义的强烈召唤下写出了蹩脚的诗句,也在生活的窘迫与时代的聒噪中有着对人类发展史诗恢宏的设想与叙写。也许,将马克思算做一位德国浪漫主义精神的承接者并不为过。对于这一不具有确证性的论断,从事马克思与浪漫派反讽哲学研究的美国学者维塞尔(Leonard P. Wessell, Jr.)的独到见解引人深思:"马克思是一位诗人?一位浪漫派诗人?……的确,马克思的科学社会主义的观点本质上是变形的诗歌,其无产阶级的'发现',即科学社会主义庞大体系的关键要素,是受到马克思早期(1836—1837)诗歌兴趣的极大推动。"① 如此自由、大胆的见解虽然引发了臧否不一的评论,但在对马克思哲学的众多思考中却独树一帜。这一颠覆惯常思维的结论的先在而隐匿的前提即是,马克思青年时期的浪漫主义阶段受到了前所未有的重视。在马克思与西方思想传统的关系逐渐被引发关注的今天,维塞尔的上述言论不仅是其个人研究马克思思想的成果呈现,而且成为马克思与浪漫主义思想传承关

---

① 维塞尔:《马克思与浪漫派的反讽——论马克思主义神话诗学的本源》,陈开华译,上海:华东师范大学出版社2008年版,第1页。

系尝试性关联的有力论证。

对于马克思与西方思想传统的研究来说,发掘马克思思想的浪漫主义来源具有重大的意义。普遍的观点认为,黑格尔哲学对马克思的影响是毋庸置疑的。但若说德国早期浪漫派的浪漫主义哲学对马克思阶级理论的形成产生了作用,必然会招致谨慎的反思。这是因为,传统研究往往遵循考茨基在《马克思主义的三个来源》(1907年)①以及列宁在《马克思的三个来源和三个组成部分》(1913年)②中的观点,认为马克思思想有德国古典哲学、法国社会主义与英国政治经济学三个理论来源,而忽略了对马克思青年时期浪漫主义阶段的考察。将如此伟大的思想革命的历史归结为"三个来源"的简单汇合,是否过于草率?阿尔都塞在《今日马克思主义》中曾指责,这不外乎是将马克思看成了一位在其头脑中对各种要素进行拼凑的"作者","把马克思的思想归结为这三股潮流的汇合就是向观念史的陈词滥调屈服,从而无法说明促成这一相汇并把它改造为对于自身组成要素的'革命性批判'的政治—理论基础"。③近年来,伴随着马克思与西方思想传统关系研究的逐步深入,越来越多的学者开始关注古希腊—罗马的古典思想、基督教传统以及浪漫主义哲学对马克思思想形成的影响。维塞尔的研究正合时宜。他对浪漫派与青年马克思的诗歌进行了分析,并且指出马克思的无产阶级革命即是其早期诗情的延续,从而以颠覆性的视域提出浪漫主义对于马克思思想至关重要。我们有必要对这一结论加以引申,在维塞

---

① 卡尔·考茨基援引了恩格斯在《反杜林论》(1878年)中对"马克思主义的三个源泉"的观点,并于1907年的一次学术会议上将其系统化。随后此观点在《启蒙》杂志纪念马克思逝世30周年专号中被列宁予以重述。
② 此文为列宁为纪念马克思逝世30周年而写的文章,载于《启蒙》杂志1913年第3期,该刊物为布尔什维克的合法理论月刊。列宁在文章中指出,马克思主义是19世纪德国古典哲学、英国古典政治经济学以及法国空想社会主义的继承者,包含了哲学、政治经济学与科学社会主义三个组成部分,是正确、完备、严密的完整的世界观。
③ 阿尔都塞:《哲学与政治》,陈越编,长春:吉林人民出版社2003年版,第253页。

尔将"诗与人类象征性世界之间的类似"予以肯定的基础上,重新审视马克思从浪漫到浪漫与现实相结合的形象变换以及其天才、科学与成熟的艺术创造力,重新梳理马克思科学社会主义从历史想象到科学构筑的思想历程,还原一个真实而完整的马克思。

本书视马克思阶级理论的设计为多方面因素共同作用的结果,侧重以浪漫派反讽哲学与黑格尔的现实哲学对马克思思想的滋养,以及马克思思想对两者的修正与超越为切入点,将浪漫主义视为马克思思想的渊源之一,并重新思考黑格尔哲学的真正遗产,论证马克思阶级理论是浪漫与现实的结合体。因此,以崭新的历史性的反思视角界定浪漫派与马克思、黑格尔与马克思的关系成为我们的首要任务。

一、马克思的浪漫主义诗情

马克思,无论有关认定他为哲学家、经济学家还是社会学家等不同身份的争论多么激烈,依然很少有人笃定地宣称:马克思是一位浪漫主义的诗人。当《资本论》严峻、冷静、规范的批判式话语犀利地刺穿资本主义伪饰的瑰丽帷幕,人们确信她的作者必定是位理性主义的典范。面对现实,马克思隐藏了其真挚、热烈而纯理想主义的诗意情感。这种隐藏如此深入,以至于大多数研究者形成了对它的习惯性忘却,随之而引发的误解便是,青年马克思的浪漫主义时期成为了其思想史演进中无关紧要的阶段。长久以来的传统观点认为,德国早期浪漫派与马克思并无直接的理论传承,而马克思也在论著中对浪漫派多有诟病,[①] 因此,"马克思同边沁和詹姆士·

[①] 马克思曾在与卢格、恩格斯的通信中流露对浪漫派的批判态度。在1842年3月20日致卢格的信中,马克思便准备为其论述宗教艺术的文章写一个论浪漫派的结尾作为附录。1842年4月27日致卢格的信中,他又提出写作《论浪漫派》的计划,我们可以猜测,马克思试图对浪漫主义哲学的弊病进行系统的理论上的分析与评判。

穆勒一样,跟浪漫主义丝毫无缘;合乎科学始终是他的目的"①。罗素(Bertrand Russell)上述的定论与德国社会民主党历史学家梅林(Franz Mehring)在《马克思传》中的观点颇为相似。在梅林看来,马克思在诗歌创作方面并未得到缪斯之神的垂青,他技巧笨拙并且缺乏韵文的天赋,其青年时期的诗作"散发着平庸的浪漫主义气息,而很少响彻着真实的音调",所以,三册献给燕妮的诗篇只是一个沉醉于爱情又希望渺茫的青年的"感情倾泻"。② 由此我们看到,在马克思作为一个思想史对象被研究的若干年中,浪漫主义与马克思哲学的内在关联始终没有得以明朗的肯定。虽然,马克思哲学的浪漫主义因素逐渐受到了零星而隐晦的确认,但这些确认大多只是明灭可见,无据可循。直到19世纪50年代末期,欧美学界对马克思主义哲学的解读才有了一个明显的由理性主义模式向理性主义与浪漫主义相结合模式的转变,马克思哲学思想先前被忽略的浪漫主义维度才逐渐被引入论题。③ 亚历山大在《社会学的理论逻辑》中曾明确指出了这个转变的发生:"直到1950年代中期,无论是马克思主义者还是非马克思主义者,都广泛接受马克思是一个经济学家的观点;人们一般认为,马克思属于西方思想史中的理性主义传统。随着他的早期著作渐为人知,以及更为一般的思想和政治的背景之变化,这种观点又逐渐被修正甚至被相反的观点所取代——在马克思主义和新马克思主义方面这一点尤其明显,在非马克思主义方面也有类似的情况。其结果是,马克思思想被视为黑格尔主义传统的激进主义变种。他被看做如果不是浪漫主义的,也是深受浪漫主义影

---

① 罗素:《西方哲学史》(下),马元德译,北京:商务印书馆1982年版,第337页。
② 弗·梅林:《马克思传》,樊集译,北京:人民出版社1972年版,第18、19页。
③ 刘森林:《启蒙主义、浪漫主义与唯物史观》,载于《南京大学学报(哲学·人文科学·社会科学)》2010年第3期。

响的——他强调的是资本主义社会中感情上和文化上的基础。"① 在这种观点渐趋蔓延的当下的学术语境中,如何对马克思的诗人形象进行重新的认识?可行的方法只能是首先深入到有关马克思与浪漫主义传统关系的众论之中去,从而全面的了解这个百年思想家的完整品格。

1. 作为浪漫主义的继承人:诸多不确定的确定

1915 年,深受黑格尔、康德、马赫以及柏格森影响的克罗齐(Benedetto Croce)出版了其史学著作《历史学的理论和实际》(*History: Its Theory and Practice*)。在这里,他以反马克思主义的立场对史学理论与欧洲史学史进行了分析。可以说,无论是在意大利,还是在国内学界,克罗齐的历史观都曾被作为与马克思主义哲学"截然对立"的哲学思想而遭受了批判。但是,如果抛却这一明显带有意识形态情愫的评断,单从克罗齐对马克思史学思想分属阶段的划分来看,马克思是被其视为浪漫主义的历史学家与继承人的。② 克罗齐将浪漫主义运动的"思乡性史学"看做一种具有返回倾向的历史表现形式,这种"汹涌的情操"也是在作家身上得以充盈着"焦虑、情感和热情"的叙述旨趣。其作用的结果是,历史学家们"不再单靠抽象理性的光辉去写作了"。在社会主义学派依靠过去为自己的学说争取立足之地的若干辩白中,克罗齐认为,马克思就是一个"极端的例子"。"这一学派在其主要代表马克思身上采取了浪漫主义的形式,马克思以史学的和科学的价值赋予了社会主义学派。他的著作和十八世纪时出现过的社会主义理想完全相反,因而他自夸

---

① 杰弗尼·C. 亚历山大:《社会学的理论逻辑》第二卷,夏光、戴盛中译,北京:商务印书馆 2008 年版,第 83 页。
② 贝奈戴托·克罗齐:《历史学的理论和实际》,傅任敢译,北京:商务印书馆 1982 年版,第 216 页。

那些理想已从乌托邦的状态过渡到了科学的状态。"① 克罗齐将马克思划入浪漫主义行列时多少带有一些轻微的贬义，这也许正是其招致意大利共产党人及国内学界长期批判的原因所在。

与克罗齐相比，施米特（Carl Schmitt）对马克思思想的浪漫主义续写增加了更多明确性的指认。《政治的浪漫派》（1919年）是施米特针对现实政治问题所作的有关浪漫派政治立场的论著。施米特认为，浪漫派的审美扩张是一场在19世纪大获成功的运动，浪漫主义是一种政治哲学，浪漫派是主体化的机缘论。② 如果说，任何的运动都必然基于一种看待世界的特定态度以及某个确定的最高权威的观念才能得以焕发蓬勃生机，那浪漫主义运动显然是采取了特殊的"机缘论"的态度，并以特定的浪漫主体取代了曾作为终极权威的上帝。从宗教改革开始，上帝的这种绝对地位便发生了不可避免的沦陷。当形而上学的重心愈加趋向于世俗，"人类、民族、个人、历史发展，甚至纯粹为人生的人生"③，这些世俗因素都争相参与了取代上帝的行动。在施米特看来，浪漫派把这个世界与万物变成了纯粹的机缘，而天才的"自我"成为了最后的权威，费希特的主观唯心主义哲学不仅为这种精致的情感赋予了强大的力量，而且使其在强化自我的谋划中屈服于两种新的实在——人民（人类共同体）与历史。但浪漫派从未能将主体与这两种实在加以结合，黑格尔完成了这个任务，他将人民（被黑格尔转化为国家）和历史同辩证的自我

---

① 贝奈戴托·克罗齐：《历史学的理论和实际》，傅任敢译，北京：商务印书馆1982年版，第212页。
② 卡尔·施米特：《政治的浪漫派》，冯克利、刘锋译，上海：上海人民出版社2004年版，第15页。施米特所说的纯粹"机缘"（Anlaβ）是指一种相对固有的、规范的、秩序性的因果性力量而言的，以机遇和偶然性为原则的消融化概念。"机缘论"的形而上学体系将机缘关系置于首位，"机缘论"态度的最新表现即是浪漫派，在浪漫派这里，浪漫的主体把世界当做他从事浪漫创作的机缘和机遇。
③ 卡尔·施米特：《政治的浪漫派》，冯克利、刘锋译，上海：上海人民出版社2004年版，第15页。

发展的世界精神进行了统一。相对于18世纪的理性主义，作为革命派造物主的人民与作为保守派造物主的历史代表着另一种非理性的主体。马克思承接了黑格尔体系的革命性发展，"人民以无产阶级的形式，再次成为真正的革命运动的执行者，它把自身等同于人类，把自身理解为历史的主宰"①。所以，按施米特的观点来看，马克思的无产阶级作为浪漫派指定的新的造物主——人民的表现，已成为一个具有浪漫主义特质的共同体了。

还有一位对浪漫主义费尽心神的西方思想家是自由主义的伯林（Isaiah Berlin），施米特曾把其与泰勒一起并称为浪漫主义的招魂者。伯林将马克思的阶级斗争的力量视为浪漫主义偏执情感的表现之一的观点出现在他的讲座中。1965年，伯林在A. W. 梅隆系列讲座中做了关于浪漫主义根源的脱稿演讲，正如伯林本人所说的这是一种对巨大语言洪流的倾泻。此后，这次讲座在BBC被多次重播，伯林甚至打算于有生之年将其整理为一部浪漫主义的专著。在长达六个多小时的思想演说中，伯林以轻松、酣畅的即兴之语对浪漫主义的定义、产生、成长与壮大作了天才的洞见。他认为，浪漫主义运动是一场激进的变革，它改变了西方世界的生活和理想，"发生在19、20世纪历史进程中的其他转折都不及浪漫主义重要，而且它们都受到浪漫主义深刻的影响"②。在伯林看来，18世纪，当人们对普适性的真理的崇拜逐渐被个人情感的丰盈性所取代之后，这种人类思想意识的转变促成了浪漫主义的产生。卢梭（Jean-Jacques Rousseau）的时或狂喜时或暴怒的表达，赫尔德（Johann Gottfried von Herder）对多样性与差异性的推崇，以及康德道德哲学追求人类自由的沉迷

---

① 卡尔·施米特：《政治的浪漫派》，冯克利、刘锋译，上海：上海人民出版社2004年版，第68页。
② 以赛亚·伯林：《浪漫主义的根源》，吕梁、洪丽娟、孙易译，南京：译林出版社2008年版，第10页。

使三者成为了真正的浪漫主义之父。历经康德、席勒与费希特拘谨的浪漫主义阶段,由施莱格尔、诺瓦利斯所引导的奔放的浪漫主义终于爆发。这一对无限极端渴求的思想最终导致了"思乡情结"与"偏执狂""两种有趣而持续的现象,后来影响到19世纪和20世纪的思想情感"。① 而在偏执狂表现为对历史的各种阴谋的寻找中,马克思所提出的阶级斗争便是人们试图寻找的一种为人类所不能控制的隐蔽的力量。"这也是一种浪漫主义的观念。"②

可以说,无论是克罗齐、施米特,或者是伯林,还是其他意识到马克思与浪漫主义存在关联的诸多学者,对马克思浪漫主义者身份的指认多少都带有些浅尝辄止的意味而缺乏翔实确凿的论证。这一方面在于,他们虽然默许马克思的浪漫主义情绪发生作用,却只是将其作为引证支撑其他观点的陈述,而并不予以真正的关注;另一方面在于,在西方,马克思的浪漫主义情怀虽然或多或少的得到了先在的承认,但这种承认更多来自于研究者转瞬即逝的思想火花,没有经过严密的推衍,所以对表现出浪漫主义面孔的马克思便增添了些许不确定的迟疑。

2. 史诗诗人:一种对马克思浪漫主义者身份的确认

在马克思主义哲学的浪漫主义来源研究中,维塞尔的《马克思与浪漫派的反讽——论马克思主义神话诗学的本源》(*Karl Marx, Romantic Irony, and the Proletariat: The Mythopoetic Origins of Marxism*)无疑对马克思的浪漫主义者身份进行了明晰的确认。维塞尔是美国著名哲学思想家,原为科罗拉多大学思想史教授,现为西班牙大学哲学系客座教授。曾师承德国哲学家,原华盛顿大学比较文学

---

① 以赛亚·伯林:《浪漫主义的根源》,吕梁、洪丽娟、孙易译,南京:译林出版社2008年版,第106页。
② 同上书,第109页。

系主任恩斯特·贝勒尔（Ernst Behler），[①]因此对启蒙运动到浪漫派时期的德国思想具有深入的研究。维塞尔系统论证的观点为，马克思是一位浪漫主义的诗人，无产阶级概念是德国浪漫"反讽"的化身，科学社会主义本质上是一首变形的浪漫诗。在这里，他开创了一种以神话诗学解读马克思阶级理论的新模式。

维塞尔认为，虽然马克思的形象备受思索，但其青年时期的诗歌却未引起人们足够的关注，而诗歌恰恰"暗含了人性中一些更加根本、更加根深蒂固的东西"[②]，并与人类的象征性世界之间存在着某种程度上的相似性。对德国早期浪漫派来说，诗歌不仅萃取出人类学的原则，而且意谓宇宙世界的原则，青年马克思的叙事诗正是对人类本性、宇宙意义以及救赎力量的诗意概说。但是，"马克思主义常常致使其拥护者对人类心理上的诗意功用缺乏敏感"，"马克思把诗歌的境象深嵌于'科学'的术语上，以致他的追随者都没有意识到这一点"[③]。而在维塞尔看来，真正的马克思就隐藏在其诗意情怀的背后。他曾沉醉于对"仙宫"的无限渴望，也曾经历浪漫主义的抒情危机，在黑格尔的引导之下，马克思最终转向现实，完成了浪漫派与黑格尔哲学观的和解。他的浪漫在于寻求解放、救赎、"新的救世主"[④]，他的现实在于这一救世主不是什么超凡的神灵，而只是一个身套枷锁并要实现自我解放的阶级，它拥有所向披靡、摧枯拉朽的神圣力量。浪漫派诗歌中的反讽经马克思之手便成为根植于诗歌境

[①] 恩斯特·贝勒尔（1928—1997），出生于德国埃森，1951年获慕尼黑大学哲学博士学位，1976年任美国西雅图华盛顿大学比较文学系主任。在欧洲浪漫主义思想史、弗·施莱格尔与德国早期浪漫主义、反讽等研究领域著作颇丰并享有声誉，著有 *Klassische Ironie, romantische Ironie, Tragische Ironie*（1972），*Irony and the Discourse of Modernity*（1990），*German Romantic Literary Theory*（1993），*Ironie und Literarische Moderne*（1997）。

[②] 维塞尔：《马克思与浪漫派的反讽——论马克思主义神话诗学的本源》，陈开华译，上海：华东师范大学出版社2008年版，第2页。

[③] 同上书，第5页。

[④] 同上书，第127页。

象中的历史的、实践的反讽了,而无产阶级正是这一反讽的肉身。

马克思主义哲学的诗学解读方式对马克思与浪漫主义传统的研究具有重大的意义,一方面,它突破了以往在思想史的历史性阐述中讨论两者内在关联的定势与局限。一般来讲,在对马克思哲学浪漫精神旨趣的确认中,人们习惯于进行追本溯源的工作,从而使马克思思想的演进逻辑为其观点的置证提供确凿的考据。而与此同时,奥古斯特·科尔纽、戴维·麦克莱伦(David McLellan)等对马克思青年时期浪漫主义阶段诗歌岁月的细致描绘便跃然纸上,成为考察马克思哲学浪漫主义来源最为有力的佐证。维塞尔的研究进路虽然遵循了这条思想史线索,但却并未局限于这种历史性的阐述。他将其作为隐性的杼轴贯穿出思维逻辑的转化过程,从而对马克思早期著作中的浪漫主义情绪以及逐渐呈现的浪漫主义危机做了深刻、透彻的分析。另一方面,与以往将浪漫主义与浪漫反讽视为病态与消极的观点不同,维塞尔对马克思哲学的诗学解读开创性的将浪漫反讽与阶级理论联系在一起,并且重点突显"反讽"在马克思思想中所起到的不可或缺的作用,这是对传统看法前所未有的颠覆。反讽(Irony),这一从古希腊雅典城邦时兴起,到近现代时期依然界定不明的概念,被维塞尔抽取出了"超越"、"批判"与"实践"三个要素,这与马克思诗歌中的理想主义象征具有同构性,同时也与马克思的政治哲学观念相契合。可以说,维塞尔宏阔了马克思阶级理论的研究空间。当他将无产阶级视为诗人,将无产阶级革命视为反讽宏大叙事式的呈现,那马克思的科学社会主义就如同史诗构想了。

3. 青年诗人马克思

赘述纷纭,我们无外乎要把马克思看做一位浪漫主义的诗人。不能否认,马克思在青年时期的浪漫主义阶段曾与德国早期浪漫派有过交往。但我们如何确信这种短暂的碰面与马克思阶级理论的形成具有历史性的关联?我们又如何在这种关联中窥视出马克思哲学与生俱来的、个性独特的浪漫精神气质？

众所周知，浪漫主义的衍生有其深刻的政治、经济、社会因缘。当启蒙运动开启资本主义时代之时，与之相伴生的现代性危机也招致诸多质疑了。资产阶级专政与资本主义社会秩序的建立昭示着，由"理性的胜利"确立起来的王国与启蒙运动理想的背离。"理性王国"的现实与启蒙学者的"华美约言"相比，存在着巨大的落差，这种落差所导致的普遍失望成为18世纪末期欧洲各国的主要情绪。浪漫主义运动正是在这种情况下席卷了整个欧洲，并几乎成为19世纪的主导精神，它施行了对现代性的首次批判。浪漫主义在经济领域表现为以西斯蒙第为奠基人的经济浪漫主义，① 在政治领域表现为以缪勒、施莱格尔（又译施勒格尔）为典范的政治的浪漫派，② 在文学、艺术领域表现为以诗、小说、音乐、绘画、雕刻等为主要创作内容的浪漫主义流派，在哲学领域表现为以施莱格尔兄弟、诺瓦利斯、施莱尔马赫、荷尔德林为代表的德国早期浪漫派。作为一种哲学思潮的浪漫主义发源于德国有其特殊的原因，18世纪末的德国正处于四分五裂的混乱之中，资本主义碍于封建的所有制生产关系而长期停滞在较低的水平，资产阶级的先天不足决定了法国的政治精神在德国的传播。小资产阶级的无助使其曾被革命的热情欢欣鼓舞，但雅各宾的恐怖策略又使其陷于隔岸观火的境地。资产阶级的势单力薄注定了其无法引导一场颠覆性的革命，而只能发挥其自省的民族特性求取理论上的自由，"他们愿意让各种事情在警察国家可靠的安宁中影响他们，让那些在法国以粗野方式落实的抽象观念重返理想的畛域"③。德国早

---

① 《列宁全集》第2卷，北京：人民出版社1984年版，第199页。
② 卡尔·施米特：《政治的浪漫派》，冯克利、刘锋译，上海：上海人民出版社2004年版，第32、34页。
③ 同上书，第36页。

期浪漫派在这种社会背景下引导了德国新的思想方向。俄国学者加比托娃（Р. М. Гавитова）认为，从法国资产阶级革命到1830年法国七月革命间，"德国在思想方面错综矛盾的历史发展，是在浪漫主义的旗帜下走过来的"①。

可以说，在马克思的青年时代，浪漫主义哲学日渐式微，黑格尔的理性主义正是国家时髦的哲学。但已过了鼎盛时期的浪漫主义情感仍引发了青年马克思对诗歌的极大兴趣。奥·施莱格尔既是德国早期浪漫派的领袖，也是马克思两门课程的老师，冯·威斯特华伦男爵既是浪漫派的追随者，又是马克思的朋友与后来的岳父，通过与两者的接触，马克思被灌输了对于浪漫主义学派的热情。戴维·麦克莱伦认为，马克思追求燕妮的成功强化了他对浪漫主义和诗歌的兴趣，②身居柏林并沉浸于科学、艺术之中，使其俨然成为一位浪漫主义诗人。海涅、歌德与席勒成为他模仿的对象，其诗歌内容不仅涉及浪漫主义主题，而且"表达了对无限事物的渴望和诺瓦利斯式的对死亡的热爱"，以及对"神秘想象中的梦的世界"的向往。马克思短暂的浪漫主义时期在遭遇"现实"与"应有"的矛盾后便不再持续了，但他却一生保持着浪漫主义情怀。即使在黑格尔哲学影响下，马克思走上了现实之路，浪漫主义的影子依然在其后来的哲学创作中映现。反讽作为德国早期浪漫派的主要概念，不仅曾在马克思的诗歌中、哲学著作中被大量运用，用以宣泄马克思对"实有"与资本主义社会的愤懑情绪，而且化身为无产阶级的现实表现形式，成为摧毁资产阶级的破坏性力量。我们从中可以得知，马克思的浪漫主义者身份就此得到了最为明确的指认。

---

① 加比托娃：《德国浪漫哲学》，王念宁译，北京：中央编译出版社2007年版，第5页。
② 戴维·麦克莱伦：《卡尔·马克思传》，王珍译，北京：中国人民大学出版社2005年版，第14页。

二、国内的研究现状

1. 马克思哲学与浪漫主义传统研究现状

有关马克思与浪漫主义的研究大体分为两个阶段。第一阶段是在 50 年代末期到 90 年代末期，主要侧重于马克思恩格斯早期美学艺术思想对浪漫主义文学的或褒或贬的分析与评判；第二阶段是 2005 年开始以翻译维塞尔著作为契机而开展并延续至今的另一研究热潮。其中，一个方面主要在维塞尔观点的基础上侧重于对启蒙思想与浪漫主义、马克思与德国早期浪漫派的关系，以及马克思哲学中的反讽维度等方面的探讨；另一方面主要偏重于对浪漫主义思潮与马克思哲学之间的思想史关联的考察，特别是在人类学本体论、人的存在等问题上马克思所受到的浪漫主义的影响；除此之外，还有一种对马克思中学时代的哲学世界观以及大学时代诗歌的文本式的解读，将马克思的诗作看为其理想主义哲学世界观的文学表达。国内研究的趋向在于，要逐渐改变学界以往对于浪漫主义的褊狭理解，打破马克思主义美学评论的定势与局限，将讨论马克思与浪漫主义传统的内在关联作为新的出发点，从而在对相关研究成果的总结与展望中，较为完整的勾画出马克思思想的全貌，使马克思哲学对其"原像"的研究焕发新生。

早在 20 世纪 50 年代末，马克思对浪漫主义的评论就引起了国内学界的研究兴趣。但与国外相比，国内学界对它的研究始终没有保持长久的关注。自人民文学出版社于 1958 年 12 月出版《马克思恩格斯论浪漫主义》以来，以及李显荣先生于同年 12 月 21 日的《人民日报》上翻译发表了马克思的三首诗歌之后，直到 1982 年 5 月《马克思恩格斯全集》第 40 卷出版，青年马克思在 1833 年至 1837 年间创作的六本诗集才被完整地译介。马克思有关浪漫主义的原始文献资料也相对得到了充实与丰富。可以说，我国学界在上世纪末有关马克思与浪漫主义的研究主要侧重于对马克思主义早期文艺思想的分析，以及马克思、恩格斯对浪漫主义文学的褒贬评议。众多学者受"百花齐放、百花争鸣"方针的指导，在文学界开展的将革命的现实主义与革命的浪漫主义相结合的文学讨论中，把浪漫主义理解为一种文艺思潮或一个文学流派，而马克思、恩格斯与浪漫主义之间的关联也主要建立于前者对后者的评判之上。所以，这一时期学界的讨论重心最终没有脱离开文学、美学的畛域。1960年，周来祥先生首次对这一问题作出了讨论，他认为"把革命的现实主义和革命的浪漫主义结合起来，把实事求是的、科学分析的精神和革命的激情、革命的首创精神结合起来"是马克思主义最大的特点之一。① 其后，对马克思、恩格斯早期文艺思想由浪漫主义到现实主义转变的史料研究才开始渐受青睐。② 这种观点虽然最早意识到马克思主义所具有的现实与浪漫的双重因素，但其主要是在无产阶级文学艺术历史经验、文学创作方法创新或美学的角度承认了马克思的革命现实主义者与革命浪漫主义者的双重身份，而未从马克思哲学理论自身切入对此观点加以论证。还有一种观点集中于表现马克思、恩格斯对浪漫主义文学思潮的分析。根据马克思、恩格斯对18、19世纪的浪漫主义流派的不同态度，浪漫主义被区别为反动的浪漫主义与革命的浪漫主义，而马克思、恩格斯以阶级的、历史的、发展的、实践的观点对此作出了科学的选择。所以，反动的、消极的浪漫主义是受到批判的，革命的、积极的浪

---

① 周来祥：《马克思、恩格斯论现实主义和浪漫主义》，载于《山东大学学报》1960年第1期。

② 谭好哲：《从浪漫主义到现实主义——论马克思恩格斯早期文艺思想的转变》，载于《东岳论坛》1992年第3期；李倩：《浅谈马克思恩格斯的浪漫主义理论》，载于《广西社会科学》1994年第1期。

漫主义才应受到赞扬。① 不得不说的是,马克思青年时期诗歌的完整译介引发了另一研究的焦点。浪漫主义被看做马克思诗歌创作的一种表现手法被加以讨论,它是反抗精神的集中体现。② 不仅如此,研究者日渐发现,青年马克思的诗歌岁月正是其思想发展史中不可忽略的阶段,这对于研究马克思世界观的最初形成和思想发展走向具有重要价值。③ 在马克思学说诞生的复杂背景中,浪漫主义美学"不仅成为马克思学说发生的原初动力,亦即是马克思学说诸组成部分的内在统一点,而且是马克思学说的本体论根据"④。这在某种程度上与维塞尔的观点先在地达成了一致。

2008年5月,维塞尔的《马克思与浪漫派的反讽——论马克思主义神话诗学的本源》作为"马克思与西方传统"系列译著中的一本在中山大学被翻译出版。其带给国内学界的震动是,部分研究者第一次不再受文学、美学或思想史考察的局限而开始思考浪漫主义哲学与马克思哲学在理论逻辑方面的内在传承。这种研究视域在短时间内被大多数学者理解与接受显然是件难事。马克思青年时代诗歌与后期科学社会主义为何会产生绝妙的对照? 马克思的无产阶级概念如何成为浪漫主义反讽理论在现实世界中的化身? 马克思是否可以被确凿的视为一位浪漫派的诗人? 应该这样说,浪漫派对马克思的影响虽然长期被学界忽视,但伴随着马克思与西方传统研究的深入,这种忽视态度已发生了很大的转变。

---

① 周伟民:《马克思、恩格斯对浪漫主义文学思潮的科学分析》,载于《华中师范学报(哲学社会科学版)》1980年第2期;胡常英:《马克思对十八、十九世纪浪漫主义文学的褒贬》,载《湖南师院学院(哲学社会科学版)》1984年第3期。
② 赖耀先:《青年马克思诗歌创作中的浪漫主义》,载于《外国文学评论》1992年第4期。
③ 赖耀先:《浅谈马克思青年时代的诗歌创作》,载于《福建师大学报》1983年第1期。
④ 聂运伟:《论马克思学说的形成与浪漫主义美学运动的关系》,载于《文艺研究》2000年第4期。

受维塞尔启发，现阶段国内学界讨论的核心主要围绕马克思哲学中的反讽维度、马克思对浪漫主义的继承与改造、马克思青年时期哲学世界观的解读等几个要点展开。首先值得注意的是，浪漫反讽被引入马克思哲学也首次得到了认可。浪漫派反讽的两种形式——对当下有限事物的反讽与对绝对完美和无限绝对的反讽——深刻影响了马克思，这更使马克思带有批判性的实践哲学具有了反讽的意谓。[①] 马克思的反讽与浪漫反讽一样，体现着一种强烈的主体性，但是，不同于浪漫反讽的审美特性，也不同于浪漫反讽对意识的内在性的强调，马克思的反讽是一种实践的反讽，它始终持守着对价值内在性的保留。[②] 其次应该加以了解的是，诸多学者当前已不再对马克思思想的浪漫主义来源心存拒斥。已有观点认为，浪漫派为克服唯心主义而提出的"存在先于意识"的命题对马克思的"存在决定意识"提供了借鉴；[③] 浪漫主义哲学对启蒙主义的批判以及对虚无主义的克服在马克思这里得到了继承，并以新的形式做了提升，"浪漫诗"从而成为"英雄史诗"的前兆，在坚持主体普遍性和现代个体自由的基本前提下，在对现代世界的批判中，马克思怀有的依然是对古典世界崇高的向往；[④] 马克思与浪漫派均提出了现代性的诊疗学方案，因此两者的理论具有天然的亲和性，但马克思哲学在对浪漫主义的继承中又以扬弃的态度对其历史与逻辑的局限性实现了超越，因此马克思哲学"更本然地表达着浪漫主义所推崇的

[①] 刘森林：《两种反讽的张力：兼论主体形而上学批判的限度》，载于《深圳大学学报（人文社会科学版）》2007年第2期。
[②] 刘森林：《反讽、主体与内在性——兼论马克思哲学中的反讽维度》，载于《现代哲学》2006年第5期。
[③] 刘森林：《从浪漫派的"存在先于意识"到马克思的"社会存在决定社会意识"》，载于《哲学动态》2007年第9期。
[④] 刘森林：《从"史诗"与"浪漫诗"的对接看马克思对浪漫主义的继承与改造》，载于《江海学刊》2008年第3期；《启蒙主义、浪漫主义与唯物史观》，载于《南京大学学报（哲学．人文．科学．社会科学版）》2010年第3期。

表征'生命'的'推动原则'和'创造原则'"。① 最后，不能不重新加以说明的是，马克思哲学思想形成过程中的浪漫主义阶段再次成为了研究的重点。与文学、美学视域下的研究有所不同，新的研究认为，马克思青年时期受浪漫派影响而创作的诗歌是其早期理想主义哲学世界观的文学表达，而在其后的思想轨迹中，浪漫主义的全人类意识"内化成了推动马克思思想继续发展的理论资源"。② 虽然此时维塞尔对马克思诗歌的分析尚未被引入国内学界，但这种观点却与维塞尔颇具相似。

2. 马克思与黑格尔关系研究现状

在马克思对浪漫主义哲学批判性的继承与超越中，黑格尔哲学对马克思哲学发生现实的转向起到了至关重要的作用。正是在黑格尔的影响下，马克思哲学才最终成为了浪漫与现实的合体。马克思与黑格尔的关系是国内外研究中长久不衰的话题，根据研究观点，大致可以分为三种理解方式。首先是"唯物主义借用"学派与"新辩证法"学派，两者都承认黑格尔对马克思的影响。最为传统的是"唯物主义借用"学派，该学派以恩格斯对两者关系的理解，尤其是《费尔巴哈论》的核心内容为蓝本，强调黑格尔思想及唯心主义辩证法经过翻转，"重新用脚立地"，就可以被马克思主义者唯物主义的借用，认为黑格尔以绝对精神解决的矛盾，只能通过马克思的现实历史斗争才能克服；"新辩证法"学派认为无需经过恩格斯的辩证唯物主义解释，可以直接对话黑格尔，强调黑格尔与马克思方法之间的密切联系以及马克思对黑格尔抽象范畴与辩证法的历史的现实的

---

① 何中华：《马克思哲学与浪漫主义》，载于《山东社会科学》2007年第12期；《马克思哲学之思想史前提的广义理解》，载于《学术月刊》2012年第1期；孙成竹：《感性个体的生存异化及其拯救——马克思哲学与浪漫主义比较》，载于《山东社会科学》2007年第12期。

② 张一兵：《马克思哲学的历史原像》，北京：人民出版社2009年版，第53—91页。所参考的第一编为张亮教授写作。

应用。其次，另一种倾向是将马克思哲学中的黑格尔元素彻底清除出去，因为黑格尔的辩证法在精神实质上是反科学的，而马克思《资本论》中某些与事实不符的论题没有必要依据辩证法而必须做出某种论断，一种更加科学的、唯物的认识论应该取代辩证唯物主义。最后，第三种理解方式是淡化黑格尔的唯心主义与马克思的唯物主义身份，对黑格尔进行"非形而上学"或"非哲学"的解读，强调黑格尔对马克思的重要性在于其经济、社会和政治思想。因此既没有必要对黑格尔进行唯物主义的改造，也没有必要剔除黑格尔的反科学元素，而应关注黑格尔现实哲学对马克思产生的影响。第三种探讨方向是研究马克思黑格尔关系的新趋势。①

　　长久以来，对于两者之间的传承关系来说，人们往往将关注点聚集于黑格尔辩证法对马克思的影响，而忽略了黑格尔法哲学留给马克思的其他遗产。马克思的实践辩证法是否就是黑格尔辩证法"颠倒"后的借用？阿尔都塞认为，这是恩格斯对马克思辩证法的误读。② 在他看来，马克思对黑格尔辩证法的"颠倒"从来不是头脚倒置的简单翻转，而是一场结构性的"改造"。借助于阿尔都塞对马克思辩证法与黑格尔辩证法关系的解构，我们可以发现，实践辩证法与反讽辩证法的诸多相似之处。我们并不否认，实践辩证法与概念辩证法的联系以及黑格尔对于马克思的影响，但是，相比较于概念辩证法，实践辩证法体现出了更多的反讽本质。马克思以"颠倒"的方式对概念辩证法进行的"改造"，更接近于一场向反讽辩证法的还原，实践辩证法实际上完成的是反讽辩证法的完善之路。一旦将黑格尔与马克思的关系从辩证法的传统基点上移开，即可发现，黑格尔遗留给马克思的更重要的财产是其法哲学中的现实元素。

　　针对西方学界对于黑格尔是保守主义者还是自由主义者的争论，

---

① 鲁克俭：《国外马克思学研究的热点问题》，北京：中央编译出版社2006年版。
② 路易·阿尔都塞：《保卫马克思》，顾良译，北京：商务印书馆2006年版。

意大利学者洛苏尔多（Domenico Losurdo）认为这是一个虚假的两难选择。① 通过对《法哲学》正式出版文本与多种秘传文本的比照研究，他分析出传统观点将黑格尔法哲学视为其保守立场体现的观点是过于绝对的，《法哲学》的"秘传文本"隐藏着黑格尔的激进本色。从洛苏尔多的视角，通过对《法哲学》秘传文本中革命与财产权元素进行分析，黑格尔的左派本色逐渐显露出来，其对理性与现实、君主权力等问题的关注，不是其政治保守立场的反映，正是其革命情绪的表达，而马克思阶级理论的主要内容早已潜存于《法哲学》之中。马克思在接触了政治经济学后，悄然淡化了对黑格尔保守倾向的不成熟的批判，却在黑格尔法哲学的影响下将哲学研究的关注点转向了经济领域。黑格尔在历史哲学中对革命的赞扬以及在法哲学中对生命权优异性的肯定，潜存着通过革命实现历史进步、穷人为保存生命而必然造反的观点，这成为马克思阶级理论的提前预演。马克思在黑格尔的影响下关注了有关革命与财产权的观点，并最终将其发展为无产阶级夺取政权、争取生存权的政治理论。

三、反思与方法

弗·施莱格尔在《美艺术学苑》断片集中曾说"一篇好的前言必须同时包含全书的脉络内容。"② 因此，在上述研究的基础上，有必要对全书的整体写作情况进行详尽说明。本书在政治哲学的视域下将马克思的政治理论解析为浪漫与现实两个维度，并分别回溯至马克思思想的浪漫派与黑格尔渊源，重新考察浪漫主义与黑格尔哲学的真正遗产。笔者认为马克思的政治理论蕴含了黑格尔现实哲学

---

① 洛苏尔多：《黑格尔与现代人的自由》，丁三东等译，长春：吉林出版集团有限责任公司2008年版。
② 施勒格尔：《浪漫派风格——施勒格尔批评文集》，李伯杰译，北京：华夏出版社2005年版，第46页。

与浪漫派反讽哲学的两方面因素，本书按照两条线索进行：一方面，回溯马克思哲学思想史中的浪漫主义阶段，重点分析作为浪漫主义哲学核心概念的反讽，并考察其对马克思阶级理论形成的影响；另一方面，回溯青年马克思在黑格尔时期的现实转向，重点分析黑格尔哲学的激进本色，重新思考马克思对黑格尔的真正继承。本书主要将马克思政治理论解析为浪漫与现实两方面，从马克思本人的立场回溯浪漫与现实因素的来源，还原其阶级理论的形成过程。

1. 本书研究的主要内容

首先，在浪漫主义与理性主义的论争中考察浪漫派对马克思的影响以及马克思实践辩证法的反讽本质。启蒙运动开启了欧洲近代思想史演进与转变的新开端，康德哲学、德国早期浪漫主义哲学、黑格尔哲学，乃至马克思哲学都是在启蒙运动不同的发展阶段对人的本性反思的结晶。面对启蒙运动带来的现代性危机，浪漫派、黑格尔与马克思的不同观点与相互评判使三者理论观点上潜存着内在的关联。浪漫派以审美直观为主要方式，黑格尔则以思辨逻辑为主要方法，两者分别将反讽与辩证法作为各自拯救现代性危机的方案。可以说，由理想与现实的鸿沟引起的对启蒙主义的不满，使浪漫派与黑格尔具有相同的批判指向，但立场的局限性决定了这两种批判都是不彻底的。马克思以实践哲学实现了对浪漫主义与理性主义的双重超越。其实践辩证法并非简单的对黑格尔辩证法的"颠倒"，它具有多元矛盾的决定观、复杂生动的既定整体观，同时又在自我否定中趋向于理想的目标而并不导致理论的终结，这同反讽辩证法是同构的。因此，马克思对概念辩证法进行的是一场结构上的"改造"，这是向反讽辩证法方法上的还原及对其内容上的完善。马克思的实践辩证法中蕴含着反讽本质，实践辩证法正是现实中最为全善的反讽形式。

其次，在政治哲学的理论框架中重新探讨马克思与黑格尔的传承关系，突出黑格尔法哲学对马克思哲学现实转向的影响。马克思在青年时期的浪漫主义阶段同浪漫派一样经历了从康德、费希特，到谢林哲学的尝试，但不同于浪漫派转向自我内部寻求解决方案，马克思在黑格尔《法哲学》革命与财产权等现实因素的引导下实现了从早期浪漫主义诗情向实践哲学转变的现实转向。他在接触了政治经济学后，悄然淡化了对黑格尔保守倾向的不成熟的批判，并在黑格尔《法哲学》的影响下将哲学研究的关注点转向了经济领域。黑格尔在历史哲学中对革命的赞扬以及在法哲学中对生命权优异性的肯定，潜存着通过革命实现历史进步、穷人为保存生命而必然造反的观点，这为马克思改造旧世界找到了有效的途径与现实的根基。他以带有革命色彩的实践哲学对浪漫派与黑格尔进行了批判与超越的综合，使施莱格尔的主观性反讽应用于社会生产领域，从而最终赋予浪漫反讽以现实的载体——无产阶级革命。马克思主义政治理论中既存在最高的政治理想，也存在最现实的阶级斗争，它是浪漫与现实的交融。在浪漫派的浪漫反讽与黑格尔激进本色的双重作用下，马克思的无产阶级革命理论正是反讽哲学自我否定性在现实世界中的真实体现。

最后，在反讽哲学的角度下对马克思实践辩证法在现实世界中的具体表现形态——无产阶级革命进行重新阐释。反讽具有无限的自我否定性特征，其源于苏格拉底对话中的反诘法，经由浪漫派领军人物弗·施莱格尔，这种谈话技艺被提升到哲学的高度，并被规定为逻辑中的悖论。马克思将浪漫反讽视为形式反讽，他通过实践哲学对浪漫反讽施行了修正，使反讽实现了从审美立场到实践立场，从趋向于虚无到趋向于理想，从争取消极自由到争取积极自由的转变。马克思将人获取自由这一抽象哲学命题理解为一场现实中的人类自我解放运动，更将这场运动归结为由经济矛盾引发的阶级斗争。

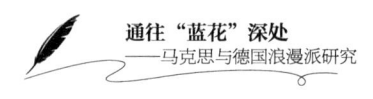

无产阶级是马克思阶级革命的主体,也是马克思反讽哲学的主体。资本的发展造成了生产力与所有制关系的脱节,资产阶级导致了资本主义社会的危机与无产阶级队伍的壮大。作为资本主义社会私有制的产物,无产阶级以私有制反题的形式主导了革命的整个过程,其革命主体身份成为历史的必然。具有阶级意识的无产阶级再现了反讽主体客观化自身以及无限反题的特质,它经历了从人异化为无产者,从无产者向自由的人的复归过程。

　　本书最终的观点认为,马克思的无产阶级革命是反讽哲学在现实中的具体演绎,反讽的自我否定本质在马克思的阶级理论中具有三次表征:第一,无产阶级革命经历着曲折进程,并需要不断的自我批评反省自身。无产阶级专政前存在一个"不断革命"的阶段,无产阶级要在这个反复论证过程中完成自身不可回避的使命——摧毁资产阶级的统治;第二,资本主义社会是近代启蒙理性的产物,无产阶级作为资本主义社会的产物,是资产阶级的自我否定,它具有浪漫主义的反讽威力,资产阶级亲手制造了自我毁灭的命运;第三,当无产阶级的苦难具有普遍性时,便带有某种自我救赎的冲动。无产阶级的存在是阶级对立存在的证明,而共产主义实现的是无阶级的社会,因此,无产阶级革命的目标最终需要通过无产阶级的自我扬弃来实现。同时,本书认为,在对历史之谜的解答中,浪漫派与马克思具有共同的解决时代危机的渴望,浪漫派的黄金时代与马克思的共产主义都是对人类历史发展目标的预设,两者都致力于人与自然的统一。但浪漫派没有意识到人类社会二元分裂的根本原因,将之归罪于资产阶级的认知方式,而马克思超越浪漫派的地方在于,他认识到这种分裂是人的本质的丧失,这不是一个认识问题,而是一个实践问题。共产主义的实现不能仅依靠诗人的浪漫想象,还需要在现实世界中为诗人找到形而下的肉身,无产阶级即是浪漫主义反讽诗力的表现。

2. 本书的研究思路

本书共有五章，具体而言，研究工作分三步展开：

第一步：浪漫主义与理性主义的论争。浪漫主义与思辨理性主义在某种程度上可以被视为启蒙主义精神（怀疑主义与理性主义）的延续。面对启蒙所造成的时代困境，浪漫派与黑格尔在不同的批判路径上具有共同的批判指向，即反对抽象理性主义的绝对化、工具化，消除康德哲学造成的思想与存在、观念与实在、主体与客体、人与世界或人自身的二元分裂，拯救失落的精神信仰。浪漫派与黑格尔分别通过"外在路向"与"内在路向"的不同途径对启蒙进行了批判。从费希特开始，康德的抽象理性主义便遭受到来自外部与内部的双重批判。浪漫主义在理性主义之外以当下的感觉和直观为基础，通过抒情、审美或宗教的形式来达到对理性主义的克服，但这种克服仍然是精神世界之内从自我出发的个人满足。而黑格尔则是在理性主义之内对抽象理性主义进行具体化的填充，这是一种内部的自我扬弃。两者分别以反讽与辩证法作为各自的克服手段，由此产生了两者之间的争战。通过对反讽与辩证法概念的分析，我们发现，浪漫派绝对唯心主义哲学的宗教转向虽然招致了黑格尔等哲学家的嘲笑，但反讽哲学作为其具体表达形式却隐含了辩证的元素与对整体性的渴求。它不仅影响了黑格尔的辩证法的形成，而且也间接引导了马克思哲学后黑格尔时期的未来走向。虽然由理想与现实的鸿沟引起的对抽象理性主义的不满，使浪漫派与黑格尔具有相同的批判指向，但立场的局限性决定了这两种批判都是不彻底的。现代性是启蒙的结果，现代性危机是启蒙所造成的时代困境的直接反映。因此，马克思对现代性的批判即是对启蒙的批判。马克思的启蒙理性批判实现了从抽象理性批判到资本批判、从消除二元分裂到消除私有财产、从理论批判到实践改造的转变。超越前两者的是，马克思以阶级利益、异化与革命代替了启蒙理性抽象性、二元性，以及宗教批判的位置而完成了对现代性的重建。马克思将实践辩证法作为其拯救现代性的方案,这个批判的过程带有社会历史性、辩证性与实践性,它不是对黑格尔的概念辩证法的颠倒,而是在对概念辩证法结构性的改造基础上,向反讽辩证法的本质还原。毋宁将其视为在浪漫派与黑格尔的双重影响下对反讽辩证法与概念辩证法的进一步完善。因此,本书第一部分首先分析浪漫主义与理性主义的启蒙批判路向并非悖行,其次区别反讽与辩证法两种克服时代困境的方法,进而梳理反讽辩证法与概念辩证法、反讽辩证法与实践辩证法的内在联系,阐释马克思哲学如何实现了浪漫主义与理性主义的和声。

第二步:现代政治哲学中的黑格尔与马克思。马克思在青年时期曾有短暂的浪漫主义阶段,反讽在其诗歌中已有体现,但此时的反讽依然属于浪漫派的形式反讽,并不具有现实的意义。青年马克思在其思想史的浪漫主义阶段,曾因按康德—费希特哲学构建法哲学体系而受挫,褪却浪漫主义的光芒之后,在黑格尔的影响下实现了其哲学的现实转向,这为马克思政治理论作为一种实践中的反讽哲学提供了思想基础。从青年马克思在黑格尔哲学中寻找现实支撑点以及其博士论文与笔记中对伊壁鸠鲁自然哲学的研究两方面来看,可以理解马克思如何为浪漫主义的形式反讽应用于实践找到了可行的理由与现实的开端。我们通过对黑格尔《法哲学》"秘传文本"的考察,可以淡化对黑格尔思辨哲学的批判,侧重对黑格尔现实哲学的解读,发掘革命与财产权等现实因素对马克思的影响,从而转变传统的将马克思哲学视为唯物主义化的黑格尔辩证法的观点。因此,论文第二步将从黑格尔对浪漫派的批判入手,分析黑格尔哲学中的激进与革命的本色,以及马克思对此的继承。

第三步:从浪漫主义反讽角度重释马克思阶级政治理论。无论是辩证法被认为是改造后的反讽,还是反讽本质上是原初的辩证法,两者的具体概念将使马克思政治理论的执行方式得以呈现。辩证法因不同于传统逻辑学而将整个哲学体系视为一个命题，以是否具有通过否定与肯定的矛盾交错，实现虚假向真理回归的过程来决定其真伪性，其逻辑重心与逻辑过程都为理性如何成真而服务。而反讽的绝对自我否定的破坏性传统，不允许它成为一个闭合的命题，它只是在自我否定中完成每一次"在更高基础上的再现运动"，从而实现向理想的无限趋进。与辩证法不同，反讽没有预设具体化理念，而只存在理想化的趋向，所以无需为如何回归真理来证明命题的真伪而费神。其逻辑重心与逻辑过程为如何实现摧毁计谋而服务。所以，本书认为，作为马克思政治哲学核心的无产阶级理论是一场无限趋向于最高政治理想的现实反讽。反讽哲学的自我否定性在马克思阶级理论中存在三次表征，即无产阶级革命在曲折进程中的自我批评，无产阶级作为资本主义社会的产物而造成的资产阶级的自我毁灭，以及无产阶级自我救赎中的自我扬弃。这既是马克思青年时期浪漫主义诗情的延续，也是对马克思哲学具有浪漫主义根源的说明。无产阶级是资本主义社会的产物，是资产阶级的自我否定与掘墓人，其主要任务——阶级斗争将打破现存世界制度以实现社会的进一步完善，阶级斗争的结果不因没有达到最高政治理想而被视为伪命题。无产阶级作为革命的历史主体，只是浪漫派反讽力量在历史进程中的表现形式，不是一个具有客观性的政治实体。它提供了反讽的摹本，即使无产阶级因资本主义社会的变化而变化，历史主体新的表现形式也将执行反讽的命令。而共产主义社会作为马克思反讽的趋向，其真伪性从来不在马克思的政治思考之内，它只是基于现实基础上的诗化王国的另一种表达。因为一个阶级斗争中的反讽者，会在实现黑格尔转向的现实之路上执行摧毁的命令，筹谋资产阶级的自我诘难，无限崇高的政治理想将是这种摧毁与筹谋的原动力。因此，本书第三步重点分析了马克思实践哲学对浪漫反讽的

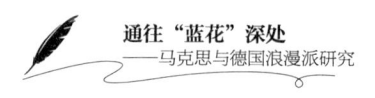

修正，并在对反讽与辩证法概念分析区别的基础上，证实马克思的阶级理论本质上是反讽哲学在现实实践中的应用。同时，共产主义是潜伏在马克思青年时期的革命英雄主义延续下来的神话，它呈现出从诗化王国，经绝对精神，再到共产主义的新指向。而在对历史之谜的解答中，马克思与诺瓦利斯是有其相似之处的。

本书所涉及的马克思与浪漫主义关系在学术界讨论较少，尤其是将反讽概念应用于马克思主义政治理论更是没有引起较多关注。相对照浪漫主义哲学、黑格尔哲学与马克思哲学，人们更倾向于厘清浪漫主义与马克思的关系，而承认黑格尔现实哲学对马克思的影响，同时因为黑格尔对浪漫派的无情批判又视马克思与浪漫派持有悖驳的理论。本书认为两者潜在地具有相同的批判路向，更在马克思的政治理论中可以得到完美的融合。在趋向最高政治理念的过程中，反讽的形而上形式具有了政治哲学领域内无产阶级形而下的肉身，它将"宣告迄今为止的世界制度的解体"。可以说，马克思的政治理论既继承了黑格尔的现实元素，又延续了浪漫派的反讽传统，其阶级政治观是理论与实践、浪漫与现实的结合体。这是本书的研究重点，也正是创新之所在。

A Mental Journey to the Mystery of "Blue flower"

A Study of Marx and German Romanticists

第一章
启蒙运动与浪漫主义

我们为何在浪漫主义的式微中将其与马克思哲学相联？我们又为何在对19世纪流行观点的争论中，仍对在其前一个世纪末兴盛的诗人团体念兹在兹？其实，当马克思对资本主义社会的诸种弊病进行成熟而犀利的剖析之时，我们不应忘记，一个主张以情感、艺术弥合世界分裂的哲学流派早在资产阶级王国建立之初便开始具有相似于马克思行为的批判了。虽然，德国早期浪漫派的辉煌时代距离马克思有所间隙。但另一个不争的事实是，对"理性王国"的极端失望反而使两者指向了共同的批判主题。甚至从某种程度上来说，浪漫派对启蒙的批判为马克思的现代性批判提供了草图。因此，将浪漫派与马克思并置于现代世纪的背景中予以考虑其实无需顾及是否存在时空上的错位。正如文艺复兴之于15世纪，宗教改革之于16世纪，科技进步之于17世纪，18世纪的光辉烙印是"启蒙"。可以说，无论是浪漫主义哲学的产生，还是对资产阶级王国的批判，一切现代性问题均肇始于启蒙运动。所以，我们首先要做的就是考察在18世纪中叶发生的这一重要的历史事件。通过再现启蒙时代的精神原貌，来揭示由此造成的时代困境以及引发的现代性危机，进而分析早期浪漫主义哲学滋生的真实土壤，并最终呈现启蒙主义与浪漫主义内在的承续。

第一节　启蒙的世纪与时代的困境

恩斯特·卡西尔（Ernst Cassirer）在他的《启蒙哲学》的开篇

对启蒙时代的精神予以描述时曾援引达郎贝尔（Jean le Rond d'Alembert）的观点，将18世纪看做近三百年来精神生活中的一个重要转折点。二者认为，在这个拐点上，人们的"思想、风俗、成就甚至娱乐活动"正在被一种崭新的观念影响着，这种较以往产生显著变化的观念"似乎预示着一种更为巨大的转变即将来临"。① 的确，一个新的时代——在自然科学探索的丰富成果中，在哲学思维活动的亢奋激情中，在国家社会学说的契约秩序中，在牛顿、笛卡尔与卢梭期许的目光中——已缓缓挽起了她的帷幕。相对于中古时期的黯淡与蒙昧，人们冠以这个时代的特征词汇为"启蒙"（enlighten）。历史事实是，受16世纪伊始、17世纪鼎盛的自然科学研究的引领，18世纪的欧洲大陆酝酿着一场席卷各领域的伟大革命。牛顿的物理学分析方法在整个人类社会得到了应用，科学进步与技术要求在科学革命与工业革命的相互影响中达到了紧密的联合，随之而引发的是认识方式、生产方式的巨大变革。这不仅标志为"理性"被作为了准则，而且体现为资产阶级被认命为新生力量与社会主流。最终应该得以确定的是，诸种状况均预示着欧洲社会对合理的国家政治结构的呼唤成为了必然。当新兴资产阶级以理性怀疑一切，以教育启蒙大众的方式构设"理性王国"的美好图景之时，人们也许还不能预期这场启蒙运动将会导致一个"碎片化"、"散文式"的世界的到来。这是浪漫主义哲学赖以产生的时代背景，也是马克思不可回避的时代主题。

一、18世纪的欧洲与启蒙运动

可以说，对于"启蒙"（éclairer）一词所蕴含的"光芒"

---

① 达朗贝尔：《哲学原理》，阿姆斯特丹1759年版，第3—6页。转引自E. 卡西尔：《启蒙哲学》，顾伟铭等译，济南：山东人民出版社1988年版，第1页。

(éclat)的法文原意,以及康德将启蒙运动视为"人类脱离自己所加之于自己的不成熟状态"①的规定,人们早已熟稔于心。经历了中世纪黑夜的漫长等待,启蒙运动敲响了西方世界蒙鸿之际的钟声。相比文艺复兴借助宗教宣扬人性时所显示的不彻底性,启蒙运动从一开始便"在从神学和教会的监护[Bevormundung]下解放出来的过程中"②提出了"向迷信、狂热和偏见宣战"③的明确指令。当我们把启蒙作为历史进程予以理解,那它便不单单局限于对个体与宗教之间关系的讨论。我们不妨借引1967年2月4日海德堡大学神学院教师代表大会中,格奥尔格·皮希特(Georg Picht)对启蒙所作的全面而详尽的阐释。他认为,启蒙是一个涉及所有领域的历史事件,"在宗教中,启蒙表现为良心和理性反对教权主义和正统,表现为争取宽容,拒绝迷信和宗教裁判。在政治中,启蒙表现为争取思想自由、平等权利和公共福利,反对特权者的任意妄为和专制。在自然科学中,启蒙意味着经验主义和机械论、技术以及科学的扩张。在一般意义的科学中,启蒙意味着把自然科学的思想形式和方法运用于对可知世界的全部考察中。在哲学中,启蒙表现为摆脱神学的监管[Vormundschaft],表现为抗拒教条主义和形而上学,表现为对意识的分析和哲学人类学。"④而现代世俗世界的秩序正是在从中产生的诸多伟大观念的基础上建立起来的。对皮希特演讲进行分析,有一点应该指明的是,启蒙运动的生气蓬勃处于欧洲革命发展进程

---

① 康德:《历史理性批判文集》,何兆武译,北京:商务印书馆1990年版,第23页。
② 格奥尔格·皮希特:《什么是启蒙了的思维?》。见詹姆斯·施密特:《启蒙运动与现代性——18世纪与20世纪的对话》,徐向东、卢华萍译,上海:上海人民出版社2005年版,第376页。
③ 詹姆斯·施密特:《启蒙运动与现代性——18世纪与20世纪的对话》,徐向东、卢华萍译,上海:上海人民出版社2005年版,第7页。
④ 格奥尔格·皮希特:《什么是启蒙了的思维?》。见詹姆斯·施密特:《启蒙运动与现代性——18世纪与20世纪的对话》,徐向东、卢华萍译,上海:上海人民出版社2005年版,第379页。

的开端。美国加州大学历史学教授斯塔夫里阿诺斯（L. S. Stavrianos）在《全球通史》中将启蒙运动视为欧洲政治革命的第二阶段便是对这一关联的概略阐明。而我们对由科学进步、生产发展、政治变革带来的认知方式、经济结构与社会理想等方面的转变进行考察，即是要在欧洲革命的宏观背景中明晰启蒙运动发生的时代必要性。

1. 自然科学的进步与思维方式的改变

其实，如果不对启蒙运动发生的历史年代做严格的规定的话，我们大可将其向前追溯两个世纪。因为，当哥白尼体系的太阳中心说还在被教会认可为是一种纯粹的数学"假设"之时，当伽利略在对宇宙星体的观察中以经验根据支持哥白尼的观点之时，受科学进步影响的人类的认知方式便开始发生颠覆性的改变了。在16世纪与17世纪认识材料积累的基础上，18世纪的科学研究开始逐渐解开了大自然的斯芬克司之谜。"带有鲜明的古典特征和中世纪特征的世界观土崩瓦解，世界不再是可直接达到的事物顺序意义上的'宇宙'了。"① 不可否认的是，在这一进程中，牛顿强大的影响力贯穿了两个世纪，他点就了启蒙运动这一历史事件的宏大开场。"自然和自然规律隐没在黑暗中。上帝说，要有牛顿！万物俱有光明！"英国诗人波普（Alexander Pope）写在牛顿墓志铭上的诗句以《圣经》式的韵律隐含着这样深意，牛顿已接替上帝业已完成了的创世工作而成为了世界秩序的管理者。

若说17世纪期求以严密而系统的演绎、证明方法将哲学的知识予以呈现，那18世纪对这种趋求极致完美的"体系癖"采取了绝然的摒弃与清除。"18世纪没有跟着以往的哲学学说中的那种思维方式亦步亦趋；相反，它按照当时自然科学的榜样和模式树立了自己

---

① E. 卡西尔：《启蒙哲学》，顾伟铭等译，济南：山东人民出版社1988年版，第34页。

的理想",①而这个被模仿的"榜样"即是牛顿的力学模式。所以,一个不争的事实就是,不再像笛卡尔与斯宾诺莎、莱布尼茨与霍布斯那样,18 世纪的人们舍弃了对数学语言精准性的狂热与膜拜,而开始受教于牛顿物理学分析方法前所未有的魅力,并将其应用于各个领域。牛顿方法讲求从经验材料出发,通过对科学依据的分析与重建,从现象推理出原理与规律。可以说,18 世纪的整体思想趋势便浸染在这种物理科学带来的明晰性之中,分析方法成为数理知识与思维逻辑两者均不可或缺的工具。

在此背景下,思维方式的改变也就必然受大势之所趋了。康德在《关于自然神学和道德原则的明确性研究》(1764 年)中曾直白地指出了这种哲学对物理学方法的嫁接。"形而上学的真正方法与牛顿引入自然科学中、并在那里获得了有益结果的方法在根本上是一回事。……人们借助可靠的内在经验,即直接的明显的意识,搜寻无疑包含在某种普遍性质的概念之中的那些标志,……从中推导出事物的许多东西。"②一种新型的理智力量将思维的特有功能与基本使命全部聚集于身,它不仅仍然保持着对外部世界的好奇,而且激发起了理智探讨思维自身性质与潜力的内在张力。而启蒙世纪中一切认知领域内的哲学思维活动即是这种既对原有的、一般的思维定势进行改革,又"对理智进行自我审查,并作出预见"③的"力比多"情绪的一个注释。

2. 商业、经济与一个新兴的阶级

在自然科学研究取得进步、思维认知方式发生转变的同时,欧洲大陆的另一个显著变化是由地理大发现与商业革命带来的经济发

---

① E. 卡西尔:《启蒙哲学》,顾伟铭等译,济南:山东人民出版社 1988 年版,第 5 页。
② 《康德著作全集》第 2 卷,李秋零译,北京:中国人民大学出版社 2004 年版,第 287 页。
③ E. 卡西尔:《启蒙哲学》,顾伟铭等译,济南:山东人民出版社 1988 年版,第 3 页。

展。有一点需要着重指出，16、17世纪西方世界经济发展不断加快的步伐在某种程度上与科技进步具有紧密的关联。地理学与航海术的研究在地理大发现的不断探寻中成为了一种迫切需要，而天文学、物理学也正是在此基础上得到了相应的提升，并且又为海外市场的开拓提供了技术上的支撑。欧洲所经历的这场率先在英国开始的商业革命不仅推动了18世纪晚期工业革命的车轮，而且产生了这样一个由商人、工场主、农场主、银行家等联合而成的社会阶层——资产阶级。

从英国革命到法国大革命结束，面对封建贵族权力对新兴资产阶级利益的损害，旧有的经济制度不断地受到毁灭性的否定与质疑。与此相应的是，资产阶级也越来越成为一股强大的力量，在启蒙运动的高歌猛进中承担了主要的角色。在经济领域中，启蒙者需要达到的是一种避免重商主义的严格限定并脱离王权或政府管制的"自由放任"生活，如亚当·斯密（Adam Smith）在《国富论》中对私人财产权、经济自由主张以及利润正当性辩护时所言。这就是启蒙运动时期资产阶级所梦寐希求的最终愿景。

对资产阶级而言，作为启蒙运动的结语的法国大革命是其自身获得真正胜利的一个标志性事件。虽然相对农民、工匠等劳苦大众来说，以商人为主要组成人员的法国资产阶级较少因贵族特权的税收负荷而受到侵扰，但这个阶层却仍对旧政权感到极度不满。"他们愤恨自己受到贵族的冷落，被王室看做二等臣民并排除在官僚机构、教会和军队中的高级职位之外"，因此，"资产阶级想要获得与他们日渐增长的经济力量相称的政治权力和社会声望"，[①] 从而争取有利于自身壮大的各种权益。所以，启蒙运动在经济领域内的表现即为资产阶级作为一个新兴的阶层，在力量的不断积蓄中对封建制度与

---

① 斯塔夫里阿诺斯：《全球通史：从史前史到21世纪》，吴象婴等译，北京：北京大学出版社2005年版，第524—525页。

国王、教会等特权阶层的摧毁以及对欧洲新秩序的重建。

3. 政治变革与契约社会

从以上两点可以轻松得出这样的结论，崇尚理智、运用分析，并为资产阶级谋求利益的思想家与改革家组成了主要的启蒙者大军。启蒙运动作为继文艺复兴之后人类思想的第二次解放运动之所以得到如此热烈的支持与快速的传播，其中一个主要的原因是启蒙者为大众特别承诺了一个自由、开放的"理性王国"——"启蒙的世界就像在我们面前打开了一道山谷，人类在此安居和耕作：这儿有路可走，也有路可以向上攀升。"① 可以说，穿越过"中古时代的阴森可怕、漫漫悠长的黑夜"，② 启蒙者对理想社会美好愿景的最初筹划就是从教会束缚中解放出来的人类精神真正内容的完美展示。正是在此目标的诱导下，欧洲社会的思想力量开始了对现存秩序的"合法资格"、"真理性"与"有效性"③ 的反对。

被用于发现物理世界普遍规律的分析方法也被应用于国家和社会这一实在领域。"社会，就像物理实在一样，也必须俯首听凭人的探究。剖析工作又一次开始了，国家的普遍意志被看做是由个人的意志组成的，是这些个人的意志联合的产物。"④ 当启蒙者对"理性王国"进行构想之时，其所憧憬的目标正是基于此物理学分析方法之上的预设。何为启蒙了的社会？何为可以经受理性检验的国家？政治动荡仿佛成为18世纪对这两个问题进行终极追问的一种现实表

---

① 吕迪格·比特纳：《什么是启蒙？》。见詹姆斯·施密特：《启蒙运动与现代性——18世纪与20世纪的对话》，徐向东、卢华萍译，上海：上海人民出版社2005年版，第366页。
② 黑格尔：《历史哲学》，王造时译，上海：上海世纪出版集团2006年版，第385页。
③ E. 卡西尔：《启蒙哲学》，顾伟铭等译，济南：山东人民出版社1988年版，第16页。
④ 同上。

现。从1688年英国"光荣革命"开始，欧洲大陆在半个多世纪的骚动中逐渐失去了田园牧歌式的安宁，在对完美的国家宪法和立法的永无止境的完善中，革命成为启蒙运动的又一主题。对于革命，讨论从不稀缺。康德的学生及其著作的首位编者约翰·亨利希·蒂夫特伦克（Johann Heinrich Tieftrunk）曾将其自身生活的时代称为启蒙的与革命的时代，并自问，"这（启蒙）究竟算是一种荣誉还是一种耻辱？""对国家的和平加以破坏的就是启蒙吗？"① 可以说，亨利希认为，在通过运用理性来达到理想的道路上不应该存在暴力革命的可能。有所区别的是，同为康德追随者的亚当·贝克（Adam Bergk）不像亨利希般保守，他明确地指出了，启蒙即是一切政治革命的根源。革命在贝克看来，不是对权威与权力的抗拒与反叛，"而是在一个宪法的基本原则上的剧烈的、全盘的变化"。② 所以，革命不该被理解为思想的、感官的，而该被看做是实践的、政治的、法律的。从霍布斯到卢梭，从对自然法的遵守到对达成社会契约的诉求，18世纪的政治变革在契约论的基础上得以开展。真正的人类社会正是借助于理性产生公民契约，从而组成了人为共同体的公民社会。

启蒙运动在政治领域内的理念在法国大革命中得到了充分体现，不得不承认，法国人对"理性的思想"的崇拜善于在行动中给出最直白的表明，相对于英国的精致情感与德国的痛苦思辨，"法国人有一个更崇高的使命：使理性成为社会和思维的指导原则，在某种程度上，使世界'理性化'"。③ 应该说，启蒙者对政治变革的希望往

---

① 约翰·亨利希·蒂夫特伦克：《论启蒙对革命的影响》。见詹姆斯·施密特：《启蒙运动与现代性——18世纪与20世纪的对话》，徐向东、卢华萍译，上海：上海人民出版社2005年版，第224页。

② 约翰·亚当·贝克：《启蒙导致革命吗?》。见詹姆斯·施密特：《启蒙运动与现代性——18世纪与20世纪的对话》，徐向东、卢华萍译，上海：上海人民出版社2005年版，第234页。

③ 格特鲁德·希梅尔法布：《现代性之路：英法美启蒙运动之比较》，齐安儒译，上海：复旦大学出版社2011年版，第13页。

往寄托于开明的君主制,然而法国大革命并未如其所愿。当巴黎人民在巴士底狱前欢呼雀跃,当吉伦特派与雅各宾派政权更迭后的恐怖每天都不断得到证实,法国大革命便注定了其违背革命初衷的灾难性的命运。一个现实的世界便在这种充斥着盲从与焦虑的气氛中诞生了,它不是启蒙者的"理性王国",它被看做现代世界的开端,它纯然是资产阶级的家园。

二、启蒙的任务

"什么是启蒙?"当我们再次重提策尔纳(Johann Friedrich Zollner)于1783年在《柏林月刊》上的提问时,首先想到的是门德尔松与康德的经典回答以及贯穿于18世纪末期的一系列争论,即使这个讨论已延伸至20世纪,这一词汇却从未得到过清晰而确定的界说。康德在答复这个问题时,曾作如下叙述:

"启蒙运动就是人类脱离自己所加之于自己的不成熟状态。不成熟状态就是不经别人的引导,就对运用自己的理智无能为力。当其原因不在于缺乏理智,而在于不经别人的引导就缺乏勇气与决心去加以运用时,那么这种不成熟状态就是自己所加之于自己的了。Sapere aude!要有勇气运用你自己的理智!这就是启蒙运动的口号。"①

从康德对启蒙的辩护中我们可以引申出几点对于启蒙的认识。首先,将"运用自己的理智"作为口号意味着,公共的"理性"始终是启蒙运动用以衡量一切的标准;其次,对人类"不成熟状态"的脱离,同时暗含着人类对其现存状态的怀疑与不满,如果要解除时代的禁锢,必须将一切交付批判予以裁定;最后,人的"不成熟

---

① 康德:《历史理性批判文集》,何兆武译,北京:商务印书馆1990年版,第23页。

状态"不是缘于"理性"的缺失，而是由于未经别人的引导，这种引导在某种程度上需要通过对于公众的教育来实现。因此，若以康德的理解为出发点，理性与批判便足以成为启蒙的要点了，而启蒙的任务即是以理性之光祛除蒙昧，同时持守着对于一切的怀疑与批判，使这种"理性"拥有"公开运用"自身的自由。而"启蒙的根本目标就是要使人们摆脱恐惧，树立自主。……启蒙的纲领是要唤醒世界，祛除神话，并用知识替代幻想"。①

1. "理性"的公开运用

如果我们用一个词语来表述启蒙运动的重心之时，毫无疑问地会想到"理性"。卡西尔就指出："'理性'成了18世纪的汇聚点和中心，它表达了该世纪所追求并为之奋斗的一切，表达了该世纪所取得的一切成就。"② 但我们应有所了解，"理性"并不是在启蒙运动的如火如荼中才时髦起来的字眼。1955年，美国新世界文库在《导师哲学家丛刊》中对中世纪至20世纪间具有代表性的哲学思想进行划分时曾将17世纪称为"理性的时代"，可以说，按此理解，早在启蒙运动之前，"理性"便已成为特定时代的特征词汇了。笛卡尔确定了理性的这种绝对权威，他将其作为第一原理建立的基点，从而开启了唯理论以"证明和严格推论"为主要方法的哲学时代。具体来讲，17世纪的哲学习惯于保持着一种对"理性"概念辐射下的"体系癖"的痴迷，以及"天赋观念"影响下的独断的形而上学倾向。"理性"与"天赋"的结合，更使思维所追随的最高的确定性存在幻化成了上帝的另一个变体。所以，理性在笛卡尔与莱布尼茨的哲学体系里是人神共有的、永恒的、真理的王国，人们"通过

---

① 马克斯·霍克海默、西奥多·阿道尔诺：《启蒙辩证法》，渠敬东、曹卫东译，上海：上海世纪出版集团2006年版，第1页。阿道尔诺，又译阿多诺，下同。
② E. 卡西尔：《启蒙哲学》，顾伟铭等译，济南：山东人民出版社1988年版，第4页。

理性所认识的，就是我们在'上帝'身上直接看到的东西"。① 而理性，在某种意义上，代替上帝"打开了通往心智世界、通往超感觉的绝对世界的大门"②。那么我们也可以这样说，17世纪的理性是始终在一个封闭的、真空的体系之中把自己铸造成"知识、原理和真理的容器"的，而人的理智力量在这种与"容器"的隔离中荡然无存。

卡西尔坦然承认，18世纪的哲学在体系上无法媲美于17世纪形而上学体系的严密，但这是一种对几何精神的故意的"摒弃"，"它所探寻的是关于真理和哲学的另一种概念，其功能是扩展真理和哲学的范围，使它们更灵活、更具体、更有生命力"。③ 笛卡尔的启发以及牛顿和他的物理学分析方法使启蒙哲学走向了一个新的方向。牛顿哲学思维的准则没有最初的对原理、概念或公理的预设，而是对经验材料的研究；没有纯演绎式的抽象推理，而是分析式的归纳发现；不是要获得"关于特殊、关于'事实'的知识"，而是要最终达到普遍性的原理。这实际上是对唯理论方法的一种倒序。进一步，孔狄亚克提出了应将"实证精神"与"推理精神"进行综合，让"理性"在现象的内在关联中浮现，并在"事实的知识"的积淀中日益完善。在此理论的基础上，启蒙理性在对神学与17世纪形而上学的反对中产生了，启蒙运动自始至终都紧扣着这一理性命脉。这是这样一种理智的能力与力量：它不在意对经验世界束缚的破除而注重对经验世界游刃自如的把握，它能够引导人们"发现真理"、"建立真理"与"确定真理"，它会在"作用"与"效力"的发挥中被理解充分，它崇尚对事实、经验材料或一切信念和见解的"分解"与"重建"，它将在对真理的不断验证与获得中证明自身。康德认

---

① E. 卡西尔：《启蒙哲学》，顾伟铭等译，济南：山东人民出版社1988年版，第10页。
② 同上书，第11页。
③ 同上书，第5页。

为，人类的启蒙不是仅仅依靠知识教化蒙昧的人群，唯有人在具有自觉公开地运用这种理性的自由的时候才会实现，而思维的自由要在政治的自由之先。

自然科学的发展以及人类在实践活动中取得的认识、支配自然的胜利，增加了人类运用理性的自信。其实，当培根把力量归因于知识的时候，我们就该觉察，受启蒙理性捷报鼓舞的人类是要摧毁神话的崇高而开始宣告成为世界的造物主了。霍克海默与阿多诺在对启蒙的概念进行分析时曾指出："对启蒙运动而言，任何不符合算计与实用规则的东西都是值得怀疑的。"① 可见，启蒙理性的科学化、工具化在人类树立自身权威的过程中成为必然的标准与倾向了。

2. 怀疑与批判

18 世纪是启蒙的时代，是黑格尔所说的用头立地的时代，也是"真正的批判时代，一切都必须经受批判。……理性只会把这种敬重给予那经受得住它的自由而公开的检验的事物"②。当康德在《纯粹理性批判》的首版序言中将理性与批判的综合作为其生活时代的总体境况进行如此的概括之时，他是把"理性"看做检验的标尺，把"批判"看做启蒙的凭仗了。宗教、君主制、等级制度、经济限制……封建社会的诸多弊病以及大众的蒙昧都成为了启蒙理性的主要敌人。在人类从蒙昧到开化转变的临界点上，任何一次理智思维的自我确信行为都必然隐含着某种对神学教会、旧形而上学体系及封建制度的质疑，"宗教、自然观、社会、国家制度，一切都受到了最无情的批判；一切都必须在理性的法庭面前为自己的存在作辩护

---

① 马克斯·霍克海默、西奥多·阿道尔诺：《启蒙辩证法》，渠敬东、曹卫东译，上海：上海世纪出版集团 2006 年版，第 4 页。
② 康德：《纯粹理性批判》，邓晓芒译，北京：人民出版社 2004 年版，第 3 页。

或者放弃存在的权利",启蒙的任务就是要将"思维着的知性"作为"衡量一切的唯一尺度",通过理性标准的检验来呈现一个真实的、绝对的、理性的世界。①

如同孩童成长为少年后开始愿意叛逆地对已知世界的既存规则提出质疑一样,人类在脱离神话护佑的初期,启蒙思想也带有着一种批判的精神。我们也可以这样理解,"理性"与"批判"只不过是对启蒙运动内在精神力量不同角度的表述而已,两者是彼此依存、相互契合的,正是在这种依存与契合中,启蒙时代不断跨出了前进的步伐。从英国到法国,再到德国,从科学领域到政治领域,再到思维领域,启蒙理性的批判能力体现在激情澎湃的法国大革命中,也体现在康德的批判哲学里。这意味着,宗教信仰中的神学世界观,社会生活中的权威、传统与习俗,政治学说中的君主专制与等级划分,均将受到理性的审查与批判,启蒙理性正是这样"从它对一个他物的关系上取得了一种否定的实在"。② 面对"自由、平等、博爱"的社会理想,以及对人类获取自我解放的迫切渴求,启蒙理性的否定性思维方式被彰显得淋漓尽致。

虽然启蒙精神传播到德国的历史时间较晚,但在康德哲学中却有最集中的呈现。这位在哥尼斯堡过着"孤独而优雅"式的学者生活的哲学家,"出色地将启蒙运动的最大优点荟萃于自身"。③ 虽然"法国启蒙运动用以促使政治社会条件得到改进的高尚的自由精神"④ 与批判原则引起了哲学家的共鸣,但是康德不像法国的启蒙者那样狂热地将自身扮作救世主,也没有将理性的批判能力现实化为一种绝对的物质批判力量,而是主张"要有勇气运用你自己

---

① 参见《马克思恩格斯选集》第3卷,北京:人民出版社1995年版,第355页。
② 黑格尔:《精神现象学》(下卷),贺麟、王玖兴译,北京:商务印书馆1979年版,第94页。
③ 文德尔班:《哲学史教程》(下卷),罗达仁译,北京:商务印书馆1993年,第730页。
④ 同上。

的理智",① 并在此"运用"开始之前,对理性本身进行批判。理性批判,是启蒙理性在康德批判哲学中的成熟表现。

三、启蒙的结果

启蒙运动提出了以理性的名义反对传统精神与社会权威,并将这种反对的力量诉诸理性自身。但是,在其以思想解放运动达到社会变革,以表现为政治实践上的法国大革命对现实的政治制度与权力提出挑战之后,预设的理性王国并未实现,而这个时代却走向了"对于理性的绝望"、"宗教上和伦理上的轻浮任性"与知识上的"庸俗浅薄"。正如施密特所说:"启蒙运动试图把这个世界从神话和迷信的支配中解放出来,但这种努力已经陷入了一种致命的辩证法——启蒙本身返回了神话,助长了种种新的支配,这些支配由于声称得到理性本身的证明而显得更加阴险。"② 这是启蒙运动所造成的现代性危机的初显。无时无刻,卢梭不在自身中觉察到一种没有任何东西可以弥补的"空乏",这种"空乏"在被思维"有限化"、生活"碎片化"与宗教"虚无化"的包围中窒息了时代。启蒙运动所造成的时代困境主要表现在哲学思维方式上的理性主义的"有限化"、政治生活上的人类世界与人类生活乃至人自身的二元分裂,以及精神生活上的宗教信仰的失落三个方面。

首先,哲学思维方式在经旧形而上学、经验主义、康德批判哲学与谢林绝对同一哲学之后,仍然有限的局限于抽象理性主义之内。前康德的形而上学思维方式以绝对化的抽象理智来把握对象,带有强烈的独断意味。理性至上源于文艺复兴对理性的倡导,直接针对的是中世纪的神学正统,它将以人为根本的认识论代替了以上帝为

---

① 康德:《历史理性批判文集》,何兆武译,北京:商务印书馆1990年版,第23页。
② 詹姆斯·施密特:《启蒙运动与现代性——18世纪与20世纪的对话》,徐向东、卢华萍译,上海:上海人民出版社2005年版,第20页。

根本的宗教神学的本体论，强调理性的确定性，而贬低感觉经验的作用。这种权威的转变只是将独断的理性作为"永恒真理"的王国，以有限的抽象概念来把握无限的形而上对象，而实际上并未找到理性的实践根源，没有超出"上帝的藩篱"。经验主义将一切抽象观念向感觉经验还原，是以弥补理性独断论的抽象性与空乏性为初衷的，但这种以分析为主要方式、以因果性为"习惯性联想"的从经验直观中离析普遍观念的思维方式，却必然走向不可知论与怀疑主义，从而导致了一场新的空乏性危机。启蒙理性正是在对神学的反对和17世纪形而上学的争论中产生的，启蒙理性试图在认识论与方法论的双层意义上进行分析还原与理智重建。其"灵感部分来自笛卡尔、斯宾诺莎和霍布斯等的唯理论"，但其"真正创始人是艾萨克·牛顿和约翰·洛克"[①]。18世纪的启蒙思想家虽不预设先验的理性，主张从现象的内在联系中发现规律，但理性的自信心依然支配着18世纪的启蒙精神，笛卡尔的"天赋观念"以添加了道德取向与价值判断的"地上观念"的形式呈现出来，而康德学说正是"启蒙运动的最高的荣誉象征"。康德立足于经验主义的立场，在对抽象理性的内在批判中打破了理性神学的权威，使哲学思维方式发生了从超验的理念存在向内在的经验的人的认识能力转变的"哥白尼革命"。他批判"独立于所有经验去追求一切知识的一般理性能力"[②]的有限性，批判理性至上的理念本体论形而上学的教条独断，但康德对理性的批判仍然是站在理性立场，以理性为武器，最终诉诸理性的批判。这种批判哲学只是将人的主观认识能力限于知性的范畴，范畴的普遍必然性作为我们的思想因只行使知性立法，而无法深入物自体领域，因此康德的批判哲学仍然是主观、有限的"空洞的抽象"。

---

① 伯恩斯、拉尔夫：《世界文明史》，北京：商务印书馆1987年版，第30页。
② 康德：《纯粹理性批判》，蓝公武译，北京：商务印书馆1960年版，第3页。

这种抽象性与有限性还体现在启蒙理性向工具理性的逐渐蜕变之中。霍克海默与阿多诺曾对此表达了极度的失望，并提出了猛烈的批评。启蒙，日益倒退入了新一轮的神话之中；理性，也在神话与启蒙的辩证法中被置于糟糕的境地。曾经，人类的理智是一种被用于战胜迷信、解除束缚、支配自然的力量，然而，伴随着自然界的祛魅进程，人类尝试粉碎自然奴役的结局反而陷入了更深的被奴役之中。这种新的奴役是人类自造的枷锁，"理性"曾冷漠地打破神话的祭坛，也曾残暴地戳穿宗教的丰饶角①，现在，当一切不可度量之物被摒弃之后，"理性"的冷漠与残暴却成为了永驻人间的面具。启蒙指使理性的初衷是要建立一个"包罗万象的体系"，这种体系要求规范受到同一支配的自然界与现实社会，而人类也在不自觉中将自己禁足于体系规范之中了。这是启蒙思想者无法预期的人类理智的异化，思维正在启蒙运动的尾声中不由自主地客观化为一部测量的机器，"理性自身已经成为万能经济机器的辅助工具。理性成了用于制造一切其他工具的工具一般，它目标专一……最终实现了其充当纯粹目的工具的夙愿"。② 启蒙理性支配自然与社会的力量愈加增长，异化理性禁锢人的权力也就愈加强大，启蒙理性愈发演变为一种工具理性，不合时宜的发挥着它的压制力量，从而丧失了以人为目的的解放精神。当拿破仑在马背上横扫欧洲，当资本主义制度蔓延开来，启蒙了的人类开始渐渐在自我中迷失了。"神话昏暗的地平线被计算理性的阳光照亮了，而在这阴冷的光线背后，新的野蛮种子正在生根结果"，人类摆脱了神话，"又总是不断落入神话的魔力

---

① 丰饶角（Cornucopia），古希腊神话中，宙斯由仙女阿玛耳忒亚用山羊奶哺育长大，这只山羊折断了一只角，阿玛耳忒亚便在里面盛满鲜花与水果送给宙斯。后来，宙斯成为众神之首，将阿玛耳忒亚与羊角带回奥林匹斯山，经宙斯施法后的羊角可以生出拥有者想要的任何物品，取之不尽、用之不竭，故名丰饶角，是财富和丰饶的象征。

② 马克斯·霍克海默、西奥多·阿道尔诺：《启蒙辩证法》，渠敬东、曹卫东译，上海：上海人民出版社2006年版，第23页。

之中"。① 此时虽然距离霍克海默与阿多诺所言及的"文化工业"社会尚远,但却是启蒙理性开始走向反面的开端,即使这种理性的有限性只是具有一些细微而不太明显的极端表现,它还是依然为某些18世纪末的诗人、学者等思想家们细腻地感知到了。

其次,启蒙运动付诸实践将涉及现实的政治和社会制度,法国大革命的果实与成就便是启蒙运动在现实世界中的具体体现。当资产阶级的经济和政治制度取代了封建专制制度,并扩展到法国本土乃至整个欧洲大陆的时候,当理性在运用中触及人类的现实利益之时,启蒙便成为了政治性的东西,启蒙哲学家言及的经验与理性、物质与精神的对立便以人类世界、人类生活、人自身的二元分裂形式凸现出来。A. 施莱格尔认为启蒙运动在任何领域的半途而废使"有用与适用"代替了真理的标准,使真理"沦为无条件的追求";黑格尔认为,国家政治生活的无序化与生命形式的碎片化成为了市民社会的"实用主义图景"。阿尔都塞将浪漫派与黑格尔所处的时代称为"在绝对存在的形式下,对空乏进行崇拜的年代",这种"崇拜"在政治生活领域内表现为空前加强的专制,在个人生活领域内表现为凌驾于一切之上的绝对主体。而"崇拜""烟幕"掩饰下的社会现实,是在二元分裂的张力下挣扎呈现的。一方面,18世纪后十年的德国已被分化得"不再是一个国家","大批更小的相互倾轧的专制小国家"无法构成统一稳定的政府,但却"形成了更强大的专制"。欢迎法国大革命的理性、自由与请求上帝保佑祖国免受革命的恐怖,政治的中央集权与国家的四分五裂在强大的反差中营造了紧张的政治气候。另一方面,康德的使"人类脱离自己所加之于自己的不成熟状态"及"不经别人的引导"就可以运用理智的美好初衷,并未延续其原初的积极意义。科学与艺术的日臻完美腐败了人

---

① 马克斯·霍克海默、西奥多·阿道尔诺:《启蒙辩证法》,渠敬东、曹卫东译,上海:上海人民出版社2006年版,第25页。

类的灵魂,"思想用数学、机器和组织等物化形式对那些把它忘在脑后的人们实施了报复,放弃了思想,启蒙也就放弃了自我实现的可能"①。启蒙原是要通过对一切个体进行教育而使尚未开化的整体达到自由,但一旦当理性被用作为只具有认识功用的工具理性,个体便陷入了摇摆于情欲与理性之间的尴尬境地,"被彻底启蒙了的人类丧失了自我",并"为其权力的膨胀付出了他们在行使权力过程中不断异化的代价"②。从甘于蒙昧到理性、自由至上,从依附到自决,个体在征服感性世界而脱离感性世界的独断理智的作用下不可避免的产生了二元分裂,人类成为了异在于自身的"与社会进化规律和自我原则相对立的东西,变成了单纯的类存在,他们在强行统一的集体中彼此孤立",这是"大众的退步"。③

最后,启蒙运动使时代的空乏以失落的宗教信仰为内在的表现形式。路德的宗教改革高举破除迷信、解放思想的大旗拉开启蒙运动的帷幕,中世纪的宗教信仰成为近代西方哲学理性与主体性原则颠覆的对象。政治生活长久的专制压迫使德国市民转而向内心世界去寻找理性、自由的内在价值。路德将这种内在价值定义为在任何外在条件下都会被实现的基督教的自由,其"基本作用之一就是规劝解放了的个体通过改革应得到的外部世界的权利和要求而进入自己的内心生活,来接受已诞生的新社会的制度"④。不为外在现实与斗争矛盾所动摇的自由道德王国是从悲惨世界中决裂出来并定居于个体心灵中的避难所,是政治的浪漫派与唯心主义者的思想成因与必然趋向,是批判思想无力进行社会政治变革而采取的精神意义上

---

① 马克斯·霍克海默、西奥多·阿道尔诺:《启蒙辩证法》,渠敬东、曹卫东译,上海:上海人民出版社 2006 年版,第 33 页。
② 同上书,第 31、6 页。
③ 同上书,第 29 页。
④ 赫伯特·马尔库塞:《理性和革命——黑格尔和社会理论的兴起》,程志民等译,上海:上海人民出版社 2007 年版,第 28 页。

的举措。宗教改革与启蒙都将中世纪的宗教信仰视为自己改革的对象,而我们需要意识到,与启蒙相对的宗教信仰实际上是宗教改革之后的信仰,它已作为异化精神的一个表现而被近代化了。被启蒙运动所颠覆的宗教信仰只是将上帝视为保证意识同一和世界统一的内心表象,"是自我意识在分裂的世界中寻求自我同一的另一种努力"①。理性主义泛滥导致了精神世界中宗教退步为神话,这种退步引发了浪漫派与黑格尔共同的哲学思考。

因此,启蒙运动所导致的时代困境主要表现为由启蒙运动所带来的思维方式的有限化、世界与人自身的二元分裂以及宗教信仰的失落。而现代性的特征正是表现为根源于启蒙运动的"精神与物质、灵魂与肉体、信仰与理智、自由与必然、理性与感性、才智与自然、存在与非存在、概念与存在、有限与无限的对立"②,浪漫主义哲学先于黑格尔哲学而处于鼎盛状态,其对现代性危机的感触也更加敏感。正是在此时代背景下,早期浪漫派针对时代的分裂特征提出了自己的浪漫主义理论,从而开启了与现代性问题的首次交锋。

第二节　浪漫派与德国早期浪漫主义

可以说,浪漫派的产生与浪漫主义哲学的形成是以启蒙运动为思想背景与时代语境的。当资产阶级日益卸下往日的伪装,全欧洲便笼罩在一片孱弱无力的萤光中了。启蒙精神失去了曾经鼓舞人心的精彩,激情转化为狂躁,自由更改为专制,革命演变为恐怖,理性的极度扩张弥盖了情感与艺术存留的空间。此时,一个欧洲人的思想和行为的转折点正在出现。伯林将这个转折点视

---

① 张汝伦:《黑格尔与启蒙——纪念〈精神现象学〉发表200周年》,载于《哲学研究》2007年第8期。
② 同上。

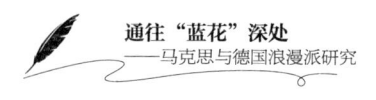

为继希腊化时期与马基雅弗里之后西方政治思想史的第三次转型——浪漫主义革命。这场革命所奉行的纲领是浪漫主义，这场革命不是由诗人团体简单发起的诗歌运动，它是一场轰轰烈烈的席卷欧洲大陆的革命性事件，它在德国有着最为深刻的理论积淀，它曾作为旗帜引导德国从18世纪末到19世纪前30年的思想发展，它也成为一种元素被纳入了现代西方哲学之中，从意志主义到生命哲学，再到存在主义。如果按弗里德里希·希尔（Friedrick Heer）在《欧洲思想史》中所言，海德格尔可以被看做德国浪漫主义运动的后裔之一，那我们可以推论，在这支门徒大军中就不能缺少尼采、柏格森，甚至马克思的身影了。在本书中，我们只把德国早期浪漫派与浪漫主义哲学作为研究的对象，其原因在于，在英、法、德、俄等西欧国家受到广泛传播并占领一切文化领域的浪漫主义，"只是在德国才出现了一股强大的浪漫哲学思潮，并发展成为一种思想传统，而非一个单一的思想流派"。① 因此，德国早期浪漫派产生的复杂的历史原因，呈现的多样的表现形式，以及德国浪漫派领袖施莱格尔兄弟哲学思想所蕴含的具体理论内容，便需要引起首要关注了。

一、土壤：德意志状况

当我们要考察德国早期浪漫派身处的德国社会，总会遇到一些混乱和困难。德国在哪里？1830年，歌德在压抑的沉思中作出了那句为人所熟知的最能表达德国真实状况的回答："我们没有一个城市，甚至没有一块地方可以使我们坚定地指出：这就是德国！如果我们在维也纳这样问，答案是：这就是奥地利！如果我们在柏林这样问，答案是：这里是普鲁士！"歌德的矛盾是所有人在谈论18世

---

① 刘小枫：《诗化哲学》，上海：华东师范大学出版社2007年版，第9页。

纪的德国时常常遭遇的尴尬。尼采在描述这种尴尬时，将其看做德国人的标志""在他们（德国人）那里，'德国的是什么'这个问题绝没有解决"①。之所以会如此，是因为，这一拥有314个邦、1475个庄园的西欧中陆区域直到俾斯麦出现之前，还依然只是一个地理概念，而尚未形成一个主权统一的民族国家。国土与国家的不相符合间接反映的是浪漫派与浪漫主义哲学滋长环境的复杂性。也许，对于1871年前的这个被星罗棋布的小邦国塞满的国家来说，使用"德意志"比"德国"更为贴切。

"复杂"与"矛盾"仿佛道尽了任何一个面对德国问题的学者的忧虑，问题可能出在，德意志与德意志人本身便已具备的"复杂"与"矛盾"状况造就了如此悲剧的心态。尼采就曾不满足于人们对德意志人"深刻的"习惯性的称呼，对德意志人的灵魂作了剖析，从而揭示出其心灵深处的矛盾本性。这种本性其实与德国的自然环境、种族特点密切相关。德意志人常常羡慕英国因与欧洲大陆隔绝而免遭疆域之争的民族自信，却也往往陷入本国边界变化、国家凝聚点模糊的痛苦自卑，两相对比之下呈现出的结果是，向心的、稳固的、强大的地域条件的缺乏，使德意志失去了发展成为一个紧密团结的民族国家的中心力量。与此同时，另一个造成"复杂"与"矛盾"丛生的因素是，德意志本就是一个由多个民族混合的地区。

"哥特人、汪达尔人、法兰克人、阿勒曼尼人、勃艮第人、弗里西亚人、盎格鲁撒克逊人和斯拉夫人全都混合在一起，成为当代德国的人口。北欧日耳曼民族的波美拉尼亚人和阿尔卑斯山的巴伐利亚人，'冷漠'而无幽默感的普鲁士人和'热情'而机智的莱茵兰人，半斯拉夫的西里西亚人和巴登、威斯特伐利亚的近拉丁语系人

---

① 弗里德里希·尼采：《善恶的彼岸——未来的一个哲学序曲》，北京：华夏出版社2000年版，第164页。

或法兰西—德意志人——所有这些人加在一起就构成德国人。"①

如尼采所言,这是"各个种族的最难以置信的混合和混杂的一个民族"②。有如此复杂多样的种族渊源,纷争、会战、分裂……也就在所难免了。这直接导致的一个后果是,"德意志政治思想中充满分裂观念,有宗教分裂和政治分裂,有文化分裂和阶级分裂"③,这是三个世纪间(1601—1871年)德国主要呈现的发展样态,德国浪漫主义从这种分裂中滋生,却也愈加引发了新的罅隙。

从14世纪"教会大分裂"发生之后,欧洲历史的阶段性进程便处于基督教与异教的对抗之中了。基督教会的苛责、平民的不满,再加上中产阶级与国家君主对教会地产、财富的觊觎,多方面的尖锐冲突"在德国达到了爆发点"④。异端学说的德国追随者是马丁·路德,这位维滕堡大学的青年牧师用贴在教堂门口的九十五条论纲开始了他对教会权威的挑战,此后的38年间,基督教与异教在德国的纷争就主要聚焦于天主教派与路德教派之间了,直到《奥格斯堡和约》(1555年)确定了"教随国定"的议和原则,两者的争斗才在平分秋色的结果中安息下来。应该说,德国宗教改革引起了欧洲新一轮的宗教分裂,因为,"路德的个人解读《圣经》的基本学说必然导致对《圣经》的不同解释,从而产生各种新教派"⑤,加尔文教派、再洗礼派等各种新教派大混合的局面成为了德国宗教改革的

---

① 科佩尔·S. 平森:《德国近现代史》(上册),北京:商务印书馆1987年版,第10页。
② 弗里德里希·尼采:《善恶的彼岸——未来的一个哲学序曲》,北京:华夏出版社2000年版,第164页。
③ 科佩尔·S. 平森:《德国近现代史》(上册),北京:商务印书馆1987年版,第11页。
④ 斯塔夫里阿诺斯:《全球通史:从史前史到21世纪》,吴象婴等译,北京:北京大学出版社2005年版,第379页。
⑤ 同上书,第380页。

后果，它虽然只是德国不得不经历的"一场严重的心灵斗争"①，却引发了整个欧洲的宗教战争，从而确定了欧洲的宗教地图。也就是从此之后，在17、18世纪，路德教派的基础开始逐渐受到侵蚀了，"社会底层期望得救的强烈情绪表现为虔敬主义的有力兴起"②，而这一"宗教性群众运动"，正是"崇拜内心敏感、思想开明、狂飙运动和浪漫主义的源泉"。③

德意志之所以成为了新教徒反叛的营垒，在某种程度上与其骨子里的对西方传统文化的抵制有关。当查理大帝把希腊罗马和犹太教——基督教传统强行楔入这片被征服的区域时，强烈抵制或被迫接受成为了德意志人的两种选择。同样不满的还有皇帝，世界主义思想不时作祟，建立全球帝国的梦想让德国在与教皇的长期的斗争中渐失元气，德意志皇帝的解决方式是向封建贵族寻求援助。就在这种让步与依赖中，在其他西欧国家击溃封建贵族而建立民族国家的同时，在资产阶级强大、资本主义经济飞速发展的同时，封建主义仍在德国具有它的一席之地，这使本来就未参加地理大发现与商业革命的德国的"初期资本主义发展陷于停顿"④。若是再算上1789个邦国爱国主义热情泛滥的政权，以及普鲁士和奥地利的争战，我们就更容易理解，启蒙运动为何最晚在德国发生，法国大革命为何未像在法国一样遭遇狂热的追捧，而只是得到德意志政治思想家们理智分析后的冷静对待。

是经历了过多宗教与政治上的冲突，还是缺少明确而强劲的新兴阶级力量？德意志，这个被诸多小王国勉强支撑的民族，好像无

---

① 弗里德里希·希尔：《欧洲思想史》，赵复三译，桂林：广西师范大学出版社2007年版，第435页。
② 同上书，第435页。
③ 同上书，第439页。
④ 科佩尔·S·平森：《德国近现代史》（上册），北京：商务印书馆1987年版，第13页。

力解决德国社会中的任何矛盾。德国的统一虽然因此"缺少一个坚实的社会基础",但却又因各邦国相互制衡的弱小势力而保有了思想界的自由。来看一看18、19世纪"百花盛开"的德国文化界,我们就该知道,"恰恰由于这种僵持局面,德国的精神世界才得到挽救"①,所以,分裂局面对于这个擅长思维的民族来说,也许是所得大于所失。德国小说家托马斯·曼(Thomas Mann)②把德意志看做欧洲的精神战场,其实,这场战争始终围绕着德意志传统对希腊罗马传统的反抗,从文化到宗教,"德意志从来没有与西方文化融为一体。强烈的反西方传统一直存在"③。正是这种德意志人特有的品质使其始终保持着对西方古典传统刻意的敌视与疏远,却转而向俄国与英国的文化中寻求庇护。而英国的浪漫主义文学便在此时大量被译介入德国,这种浪漫精神不仅渗透入文学、美学领域,而且"几乎总是与一个在经济、政治、宗教和社会事务各领域都有所反映的总的世界观联系在一起"④。德国浪漫主义哲学便在此种与西方传统古典主义的对立中酝酿而生。

二、萌蘖:德国浪漫主义的产生

1797年的柏林,亨丽爱特·赫尔茨(Henriette Herz)和拉埃尔·莱温(Rahel Levin)的沙龙聚会上开始出现了一些年轻的诗人、哲学家与文学批评者。到1802年,聚会转移到了奥·施莱格尔在耶

---

① 弗里德里希·希尔:《欧洲思想史》,赵复三译,桂林:广西师范大学出版社2007年版,第436页。
② 托马斯·曼(Thomas Mann,1875—1955年),德国作家,代表作《魔山》(1924年)、《马里奥与魔术师》(1930年)、《布登勃洛克一家》(1901年)。在《马里奥与魔术师》中曾描写过法西斯在意大利制造的恐怖,1929年,凭作品《布登勃洛克一家》获诺贝尔文学奖。
③ 科佩尔·S. 平森:《德国近现代史》(上册),北京:商务印书馆1987年版,第17页。
④ 同上书,第20页。

拿的家中。哲学、诗歌、戏剧、宗教，乃至政治，是整个沙龙聚会的主要议题。这些年轻人相互阅读、评论各成员最近的著作，并在自由、公开、直率的环境中进行文学上的交流与合作。这个团体被其同时代人称为"诗人小组"，或是"新流派"、"新学派"。当然，它还有一个在德国思想史上更广为人所熟知的名字——"浪漫主义流派"。[①] 其实，我们很难对德国浪漫主义的产生与式微的历史时期进行确切的界定，也很难对浪漫派的成员进行明晰的划分，变化多端的发展阶段注定了浪漫主义在德国的兴衰将不是一场简单的运动。在弗雷德里克·C.拜泽尔对浪漫主义规定的三个分期中，我们同样选择早期浪漫主义阶段的德国早期浪漫派及其理论作为考察的主要对象，原因正如拜泽尔所说，这个时期最有趣，并最具启发性。而浪漫主义的形而上学意蕴便萌发在德国早期浪漫派成员的怀古忧思与神秘情感之中。

我们可以把下列人物作为德国早期浪漫派的典型代表：奥古斯特·威廉·施莱格尔（August Wilhelm Schlegel, 1767—1845年）、弗里德里希·冯·施莱格尔（Friedrich von Schlegel, 1772—1829年）、路德维格·蒂克（Ludwig Tieck, 1773—1853年）、弗里德里希·威廉·约瑟夫·谢林（Friedrich Wilhelm Joseph Schelling, 1775—1854年）、恩斯特·丹尼尔·施莱尔马赫（Ernst Daniel Schleiermacher, 1768—1834年）、威廉·亨利希·瓦肯罗德（Wilhelm Heinrich Wackenroder, 1773—1801年）、弗里德里希·冯·哈登伯格（Friedrich von Hardenberg, 1772—1801年，又名诺瓦利斯），还有边缘化的约翰·克里斯蒂安·弗里德里希·荷尔德林（Johann Christian Friedrich Hlderlin, 1770—1843年）。毫无疑问，诺瓦利斯（Novalis）与弗·施莱格尔是这个团体的灵魂人物，尤其是在诺瓦利

---

① 詹姆斯·施密特：《启蒙运动与现代性——18世纪与20世纪的对话》，徐向东、卢华萍译，上海：上海人民出版社2005年版，第330页。

斯早逝后，弗·施莱格尔更是成为了浪漫派的宿将以及德国浪漫主义哲学的奠基人，他系统地阐述了德国早期浪漫派的美学思想，并力图构建一个完美的诗化哲学体系。

虽然深受欧洲浪漫主义的影响，但德国浪漫主义却与西欧其他国家具有明显的区别。英国浪漫主义主要体现于文学之中，这从湖畔派诗人的诗句与莎士比亚的戏剧中就可以看到，法国浪漫主义主要体现在对政治自由向往的革命热情与对社会现实的辛辣嘲讽中，而德国浪漫主义却具有"更加极端的形式；它更深切、执著地控制着德意志精神生活；它遍及人类活动的所有领域，不仅包括文学、艺术和音乐，而且包括科学、学术、经济，尤其是政治"，① 这与其特定的社会条件、文化语境以及政治背景是密切相关的，它们共同构筑了德国浪漫主义与众不同的特质。

若将德国浪漫主义的根源向前追溯，我们或可发现虔敬派思想在浪漫主义者身上遗留的印迹。虔敬主义（Pietism）团体是中世纪后期神秘主义者与现代崇拜派的后裔，其神学观点的主要内容是反对理性创立的形而上学体系，并主张以心灵、感情看待世界，从而通过默想和信仰来追求内心的虔诚，它相信神之王国将在人们的期待之中降临困于矛盾之中的人世，破坏神之王国的人必定灭亡。可以说，虔敬主义不仅为感伤主义文学提供了基础，而且为浪漫主义以内省、渴望为核心的思想作了铺垫。施莱尔马赫，这个开明的虔敬派教徒，就是在启蒙运动的洗礼后，成为了一名浪漫主义者。② 在虔敬主义影响下，施莱尔马赫强调宗教要以情感为源泉，这种情感就是虔敬之心，个人要怀有此心并注视内心深处，才会进入永恒领域，达到自由。无论是早期的赫尔德，还是诺瓦利斯、施莱

---

① 科佩尔·S. 平森：《德国近现代史》（上册），北京：商务印书馆1987年版，第63页。

② 同上书，第56页。

格尔兄弟,他们对情感、心性的绝对崇拜无疑带有虔敬主义色彩。

另一个对浪漫主义的产生具有重大影响的因素是法国资产阶级革命。弗·施莱格尔就曾明确地承认革命带给欧洲社会的巨大影响,"法国大革命、费希特的《知识学》和歌德的《迈斯特》,是这个时代最伟大的倾向。谁对这个排列持有异议,谁认为只要不是急风暴雨般的和物质的革命就不是重要的,谁就还没有把自己提高到人类历史的广阔高度上"①。作为启蒙运动最集中的表现,法国大革命在德国知识分子中间最初受到的是一致的欢呼与赞颂。令人为之羡慕的自由,在别的国家如此被热烈的追求,不能不让德国学术文化界"为是法国而不是他自己的国家预告了自由的召唤而表示惋惜"②。但是,这也许是法国政治运动留给德国浪漫派的唯一一波感动,因为从此之后,革命最终的恐怖带给这些浪漫主义者的却是更多的震惊与错愕。暴力、血腥与杀戮遮盖了曾经许诺的普遍的幸福,而"使得德意志知识分子转而反对法国革命的主要因素,是他们认为这场革命具有世界主义性质的幻想的破灭"③。法国大革命对德国浪漫派的触动是有限的,这其中精神上的感动胜过效仿的热情,即便是雅各宾派的执政也只是让这些因远在德意志而免受祸患的浪漫主义者们对理性领导下的社会产生了某种疏远与拒斥,还未达到猛烈的批判。但是当拿破仑军队的铁蹄踏上德意志的土地,德国知识分子们便再也不会有隔岸观火的轻松心态了。德国根深蒂固的封建制度被一扫而尽,德意志的爱国主义与民族主义也迅速萌生。应该说,当英国、法国的启蒙运动业已拉下帷幕,德国的启蒙才刚刚开始。

---

① 施勒格尔:《浪漫派风格——施勒格尔批评文集》,李伯杰译,北京:华夏出版社2005年版,第78页。
② 科佩尔·S. 平森:《德国近现代史》(上册),北京:商务印书馆1987年版,第43页。
③ 同上书,第48页。

而拿破仑在德意志人的心中,才是法国革命的典型象征。平森说:"德国浪漫主义取得长足发展是在拿破仑时期。"① 我们可以看到,在费希特、谢林、施莱尔马赫身上,在诺瓦利斯、施莱格尔兄弟的诗人团体里,启蒙主义的怀疑精力以及法国革命的创造热情在浪漫主义这里得到了恰当的吸收,但同时,这种精力与热情却又形成了另一种对立的力量开始实施对理性主义与资本主义的极度反抗。

浪漫主义的产生多多少少是与民族精神的兴起相关联的,对启蒙主义的反叛似乎就缘于对资产阶级的复杂情绪。田园牧歌式生活的一去不返激发出的是浪漫主义者伤感的回忆与诗化、唯美的文字。正像民族主义在德国经历了由文化的向政治的转变一样,德国浪漫主义也经历了文学—哲学—政治的轨迹。浪漫主义,它在德国最原初的表现形式即是18世纪末在德国文化界兴起的狂飙突进运动。② 这一运动先于任何来自于哲学或者政治立场上的观点,立足文学领域对启蒙运动与理性主义先行作出了回应,因此它往往被人们看作德国浪漫主义的先驱。莱辛、歌德、席勒以及赫尔德是其中的代表人物,他们继承了启蒙思想家有关自然与人权的思想,强调个性解放,崇尚自我、天才,并极端注重个人情感,力图实现感情与理性的统一。这对浪漫主义者的哲学思想具有潜移默化的作用。从弗·

---

① 科佩尔·S. 平森:《德国近现代史》(上册),北京:商务印书馆1987年版,第62页。

② 狂飙突进运动(Storm and Stress),是18世纪70—80年代德国文学界掀起的一场文学运动。得名于青年剧作家克林格尔(Friedrich Maximilian Klinger,1752—1831)创作的剧本《狂飙突进》。德国民族文学奠基人、戏剧家、戏剧理论家莱辛的启蒙文学给狂飙突进文学带来了深刻的启发,德国哲学家、文学评论家、历史学者及神学家赫尔德的激进民主主义精神影响了歌德,两人的合作标志着狂飙突进运动的开始。整个运动的核心代表人物是歌德与席勒,代表作品有《少年维特之烦恼》、《浮士德》、《阴谋与爱情》。此后,为克服启蒙运动与狂飙突进运动的单一性,歌德与席勒开始逐渐将理性主义与个人情感融合在一起,进而转入了魏玛古典主义。

施莱格尔对歌德的终生崇拜，《卢琴德》对《迈斯特》的刻意模仿，还有对席勒《一七九六年缪斯年鉴》、赫尔德《促进人道书简》诗论部分的细致点评中，都可以看到浪漫派是如何在这些文学巨匠的思想中汲纳了力量。

三、蓝花：德国早期浪漫主义的特征

当我们提到"浪漫主义"，有多少人不由地想起了旖旎的风光、曼妙的诗句，或者手执佩剑与玫瑰的骑士？但其实，"浪漫主义"远不仅仅是指"浪漫的"，在德国早期浪漫派这里，"浪漫主义"具有超越诗歌、小说、戏剧等诸多文学表达形式之外的更深层次的涵义。"弗里德里希·施莱格尔开启了它在整个19世纪文艺批评和哲学中的动荡历程。正是在《雅典娜神殿》（1798）第二期，他首次宣布die romantische poesie［浪漫主义诗］的高妙，把这个形容词……改变成一个美学理想的称谓和一个哲学运动的口号。"① 也是在此时，弗·施莱格尔首次公开声称自己是一位浪漫主义者。在以施莱格尔兄弟、诺瓦利斯为领军人物的德国早期浪漫派看来，浪漫主义并不局限于文学与美学的范围，在哲学、艺术与宗教的理论背景下，它已成为了"一种统括一切的、无所不包的世界观"②。

德国早期浪漫主义的首要特征是承续了启蒙运动的怀疑精神与批判能力，因此在某种程度上来说，浪漫主义不是对启蒙主义的反对，而更多的是一种反思。正如拜泽尔所说，"就像一只凤凰，启蒙运动被它自己的火焰消耗殆尽，浪漫主义从它的灰烬中诞生出来"③，浪漫主

---

① A. O. 洛夫乔伊：《观念史论文集》，吴相译，南京：江苏教育出版社2005年版，第180页。
② 科佩尔·S. 平森：《德国近现代史》（上册），北京：商务印书馆1987年版，第63页。
③ 弗雷德里克·C. 拜泽尔：《早期浪漫主义和启蒙运动》。见詹姆斯·施密特：《启蒙运动与现代性——18世纪与20世纪的对话》，徐向东、卢华萍译，上海：上海人民出版社2005年版，第337页。

义者挽救并改造了启蒙运动，他们化解了启蒙运动陷入怀疑论或虚无主义的尴尬结局。启蒙运动主张以理性怀疑一切，批判一切，浪漫主义则认为这种怀疑与批判本来就应该指向理性本身。在浪漫主义者看来，启蒙者背叛了他们的理想与事业，"同启蒙学者的华美诺言比起来，由'理性的胜利'建立起来的社会制度和政治制度竟是一幅令人极度失望的讽刺画"①：理性取代了神性，世俗化遮蔽了价值与意义，公民社会篡改了理性王国的蓝图，自我主义、唯物主义、功利主义丛生，这不能不让浪漫主义者们开始重新思考理性主义的合理性问题。浪漫主义者推崇启蒙者所说的"激烈批评"和"公共教育"，甚至"比许多启蒙者更加忠实自由的和进步的理想"②，但他们却又惧怕理性主义的恐怖后果，所以对启蒙思想的认同情感最终转变为猛烈批判，而其真实目的不是抗击它，是要以个人情感的发挥来消解启蒙运动在18世纪造成的时代困境与现代性危机。所以，启蒙运动给予批判的绝对权利，在德国早期浪漫派这里同样受到重视，他们把批判视为个体挣脱功利化、实用化的世俗世界牢笼的工具。其实，人类从启蒙伊始即对有关"世界和人生的合理性"的普遍判断保持着其延展的路线。"康德的批判位于启蒙运动时期与浪漫主义时期之间，浪漫主义是此发展路线的最高峰，此路线向着浪漫主义不断上升又从浪漫主义不断下降。"③按文德尔班的观点来看，启蒙者无所畏惧、毫不妥协的批判勇气在浪漫主义者这里才有最淋漓尽致的表现。

但是，"激进批评"产生了一个令人惶恐的后果：理智祛除了自

---

① 《马克思恩格斯选集》第3卷，北京：人民出版社1995年版，第607页。
② 弗雷德里克·C.拜泽尔：《早期浪漫主义和启蒙运动》。见詹姆斯·施密特：《启蒙运动与现代性——18世纪与20世纪的对话》，徐向东、卢华萍译，上海：上海人民出版社2005年版，第332页。
③ 文德尔班：《哲学史教程》（下卷），罗达仁译，北京：商务印书馆1993年版，第731页。

然的魅力与宗教的神圣，现代人也丧失了其对共同体的迫切归属，所以"公共教育"所应遵循的"道德理想主义就因为它对激进批评的承诺而受到削弱"，启蒙的最终还是留下了"真空"。① 如何将德国从理性主义的压制中、古典主义的束缚中解脱出来？单有批判是不够的，弗·施莱格尔认为："德国人的民族之神不是赫尔曼和沃丹，而是艺术和科学。请再想一想开普勒、丢勒、路德、波麦，接下来再想一想莱辛、温克尔曼、歌德。美德……在艺术和科学的处理中把德国人区别于其他民族。"② 由此可见，德国早期浪漫派采用的方法是赋予艺术以拯救的力量，保持对艺术的信仰，并在哲学思维的范畴中探讨艺术的本质，从而以艺术为教育手段，实现对德国政治、文化、宗教、科学的全面复兴。如果说，浪漫派把理性已经看为一种本质上的毁灭力量，那艺术对于他们来说就意味着创造，"它有能力通过想象来创造一个完整的世界"③，弥合人类与自然的裂口，恢复世界曾经拥有而现在却失去的迷人光彩。天才、心灵、主观性、灵感、想象力、创作自由……一切与艺术相关的概念与范畴在德国早期浪漫主义者这里都具有了崇高性。谢林认为，艺术是哲学家的"至圣所"，"是哲学的唯一真实而又永恒的工具和证书"，④ 通过美感直观，艺术哲学引导人们达到了绝对同一哲学体系的顶点；诺瓦利斯认为，"真正的王侯是艺术家中的艺术家：艺术家

---

① 弗雷德里克·C. 拜泽尔：《早期浪漫主义和启蒙运动》。见詹姆斯·施密特：《启蒙运动与现代性——18世纪与20世纪的对话》，徐向东、卢华萍译，上海：上海人民出版社2005年版，第335页。

② 施勒格尔：《浪漫派风格——施勒格尔批评文集》，李伯杰译，北京：华夏出版社2005年版，第120页。

③ 弗雷德里克·C. 拜泽尔：《早期浪漫主义和启蒙运动》。见詹姆斯·施密特：《启蒙运动与现代性——18世纪与20世纪的对话》，徐向东、卢华萍译，上海：上海人民出版社2005年版，第336页。

④ 谢林：《先验唯心论体系》，梁志学、石泉译，北京：商务印书馆1976年版，第310页。

的首领",① 他们的任务就是使世界浪漫化;弗·施莱格尔认为,艺术是使哲学成为科学的必经途径,艺术家是"天才","是较高级的灵魂器官,整个外在人性的生命精神汇集在这里,而内在人性正是由此产生作用的"。② 从以上观点就可以看出,德国早期浪漫主义的另一特征就是对带有唯美主义与神秘主义色彩的美好事物的渴望与崇拜,诺瓦利斯对"蓝花"的渴求便是如此,这是对单调的、机械的理性主义的对抗,而由此复苏的是浪漫主义者心中早年对虔敬主义的狂热情感与非理性力量的记忆,这也是浪漫主义后期走向病态的主要原因之一。

与无机的、抽象的、机械的理性主义相对,浪漫主义提倡的是一种有机的、具体的、生动的总汇性精神;与启蒙政治家们信奉的社会契约论相对,浪漫主义者向往的是一种有机的国家理论。在对18世纪欧洲与未来社会的思考中,弗·施莱格尔发出了由衷的感慨:"这个时代就是一个化学时代。一切革命都是包罗万象的,但却不是有机的,而是化学的运动。……继化学的时代而来的,将是一个有机的时代。"③ 在浪漫主义者看来,国家不是法国人道德化学实验后的合成品,而是一个相互生息的有机体。与契约国家相似,有机国家也是个人的总和,但是有所不同的是,前者的总和依赖的是合理的契约,而后者则是与传统、历史等多重因素相关联的,这个理想国家的完美呈现就是中世纪的基督教国家。诺瓦利斯在《基督世界或欧洲》中曾追忆欧洲还是一个基督教国家时的光辉美妙时代,他哀叹启蒙运动清除诗性、抹去神迹、击碎崇高、剥离色彩后的世界陷落入了枯萎与贫瘠,他更憧憬宗教再次唤醒欧洲。而只有抓住了

---

① 诺瓦利斯:《夜颂中的革命和宗教——诺瓦利斯选集卷一》,林克等译,北京:华夏出版社2007年版,第120页。
② 施勒格尔:《浪漫派风格——施勒格尔批评文集》,李伯杰译,北京:华夏出版社2005年版,第114页。
③ 同上书,第103—104页。

真正的宗教递来的"棕榈枝",基督世界才能够"重新恢复活力与效能"并"在人世间无可争议地恢复自己赐予平安的古老职权"。①回到中世纪,似乎成为了德国浪漫主义者在政治领域中的活动口号,这种复古倾向常常让其自身担上了反动的、保守的骂名。但是,要明确的是,真正吸引了浪漫主义者灵魂的不是中世纪的封建制度与天主教会的统治,而是这一时代在"人与自然的和谐和人对上帝的崇拜"基础上建立起来的"人的纯精神理想"。与功利化倾向相对,中世纪时代的精神状况正是"上帝的意志在人的精神价值中""没有任何外在的目的"的体现。②

第三节　弗·施莱格尔的浪漫主义哲学

弗·施莱格尔是德国早期浪漫派的领军人物,与作为同时代人的费希特、谢林相比,其哲学理论要明显逊色于前两者。传统的观点认为,他为"哲学研究"活动而创作的断片式概要,虽然部分地含有哲学、哲学批判、历史哲学与美学等内容,却很难说哲学是他研究活动的主要方向。这也正是他生前不被视为哲学家,并被其他哲学家(如费希特、谢林、黑格尔)所轻视或否认的原因。但他身后留下的百余本手写笔记中,有60本之多是关于哲学的,这引起了部分西方学者的关注与重新评价。加比托娃在对德国早期浪漫哲学的研究中,分析整理了施莱格尔的断片与文章,明确指出了他的哲学家身份。施莱格尔正是在对康德、费希特哲学的继承与批判中,在谢林与施莱尔马赫的影响下,超越了"直线哲学"的局限,形成

---

① 诺瓦利斯:《夜颂中的革命和宗教——诺瓦利斯选集卷一》,林克等译,北京:华夏出版社2007年版,第217、216页。
② 曼弗雷德·弗兰克:《德国早期浪漫主义美学导论》,聂军等译,长春:吉林人民出版社2006年版,第9页。

了力求达到"诗"与"实践"相结合的浪漫的绝对唯心主义哲学,并以反讽作为特有的哲学表现形式。弗·施莱格尔的浪漫主义哲学是德国早期浪漫主义哲学的核心内容,它不仅对浪漫派成员,特别是奥·施莱格尔的理论研究具有导向,而且对青年马克思的浪漫诗情具有重要的影响。

一、超越"直线哲学"

施莱格尔将康德、费希特的哲学称为"直线哲学",更将两者的哲学体系视为"半成品",可见他对批判哲学及主观唯心主义的不满。可以说,施莱格尔构建浪漫主义哲学体系的初衷是希望以自己独创的"绝对唯心主义"哲学实现对"直线哲学"的超越。

面对康德哲学,施莱格尔心中充斥着复杂的情绪,他一方面赞成接受康德的美学观点,一方面排斥拒绝其认识理论与道德理论。施莱格尔开始接触康德哲学是从《判断力批判》开始的,在1798年发表的《希腊人与罗马人·古典文化的历史和批评研究》中,从《论希腊诗研究》有关"审美教育"与"审美实践"的诗学使命提法,可以明显看出康德"审美判断力"的美学因素对他的影响。施莱格尔虽然肯定了康德的美学观,却与他的认识理论、道德理论产生了分歧。在《美艺术学苑》断片集及《雅典娜神殿》断片集中,他曾多次提及对康德哲学的遗憾与不满,并指出:"新教徒的所有康德主义式和谐不言而喻的和真正首位的要求就是:康德的哲学应自圆其说。"① 他认为康德哲学的半成品性在于其只停留在现实事物理想化的主观唯心主义阶段,却不再继续下面的证明。而真正的彻底的康德哲学应在继创建主观唯心主义体系之后,进一步创建客观唯

---

① 施勒格尔:《浪漫派风格——施勒格尔批评文集》,李伯杰译,北京:华夏出版社2005年版,第70页。

心主义体系，最后达于绝对唯心主义。由现实事物的理想化，至理想事物的现实化，再至现实事物的现实化的论证过程理应进行下去。

施莱格尔在研习费希特的《知识学》阶段成为了其学生，他认为："法国大革命、费希特的《知识学》和歌德的《迈斯特》，是这个时代最伟大的倾向。"① 他给予费希特以如此的评价是因为费希特"系统地论证和发展了康德关于精神创造力的天才猜想"②，并指出哲学必须是从"自我"出发，"自我"作为绝对原则具有自身的直接确定性，可以推演出一切，无需列举范畴。施莱格尔将费希特哲学视为"二次幂的康德"，在主观性发展的方面后者更甚于前者。但这并不代表他对费希特哲学的肯定，因为在他看来，费希特哲学虽是对康德哲学的扩展，却只是故步自封于"自我当在"的原则，没有走上"自我存在"的道路。他只是用其观点来批驳康德，而又用他自认为独创的绝对唯心主义哲学观点批判费希特。

施莱格尔指出："人们遵循某一最初的原理（主观的或客观的），然后从它出发演绎全部哲学内容的这样一种哲学观点就是'横向的'。"③ 无论康德，还是费希特，"哲学的发展过于笔直"④。哲学既不是从"自我"出发的主观唯心主义，也不是从"非我"出发的客观唯心主义，而是从对立面（理想与现实、肯定与否定）辩证同一的观点出发，"像史诗一样，总是从中间开始"⑤ 的绝对唯心主义。这种哲学思维主张主体与客体都是活跃的因素，对立面在包含着差别的统一与保持着统一的差别中，以"中间"与"周边"

---

① 施勒格尔：《浪漫派风格——施勒格尔批评文集》，李伯杰译，北京：华夏出版社2005年版，第78页。
② 加比托娃：《德国浪漫哲学》，王念宁译，北京：中央编译出版社2007年版，第25页。
③ 同上书，第31页。
④ 施勒格尔：《浪漫派风格——施勒格尔批评文集》，李伯杰译，北京：华夏出版社2005年版，第65页。
⑤ 同上书，第69页。

的概念重复着角色互换的循环。若主观(概念)在中间,则客观(对象)便向周边移动,当达于边缘再转向中间,而主观(概念)此时却向周边移动,以此反复、无限循环。"感性的知性与理性的实践之间的同一性即不能从理论上、也不能从实践上来把握,而只能以审美方式来把握"①,这便是绝对唯心主义哲学的基本立场。

二、浪漫派的绝对唯心主义

施莱格尔的绝对唯心主义哲学是在谢林的同一哲学、费希特的综合方法及施莱尔马赫的神秘主义泛神论哲学的共同影响下完成的。施莱格尔将"中间"、"整体性"视为哲学思考的出发点。他认为,哲学"如同史诗一样,应当在中间开始,因为在哲学合乎逻辑地发展的情况下,原初的东西要为自己作彻底论证和解释是不可能的。也就是说,整体性是存在的,但认识整体性的道路不是一条直线,而是圆圈"②。

谢林的哲学"完美地描述了哲学思辨的这个化学过程,在可能的情况下把这个过程的能动原则加以澄清,并且把不断在重新规范化又在瓦解的哲学分解成它的充满活力的基本力量"③。谢林确立了旨在证明"绝对同一"原则的哲学发展路径,并在1800年的《先验唯心主义体系》中进一步作了阐述。他论证了一切知识都建立在一个客观的东西与一个主观的东西的和谐一致上面,"既不是斯宾诺莎的形式的联合,也不是费希特那里的主观的全体,而是具有无限的

---

① 曼弗雷德·弗兰克:《德国早期浪漫主义美学导论》,聂军等译,长春:吉林人民出版社2006年版,第114页。
② 弗·施莱格尔:《1804—1806年哲学讲演录》第2卷,第407页。见加比托娃:《德国浪漫哲学》,王念宁译,北京:中央编译出版社2007年版,第24页。
③ 施勒格尔:《浪漫派风格——施勒格尔批评文集》,李伯杰译,北京:华夏出版社2005年版,第88页。

形式的全体"①。同年冬天，施莱格尔发表了关于先验哲学的耶拿讲演，"令人难以置信的是，施莱格尔的哲学思考或许完全依赖于谢林的著作，他曾以虔诚的和情不自禁喝彩的心情，阅读过这些著作；尽管他是在谢林之前并且与谢林无涉的情况下，确立了自己的道路，但正是从谢林那里，他才感到自己的立场被证明是正确的"②，是与谢林同样趋向的。

施莱格尔在证明绝对唯心主义哲学观的"绝对同一"原理时使用了"综合法"，这是受费希特影响的。费希特规定在知识学里，作为一个"命题必定包含有综合"，他将自我分析为三个基本原则，而整个知识学都是从这三个原则——宾词、主词简单的同一；自我、非我的对立、差别；自我、非我的统一、综合——推演出来的。这"是一种自为根据的辩证的认识法。其实质在于，把认识理解为通过正题、反题以及二者在合题中的结合这种形式无止境地设定对立面的过程"③。这不仅是施莱格尔综合法的原型，也是黑格尔辩证法的前兆。追随着费希特的足迹，施莱格尔运用正题、反题后的合题来实现对"整体性"的诉求。其绝对唯心主义基于"绝对同一"综合法之上，"把任何一个中间环节，都看做是趋向两个组成部分的无限递进"，④将"中间环节"，即中介点视为调和对立的手段，使哲学的内容在理念与原则的结合中确定下来。他不仅指出了世界存在对立面相对的不完善性，并以辩证的态度希求统一的绝对性，而且发现了这种对立面的分解、调和的持续过程中蕴含着的"能动性以及

---

① 黑格尔：《哲学史讲演录》第4卷，贺麟、王太庆译，北京：商务印书馆1996年版，第343页。
② 加比托娃：《德国浪漫哲学》，王念宁译，北京：中央编译出版社2007年版，第66页。
③ 同上书，第50页。
④ 弗·施莱格尔：《哲学新文献》，第135页。见加比托娃：《德国浪漫哲学》，王念宁译，北京：中央编译出版社2007年版，第50页。

矛盾性"。① 施莱尔马赫通过宗教的、神秘的、感性的直观来洞察宇宙的神秘主义泛神论哲学，在施莱格尔身上留下了深深的烙印。1807年，在施莱尔马赫的影响下，施莱格尔正式改信天主教，而后开始了其郁郁不得志的政治生涯。宗教，而不再是艺术与审美，成为他晚期哲学中借以实现有限性与无限性、实在论与唯心主义、诗学与哲学综合的新途径。在宗教的无限的神秘主义的平台上，他致力于使被割裂的世界与个人重新复合。

三、浪漫反讽

施莱格尔绝对唯心主义哲学的宗教转向虽然招致了黑格尔等哲学家的嘲笑，但绝对唯心主义是浪漫反讽的理论母体，反讽中包含着综合的、普遍的世界观，反讽哲学作为其具体表达形式却隐含着辩证的元素与对整体性的渴求。继苏格拉底古典反讽（反诘法）之后，反讽在欧洲大陆依然存在，但主要运用于论辩、戏剧等文学修辞范畴，直到18世纪德国早期浪漫派出现，反讽才走出修辞的局限，被引入审美领域。施莱格尔兄弟、诺瓦利斯、蒂克、佐尔格均对反讽作过细致论证或描述，而明确提出浪漫主义反讽理论并被誉为"反讽之父"的是弗·施莱格尔。他对浪漫反讽理论的阐述主要集中于《美艺术学苑》及《雅典娜神殿》杂志上的断片，但反讽概念只是散落于断片之间而从未被其加以定义。加比托娃认为，弗·施莱格尔的反讽哲学以费希特哲学和苏格拉底的古典反讽作为理论策源地，费希特的主观哲学和苏氏反讽在弗·施莱格尔的浪漫思维中发生了嬗变，并对浪漫反讽的形成产生了重大影响。在苏格拉底和费希特的理论来源的基础上，弗·施莱格尔首先以绝对唯心主义

---

① 弗·施莱格尔：《哲学新文献》，第152页。见加比托娃：《德国浪漫哲学》，王念宁译，北京：中央编译出版社2007年版，第50页。

哲学观点对古典反讽和主观哲学进行了浪漫化的融合。其次,他将反讽引入诗歌等审美领域,这成为其诗化哲学的理论基石。"反讽作为非系统的断片式思考哲理方法,在弗·施莱格尔的构想中成了哲学与诗歌浪漫同一的基础。"① 最后,在费希特、谢林哲学观点的参与下,苏氏反讽的反诘法在浪漫反讽中被抽象到形而上学的高度。

费希特将追求终极目标作为人的道德任务,将无限趋向于这个不可及的目标作为人的使命,将无限追求的能动性作为人的生命意义。在其直接影响下,弗·施莱格尔将解决无限与有限的关系作为其反讽理论的本质问题,其反讽内部"有那种无视一切、无限地超越一切有限事物的情绪,如超越自己的艺术、美德或天赋"②,其外部则表现为"一个司空见惯的意大利优秀滑稽演员那种夸张的表情"③。弗·施莱格尔不仅将费希特哲学的主要观点引入美学领域加以运用,而且将美扩大至哲学抽象,浪漫反讽也就具有了形而上的意义。

弗·施莱格尔的古希腊、罗马文学与哲学的修养决定了苏格拉底反讽对其反讽理论的影响。在对前浪漫主义时期的多种反讽形式进行考察的基础上,他认为反讽不是故作姿态的流露,只有"苏格拉底的反讽是唯一绝对不任性的、但却绝对深思熟虑的伪装"④。可见,弗·施莱格尔对苏格拉底反讽给予了极高的评价,却也对其进行了浪漫化的阐释,他只是从中看到了关涉浪漫反讽的东西。他指出,苏格拉底反讽不"把反讽看做骗术",不以"愚弄整个世界为乐",反讽主体不因"觉察到他们似乎也是反

---

① 加比托娃:《德国浪漫哲学》,王念宁译,北京:中央编译出版社2007年版,第101页。
② 施勒格尔:《浪漫派风格——施勒格尔批评文集》,李伯杰译,北京:华夏出版社2005年版,第49页。
③ 同上书,第50页。
④ 同上书,第57页。

讽的所指,因而恼羞成怒",它是严格地区别于演说术上的反讽的。①加比托娃认为,这是苏格拉底反讽"文雅"与"尚友"精神的体现,而弗·施莱格尔的反讽理论正是延续了此种风格,将主观精神的展现从古希腊政治哲学中的道德教育扩大为近代主观哲学中的主体自由。类似的延续还体现在,浪漫反讽将苏氏反讽"思考哲理的非系统性"强化为"断片性",将现象与本质间的"矛盾性"强化为"无条件与有条件、无限与有限、客体与主体之间的矛盾"。②也可以这么说,浪漫反讽是被融入了费希特主观哲学的苏氏反讽。

弗·施莱格尔将诗作为浪漫反讽最为现实的说明方式,人们往往只将施莱格尔看作诗人或文学评论家的原因主要在于,他的作品中充斥着过多的直觉性的词语与诗化的语言,而这种表达方式正是他"绝对同一"哲学的具体表达。施莱格尔将哲学看做"诗和实践这两个力量论争的产物。诗和实践在哪里互相彻底渗透,融为一体,哲学就在哪里产生;哲学一旦再度解体,就变成神话或者把自己抛回生活"③,这里的"诗"和"实践"我们可以理解为"主观"与"客观",或"理想"与"现实"。施莱格尔由批判哲学的立场转向绝对同一哲学的论著标志便是其于1800年发表的《谈诗》,作者的早期哲学思想及德国早期浪漫派的哲学观从中得到了很好的概括。他直言:"我一直心怀这样一个实在论的理想。……我还在寻找传达的工具。……只有在诗当中我才找得到这个工具……这个新的实在论会以诗的形式出现,因为实在论的起源必然是理想的,也可以说

---

① 施勒格尔:《浪漫派风格——施勒格尔批评文集》,李伯杰译,北京:华夏出版社2005年版,第57页。
② 加比托娃:《德国浪漫哲学》,王念宁译,北京:中央编译出版社2007年版,第98—100页。
③ 施勒格尔:《浪漫派风格——施勒格尔批评文集》,李伯杰译,北京:华夏出版社2005年版,第88页。

必然要在理想的基础和地面上飘游,而据说诗是建立在理想与现实的和谐之上的。"①

弗·施莱格尔将其所处的时代称为"化学时代",将法兰西民族视为"化学的民族",将大革命看做"化学的运动",而反讽也具备了化学的性质。"化学"是对立面不断对抗、分解与结合的状态,"化学时代"是以革命精神消灭旧世界、创造新世界的更新与变革的时代,具有化学精神的反讽世界观是包含着内在矛盾的世界观,"反讽就是悖论的形式",是"自我创造与自我毁灭的经常交替",它"包含并激励着一种有限与无限无法解决的冲突"。② 反讽意在弥合启蒙运动所引发的现代性危机的尴尬,即人与世界、人自身的二元分裂以及启蒙理性的抽象化,而主张"生活的艺术感与科学的精神的结合"以及"完善的自然哲学与完善的艺术哲学的汇合",它是针对所处时代四分五裂的本质所做出的拯救方案。

弗·施莱格尔认为反讽具有两种形式,即"把反讽定义为逻辑的美",或"一种修辞",这是在审美形式上与文学修辞形式上对反讽作出的分类。修辞的反讽若在论战中运用得"有节制",将会产生"精妙的效果",却与苏格拉底的古典反讽"针锋相对",是一种相对于崇高的华丽。他认为,只有"哲学是反讽真正的故乡","因为无论是在口头的还是笔头的对话中,只要是在没有进行完全系统化的哲学思辨的地方,就应当进行和要求反讽"。③ 介于苏格拉底与德国早期浪漫派之间的以文学修辞形式呈现的反讽终于进入审美的领域,进而被提升至哲学的高度。

---

① 施勒格尔:《浪漫派风格——施勒格尔批评文集》,李伯杰译,北京:华夏出版社 2005 年版,第 193 页。
② 同上书,第 50、65、57 页。
③ 同上书,第 49 页。

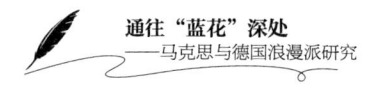

浪漫派哲学是一种浪漫主义的哲学,浪漫主义运动最先从艺术领域传播,这就导致了浪漫主义者的哲学世界观中具有独特的艺术形式。浪漫派的"博学多才"决定了他们所理解的现实的内在丰富性、具体性。浪漫派将客观世界中的现实理解为一种"艺术机体",而这种"艺术机体"的构建需要科学、艺术、哲学的三者合一,不能通过逻辑(会扼杀其生命美),而只能通过艺术直觉的悟性去把握。因此,浪漫主义者多是诗人、哲学家兼艺术者,哲学理念也多以隐微诗文、断片、随笔为表达形式。从艺术方式(诗文、断片等)入手把握世界哲理,易于从生活的丰满性中抽象出作为整体的"一"的世界,但也容易陷入神秘主义的漩涡。基于此,人们常常将施莱格尔、诺瓦利斯放入诗人的行列,而忽视甚至否认其在哲学上的贡献。

A Mental Journey to the Mystery of "Blue flower"

A Study of Marx and German Romanticists

第二章
面向启蒙的三个批判

启蒙运动构成了浪漫派与黑格尔思想产生与形成的思想背景与语境。对浪漫主义与理性主义进行研究，不可避免地需要考察浪漫派与黑格尔所处的时代，正是时代的精神状况将浪漫派与黑格尔引向了反思现代性危机的路口。作为同一时代人的德国早期浪漫派与黑格尔均意识到了这个"没有内容或深度的世界"的"空乏"，弗·施莱格尔在断片集、奥·施莱格尔在《启蒙运动批判》、诺瓦利斯在《基督世界或欧洲》等文章中，以及黑格尔在《精神现象学》与《法哲学原理》中对于启蒙的批判便是两者对现代性危机反思的思想呈现。在对待启蒙的态度上，两者具有潜在的相同的批判路向。在启蒙时代的思想史背景下，研究浪漫派与启蒙主义、黑格尔与启蒙主义的关系，以及两者批判启蒙所采取的不同方式，有助于我们理解马克思何以实现对浪漫派与黑格尔的双重超越。

第一节　德国早期浪漫派与启蒙运动批判

没有哪一种关系如浪漫主义与启蒙运动之间那样微妙、复杂。传统的观点将浪漫主义视为相对于启蒙运动的理性主义、个体主义、自由主义而提出的反理性主义、社群主义与保守主义，[①] 但浪漫主义

---

① 弗雷德里克·C. 拜泽尔：《早期浪漫主义和启蒙运动》。见詹姆斯·施密特：《启蒙运动与现代性：18世纪与20世纪的对话》，徐向东、卢华萍译，上海：上海人民出版社2005年版，第328页。

自身多阶段发展的特点决定了其与启蒙运动关系的变化与转换，任何旧有的、简化的将浪漫主义看做对启蒙运动反动的观点应被视为陈词滥调，我们要看到基于前者对后者拒斥与决裂之上的正反感情的并存。

浪漫主义运动肇始于18世纪末期西方各主要民族对启蒙运动的怀疑，它首先以文学运动的形式在英、法、德等西欧国家兴起。但是，在历经早期（1797—1802）——高潮（1802—1805）——晚期（1805—1830）三个发展时期之后，浪漫派"变得越来越保守、越来越具有集体主义和反理性义的色彩，因此越来越敌视启蒙运动的某些价值"①。从海涅到卢卡奇，从梅林到科尔纽，将德国浪漫派视为非理性、反动与复古代名词的评论无处不在，这些论断显然只是将其与启蒙运动进行了简单对立，而这种简单对立在本质上是无视浪漫主义不同发展时期的思想差异的。

拜泽尔认为，理解浪漫主义者与启蒙运动的关系，早期浪漫主义时期"最有趣，而且也最具有启发性"。其原因是"在这段早期的岁月里，大多数年轻的浪漫主义者对启蒙运动……采取了一个对立的观点，发展了他们对待启蒙运动的态度"②。但我们不能只把早期浪漫主义看做启蒙运动的对立面，因为德国早期浪漫派自身也从未表示出与启蒙运动的完全决裂。他们对于启蒙运动的批判，是建立在对启蒙运动坚定的认同的基础之上的，他们"始终坚持怀疑论这一启蒙运动的精神内核，甚至比启蒙运动诸家有过之而无不及"③，只是他们将怀疑扩大至了理性自身。所以，德国早期浪漫派

---

① 弗雷德里克·C.拜泽尔：《早期浪漫主义和启蒙运动》。见詹姆斯·施密特：《启蒙运动与现代性：18世纪与20世纪的对话》，徐向东、卢华萍译，上海：上海人民出版社2005年版，第328页。
② 同上书，第329页。
③ 施勒格尔：《浪漫派风格——施勒格尔批评文集》，李伯杰译，北京：华夏出版社2005年版，第9页。

的目的"不是要抗击启蒙运动，而是要消解它在 18 世纪末期的危机"①，即由启蒙运动内部张力所带来的时代困境。

德国早期浪漫派先于黑格尔处于鼎盛的历史结点，其对启蒙运动的批判无疑可被视作对于现代性的首次批判。这种缘于消解危机目的的批判在弗·施莱格尔的断片集、奥·施莱格尔的《启蒙运动批判》及诺瓦利斯的《基督世界或欧洲》中得以集中体现。我们必须提及的是，作为德国早期浪漫派领军式人物的奥·施莱格尔是马克思的老师，浪漫派的诸多观点不能不对青年马克思产生潜移默化的影响，奥·施莱格尔的启蒙运动批判是否触动了马克思并为他对资本主义社会的态度预定了基调？

一、批判与审美

卡尔·施米特将抽象与机械看做是自笛卡尔以来启蒙理性的特征，并将浪漫主义理解为一场反对 18 世纪理性主义的运动。② 对于启蒙理性，弗·施莱格尔从以康德哲学为代表的抽象理性主义维度进行了批判。

弗·施莱格尔对于康德哲学采取了领悟与批判两种态度。他接触康德哲学始于《判断力批判》，更在 1794 年起对古希腊罗马艺术史、艺术理论及哲学的研究中渗透着康德的美学因子。在其于 1795 年至 1796 年间写作而直到 1798 年才首次发表的《希腊人与罗马人·古典文化的历史和批评研究》中，作为此论文一个环节的《论希腊诗研究》有关"审美教育"与"审美实践"的诗学使命提法可

---

① 弗雷德里克·C. 拜泽尔：《早期浪漫主义和启蒙运动》。见詹姆斯·施密特：《启蒙运动与现代性：18 世纪与 20 世纪的对话》，徐向东、卢华萍译，上海：上海人民出版社 2005 年版，第 329 页。

② 卡尔·施米特：《政治的浪漫派》，冯克利、刘锋译，上海：上海人民出版社 2004 年版，第 57—58 页。

以明显看出康德"审美判断力"的影子。虽然施莱格尔肯定了康德的美学观，但却与康德的认识理论、道德理论产生了分歧。在《美艺术学苑》断片集及《雅典娜神殿》断片集中，他曾多次提及对康德哲学的遗憾与不满，并指出："新教徒的所有康德主义式和谐不言而喻的和真正首位的要求就是：康德的哲学应自圆其说。"① 康德对于现象与物自体的界说造成了现实的和理想的，有限的和无限的，否定的和肯定的二元分裂，弗·施莱格尔认为康德哲学的半成品性正在于他只停留在现实事物理想化的主观唯心主义阶段，却不再继续下面的证明。在《1804—1806年哲学讲演录》中，弗·施莱格尔明确指责康德"支持一切横向的和否定的东西而强烈反对一切中间的和肯定的东西"，他"从来没有彻底理解肯定和否定的同一"，"理想与现实的同一"，对于"无限与有限的联系也没有什么概念，更不用说对可能、现存与必然三者的先验同一了"。② 而哲学应是"诗和实践这两个力量论争的产物。诗和实践在哪里互相彻底渗透，融为一体，哲学就在哪里产生"③，这里的"诗"和"实践"我们可以理解为"主观"与"客观"，或"理想"与"现实"。他构想真正的彻底的康德哲学应在继创建主观唯心主义体系之后，进一步创建客观唯心主义体系，最后达于绝对唯心主义的同一哲学，实现由现实事物的理想化，至理想事物的现实化，再至现实事物的现实性的论证脉络。

弗·施莱格尔的绝对唯心主义哲学是在谢林的同一哲学、费希特的综合方法及施莱尔马赫的神秘主义泛神论哲学的共同影响下完

---

① 施勒格尔：《浪漫派风格——施勒格尔批评文集》，李伯杰译，北京：华夏出版社2005年版，第70页。
② 弗·施莱格尔：《1804—1806年哲学讲演录》（第2卷），第414、417页。见加比托娃：《德国浪漫哲学》，王念宁译，北京：中央编译出版社2007年版，第30—31页。
③ 施勒格尔：《浪漫派风格——施勒格尔批评文集》，李伯杰译，北京：华夏出版社2005年版，第88页。

成的,卡尔·施米特将其视为对抽象理性主义的"情感—审美的(抒情的)反动"。这种反动虽没有创立成独立的哲学体系,但它把"所看到的对立转化成一种具有审美平衡性的和谐。……消除对立而把它们归结为审美的或情感的对比"①。直觉性词语与诗化语言的运用正是弗·施莱格尔绝对唯心主义哲学的审美表达,这种表达方式最终以反讽的形式得以体现。

二、分裂与诗

法国大革命后,启蒙思想家预设的"理性王国"并未在欧洲大陆成功建立,启蒙运动的思想体系悄然演变成为资产阶级的思想体系。启蒙运动引导下的工业技术革命,使世界只剩下数字化思维带来的秩序逻辑,世界在人类灵魂的骚动中开始"由诗的王国进入散文的王国"②,人类开始在充斥着原子的碎片中生活,走上灵魂消亡的不归路。这是一场理想与现实、应然与实然、本我与个我分崩离析的危机。拯救法国大革命后的德国,早期浪漫主义更多地表现为一场美学运动,并将艺术视为复兴德国社会、政治、文化的关键。浪漫派批判启蒙运动不是站在它的反面,而是对启蒙精神的某种延续、改造与转变,用以挽救启蒙在道德、政治等方面业已失信的承诺,他们将审美视为解决时代困境与实现启蒙运动理想的手段,奥·施莱格尔正是针对德国现状开始自己的启蒙运动批判的。

奥·施莱格尔在《启蒙运动批判》中承认启蒙运动在时代发展中所起到的积极作用,他认为宽容、思想自由、出版自由、博爱等"在看法和观念上引以为自豪的所有一切,都可以归结在启蒙运动这

---

① 卡尔·施米特:《政治的浪漫派》,冯克利、刘锋译,上海:上海人民出版社2004年版,第59页。
② 里夫希茨:《马克思论艺术和社会理想》,北京:人民文学出版社1983年版,第50页。

个由时代本身构造出来的概念中"①。但启蒙运动所许下的解决生活全部事务的"种种无所不及的""宏图大业"并未完成。启蒙运动的倡导者之所以狂热,并非源于对"真理的无条件的志趣",而是因为只有在"人类脱离自己所加之于自己的不成熟状态"② 之时,人类才可以运用自己的理智,"一览所有必然的事情"③。所以,"启蒙运动者"不能等同于"真理探索者",后者在以牺牲一切个人情感为代价,热爱真理、认识真理并为真理所规定的过程中不把利害作为宗旨,而前者却以谨小慎微为原则,忧虑着涉及人类幸福的东西。启蒙运动者相比于淡视结果的真理探索者而言,提前预设了研究目的,"以防出现任何破坏性的和危险的、过于鲁莽的或被滥用的东西"④,这正显示了其所标榜的研究与怀疑是在其认定的限度之内遏制精神荒唐与迷惘的发生的。在这种意义上,启蒙运动在任何领域都始终是一场并不彻底的未竟事业。奥·施莱格尔认为,启蒙运动者所追寻的关乎人类幸福的真理并非真理本身,而是"有用和适用",这在本质上是善屈从于功利的体现,这种功利正是将理性贬低为感官的奴婢,将经济原则视为正义原则的,它是以促进身体幸福、感官享乐为目的的。当道德评价取决于效益,德行的实施依靠异己的动机来支持,荣誉作为最初的道德价值就因无利可图而得到启蒙运动者"特别轻蔑的对待"。列奥·施特劳斯同样对此作了最为透彻的说明,现代观念较之古代观念是人为取代自然,权威取代理性,法律、习俗、信仰取代哲学的过程。古代观念中"善的生活就是人性的完美化。它是与自然相一致的

---

① 奥·威·施莱格尔:《启蒙运动批判》。见孙凤城:《德国浪漫主义作品选》,北京:人民文学出版社1997年版,第374页。
② 康德:《历史理性批判文集》,何兆武译,北京:商务印书馆2005年版,第23页。
③ 奥·威·施莱格尔:《启蒙运动批判》。见孙凤城:《德国浪漫主义作品选》,北京:人民文学出版社1997年版,第374—375页。
④ 同上书,第375页。

生活。……合于自然的生活是人类的优异性或美德的生活,是一个'高等人'的生活,而不是为快乐而求快乐的生活"①,但在从霍布斯开始的现代政治享乐主义中,世俗需求的正当满足超越优异性和美德成为人类的追求,每个人都自认为可以成为智慧型的精英来裁定追求手段的正当性,理性失去了其原初纯粹的涵义,而沦为自我保存的手段和工具。

理性的工具化带来施莱格尔的担忧,启蒙运动者凭借"只能解决尘世间事务"的理智直取理性最高的任务,是否"人类的存在和世界也应单纯得像算术例题一样明白畅晓"?②他批判启蒙运动傲慢自负,将任何不合乎理性的现象"当作未启蒙状态大加鞭挞",却"未曾预感到,任何一个现象都是一个只有凭借不间断的接近方可找到,决不可能纯粹用数字表达的根的二次方或三次方"③。启蒙除却想象而独留理性,"把所有越出他们感官的感受性的限界以外的现象,统统视为病相,并随时都慷慨地以狂热和荒谬的名字相与"④,他们无视想象的权利,将诗性维度、理想维度排除到存在之外,存在也就成为唯利是图的现实存在了。

施莱格尔认为,即使强求片面性的理性与要求多面性的想象针锋相对,但"二者具有同样的创造力,一样的威力无边……仍是我们本质所具有的共同的基本动力"⑤,因为诗与艺术中仍存在神圣性与理想,所以"生活的魔力赖以存在的基础"、"我们存在的根"正是诗和艺术之魂。而"就诗和艺术而言,任何一个时代都优于我们

---

① 列奥·施特劳斯:《自然权利与历史》,彭刚译,北京:生活·读书·新知三联书店2006年版,第128页。
② 奥·威·施莱格尔:《启蒙运动批判》。见孙凤城:《德国浪漫主义作品选》,北京:人民文学出版社1997年版,第376页。
③ 同上书,第376页。
④ 同上书,第380页。
⑤ 同上书,第378页。

的时代"①,因此崇尚古代文化便成为拯救散文化的离散现实的最优方案。施莱格尔对启蒙运动后的欧洲文明进行了总体描述与细致批判,他相信现状必将显示返朴归真的迹象,因为"人的自然当中一切本质的和有效的,本是不会消逝的,是永恒的;既然我们的存在在时间中没有偶然的起源,构成我们存在的基础的东西,如道德和宗教,诗和哲学,就决不会没落"②,"继散文的死亡而来的,将是新的诗"。在整合碎片化的现实并将其导向诗性维度的过程中探寻出一个理想的未来,是浪漫派构想的解决现代性危机的救赎之路,它虽未触及社会现实而只保留于内心自省,但却为青年马克思的启蒙批判提供了思路。

三、宗教改革与宗教历史哲学

路德将自由概念引入教会生活,最后又为启蒙运动倡导者所用,因此奥·施莱格尔将宗教改革视为启蒙运动的发端与萌芽状态是不难理解的。但是,他认为宗教改革对欧洲起了不良影响,宗教改革家"不懂得宗教在习俗和神话中展示出来的象征性发展的必然性和意义……他们一笔勾销基督教近一千五百年的全部历史,做法极其缺乏历史的眼光。皈依新教的国家起初经受了一个回复到野蛮的纷争时期的大倒退"③,各种宗教事务开始依附于世俗的诸侯,改革后的宗教被剥除了其神圣性与崇高而裹变为一宗神话与迷信,中世纪时期欧洲"独一无二"的民族设想,因宗教改革后"滥用宗教自由"而"四分五裂"、"毫无统一的希望"了。对于宗教改革的批判,奥·施莱格尔始终没有如同诺瓦利斯

---

① 奥·威·施莱格尔:《启蒙运动批判》。见孙凤城:《德国浪漫主义作品选》,北京:人民文学出版社1997年版,第391页。
② 同上书,第391页。
③ 同上书,第386页。

彻底（这体现在其后来拒绝在《雅典娜神殿》上刊登诺瓦利斯的《基督世界或欧洲》一事上），因为诺瓦利斯在其《基督世界或欧洲》中对宗教改革不仅做了正面的批判，而且对时代提出了新的使命。这篇因受施莱尔马赫《论宗教》激发而写作的文章虽然在作者去世25年后才得以发表，却仍然饱受争议与误解。人们往往将目光囿于诺瓦利斯对于中世纪基督教国度的向往，将其观点视为因不了解基督教历史事实而进行的非真实的历史记述。但诺瓦利斯的本意在于通过回忆"基督世界的一体化和个体化原则"，唤醒启蒙运动后欧洲国家的"宗教感"，从而建立一个新的永久和平的神圣时代。诗人的真实意图是追求"一种新的世界—灵感"，因此对宗教改革、启蒙运动、法国大革命的思考便不可避免，因为"新的教会"正是在宗教改革后复杂的政治和社会状况之上创设的。

诺瓦利斯认为，宗教改革运动虽然只不过发生在德国，却"已成为一个时代的标志。它对于整个欧洲曾经具有重要的意义"①，这些新教徒即便"重新收回对宗教研究、任命和选举的权力……也制订许多正确的纲领，引进许多值得称赞的事物，并废除许多引起腐败的典章"②，但基督世界却在宗教改革的维护中不复存在了。路德对基督教精神错误的认识导致了专断的行为，"他们忘记了他们抗争的必然结果，分割了那不可分割的，分裂了不可分裂的教会，使自己造孽地脱出了共同的基督教联盟"③，这种宗教的混乱割据状态因诸侯等世俗强权的加入而不断加剧。诺瓦利斯责备新教没有让人看见神灵美妙伟大的显现，暂时的"天国之火"仅在开端放射出光辉

---

① 诺瓦利斯：《夜颂中的革命和宗教——诺瓦利斯选集卷一》，林克等译，北京：华夏出版社2007年版，第209页。
② 同上书，第206页。
③ 同上。

后便明显枯萎了，而"诗"、"神圣之物"、"崇高的事件和人物"都被从生活世界中清扫出去，启蒙运动便假借上帝之"光"而开启了"现代无信仰的历史"。真正意义上的宗教，失去了其作为"精神政治"的"世界性"要求，失去了自己巨大的政治影响与独特作用，这"导致了世界和社会的分裂以及永远的斗争"①。诺瓦利斯认为，"国家机构的缺陷和困境已经在可怕的现象中暴露出来"② 了，而"只有宗教能重新唤醒欧洲，给民族带来平安"③，带来文化与历史的新生再造。他预言第二场宗教改革运动势在必行，"基督世界必须重新恢复活力和效能，重新为自己建立一个没有国界限制的有形教会"④，它将吞灭"一切世俗的兴趣"，一个容括着新历史、新人类、新教会的"新的黄金时代"即将到来。

加比托娃认为，诺瓦利斯的宗教历史哲学所阐述的人类历史三个时期（信仰王国——知识时期——黄金时代）的过渡蕴含着辩证原则，这是一场宗教的复归过程。他对以理性、科学、技术权威为基础的资产阶级"理性王国"（知识时期）实施的浪漫批判，其实是试图重新评价宗教在历史上的作用并调和其与科学、信仰和知识之间的矛盾。但他将宗教复归等同于欧洲和平，以宗教作为唯一可能的手段复兴并重建欧洲，这便是将对中世纪基督世界的想象当成了真实，过分夸大了宗教在德国乃至全欧洲的作用，强调了基督教的肯定方面而忽略了中世纪教会统治的消极作用。诺瓦利斯的这种对于人类历史的宗教描述，在1801年逐渐偏离向诗意——历史的想象，他以诗意、艺术的直觉取代了宗教的方案，最终将"诗人"确

---

① 赵汀阳：《坏世界研究：作为第一哲学的政治哲学》，北京：中国人民大学出版社2009年版，第198—200页。
② 诺瓦利斯：《夜颂中的革命和宗教——诺瓦利斯选集卷一》，林克等译，北京：华夏出版社2007年版，第215页。
③ 同上书，第216页。
④ 同上书，第217页。

定为过去、现在与未来的唯一的历史救世主，其历史哲学观中的辩证法因素便愈发突显出来了。

第二节 黑格尔与启蒙

青年黑格尔的时代是启蒙运动告一段落而浪漫主义兴起的时代，以康德为代表的理性主义正逐渐被以费希特、谢林为代表的浪漫主义所克服。此时的世界虽为新的精神所支配，可是德国启蒙运动已深入到符腾堡的文化生活之中，符腾堡与图宾根仍继续保留着启蒙时期的理性主义气氛，这不能不构成青年黑格尔的教育背景。但我们并不能据此就肯定启蒙运动对黑格尔的影响就是黑格尔对启蒙思想的接受，因为图宾根神学院的青年学生们（黑格尔、谢林、荷尔德林在内）日益感受到德国悲观的实际状况与启蒙理想之间的尖锐矛盾，对曾盛行于人类理性文化、社会与政治生活中的统一性的向往成为年轻一代的渴望。黑格尔的时代仍然是启蒙的时代，启蒙运动所造成的时代困境依然是黑格尔所处时代的困境。因此，黑格尔是在对启蒙的批判态度上开始争取恢复统一的力量的。

一、抽象理性批判与思辨理性

卡尔·施米特认为，哥白尼与笛卡尔策划的两场革命使世界发生了颠覆式的转变。哥白尼的天文革命及笛卡尔的"我思故我在"分别造成了自然科学向外与形而上学向内相背而行的局面，[①] 也导致了现代哲学二元论的开端。他将康德之前的理性主义归结为抽象理

---

① 卡尔·施米特：《政治的浪漫派》，冯克利、刘锋译，上海：上海人民出版社2004年版，第57页。

性主义，并认为每个哲学体系的努力都致力于如何使"抽象概念与具体存在的二元性这一抽象理性主义的特征被克服"①，"这种为抽象理性主义无法触及的实在而从事的哲学斗争——在斯宾诺莎和黑格尔那儿达到顶点"。黑格尔认为，笛卡尔的哲学不能被称为思辨的思维与思辨的理性，因为"他还只是把思维理解成抽象的理智，因此确定的观念、内容并不是他从理智中推演出来的"②，"思辨的认识，根据概念的推演，概念的自由独立的发展，是由费希特创始的"③。而在康德哲学中，作为自身规定的原则，思维只是被形式的建立，却未具体规定自身，是费希特首次发现了康德哲学的缺陷，并开始了对康德主义的反动。费希特承认自己的体系为斯宾诺莎主义，将对康德主义的哲学反动隐匿其中，但他终究未超出康德哲学的畛域，仅将思维限定在有限之内。即使谢林又以"有机体"概念企图消除自然与精神的分裂，但"只有在黑格尔的哲学书中，才在体系方面取得了一项伟大的成就：绝对主体在演进的过程中把自身发散于反题之中"④。西方理性主义正是经历了从以柏拉图、亚里士多德为代表的古希腊理性，到反对神思却又将理性绝对化的启蒙理性，再到康德的以理性"获得关于事物的真正知识"的批判理性，最后到达黑格尔的思辨理性的过程。

康德哲学是启蒙理性的代表性说明，人们将康德哲学作为"现代哲学的源泉"，认为其是整个西方哲学的前进与发展的转折点，这主要是缘于康德的"人为自然立法"确立了一种人类与自然的新关

---

① 卡尔·施米特：《政治的浪漫派》，冯克利、刘锋译，上海：上海人民出版社2004年版，第58页。
② 黑格尔：《哲学史讲演录》第4卷，贺麟、王太庆译，北京：商务印书馆1996年版，第66页。
③ 同上书，第90页。
④ 卡尔·施米特：《政治的浪漫派》，冯克利、刘锋译，上海：上海人民出版社2004年版，第58页。

系，即从反思存在到反思主体的转变，这是对人类理性的伟大弘扬，因为康德哲学是以主体性为原则的时代的产物。黑格尔肯定了康德哲学对比前康德哲学思维进步，认为它"主要作用在于曾经唤醒了理性的意识，或思想的绝对内在性"，"自此以后，理性独立的原则，理性的绝对自主性，便成为哲学上的普遍原则，也成为当时共信的见解"。① 但从政治哲学的角度来看，其现象与物自体的界定与划分相比较认识能力的结构说明要重要得多。康德认为，人类的理性只能认识与把握存在的现象，而对于存在的本质束手无策，这直接导致了现象与本质、认识论与本体论的冲突。康德虽然以其哥白尼式的哲学革命将西方古典理性主义又一次发挥到极致，但却因其理性的"先验幻相"而陷入新一轮的危机，"物自体"的不可知性注定了理性与现实的再度分裂。理性主义的发展过程，也是其不断遭受批判的过程，这场理性主义内部的批判运动终结于黑格尔。哈贝马斯认为："由于理性在康德和费希特那里表现为反思哲学，所以，黑格尔最初还是步谢林的后尘，不得不根据反思哲学即主体的自我关系来阐述一种理性概念。"② 康德哲学的二元对立论造就了黑格尔综合理性与现实的冲动，正是在黑格尔对德国古典哲学的大综合中，理性主义以一种新形态宣告了黑格尔对康德哲学改造的完成。

　　黑格尔清醒地意识到康德哲学的弱点所在，在此基础上，思辨理性成为克服康德哲学"现象"与"物自体"分歧的新观点。黑格尔认为，"把哲学的基本观念、思维与存在的统一作为对象，并加以掌握"是哲学为自身规定的任务，而康德哲学只是"从形式方面提出了这个任务"，却"只得到理性在自我意识中的抽象的绝对性"的结果，"康德的自我还没有达到真正的理性，而是停留在与普遍意

---

① 黑格尔：《小逻辑》，贺麟译，北京：商务印书馆1980年版，第150页。
② 哈贝马斯：《现代性的哲学话语》，曹卫东等译，南京：译林出版社2004年版，第38页。

识相反对的个别意识本身上"①。他"没有考察内容","认为认识是主观的",人的理性"不能够认识自在自为的存在"与存在的本质,而只能把握存在的现象。黑格尔将康德哲学比作"半路"的哲学,"因为他只理解到现象的主观意义,于现象之外去坚持着一个抽象的本质、认识所不能达到的物自身",却没有领会"当我们认识了现象时,我们因而同时即认识了本质,因为本质并不存留在现象之后或现象之外"。② 这种停留在思维较低阶段,即知性领域内的思维方式尚未达到思辨理性。这就使现象与本质、认识论与本体论处于对峙之中,断裂了理性与现实的纽带。③ 而对黑格尔来说,康德所认为的理性在认识世界的本质时产生的矛盾与陷入二律背反,正是理性在把握世界本质时所不可避免的环节,因为"思辨的思维唯在于思维把握住矛盾并在矛盾中把握住自身"④。黑格尔的思辨理性"从对立面的统一中把握对立面",充分发挥了思维的能动性与其内在的统一功能。马尔库塞指出,康德哲学引发的矛盾虽然不能代表实际的同一性,但是黑格尔发现正是通过这一矛盾过程同一才产生。知性领域内哲学对象不可避免的否定状态,将通过其自身存在的力量在回归真理的途中不断地被扬弃,从而达到存在与本质一体化的和解。⑤ 阿尔都塞认为,黑格尔对康德哲学空乏的充盈表征了人类思想超越康德后真理内容的获得。黑格尔构建了一个西方哲学史上最为庞大的思辨理性体系,他将本体论、认识论与逻辑学统一起来,同时也将逻辑与历史统一起来。可见,黑格尔

---

① 黑格尔:《哲学史讲演录》第4卷,贺麟、王太庆译,北京:商务印书馆1996年版,第273页。
② 黑格尔:《小逻辑》,贺麟译,北京:商务印书馆1980年版,第276页。
③ 黑格尔:《哲学史讲演录》第4卷,贺麟、王太庆译,北京:商务印书馆1996年版,第240—241页。
④ 黑格尔:《逻辑学》(下卷),杨一之译,北京:商务印书馆1977年版,第67页。
⑤ 赫伯特·马尔库塞:《理性和革命——黑格尔和社会理论的兴起》,程志民等译,上海:上海人民出版社2007年版,第116、97页。

为改造康德的抽象理性主义、和解康德二元论矛盾修整出了一条全新的哲学道路。

二、教化世界的合理性与道德意识的世界

作为精神自身分裂的产物，启蒙哲学在认识论上分为经验论和唯理论，在存在论上分为唯物论和唯心论。但认识论意义上的启蒙理性仍是知性或工具理性，而存在论意义上的精神的分裂在争执中没有发现自然和精神或上帝"完全是同一个概念"，"存在和思维两者自在地即是同一个东西"①。康德的知性因不能深入物自体领域而无法把握世界的统一，也就加剧了世界的分裂，康德哲学的二元论性质注定其无法完成重建分裂世界的整体性的任务。

黑格尔的哲学体系完成了康德哲学所说的不可能之事，他认为自我意识的外在化造成了纯粹的意识与现实的意识的对立，也使异化了的精神的世界分裂为纯粹意识的世界和现实的世界。普遍性是自我意识的"效准"和"现实性"，普遍性与现实性即为现代性，教化作为"个体在这里赖以取得客观效准和现实性的手段"②是现代的本质，自我意识由于进行了自我教化而成为控制世界的力量，因此教化需要尽量使自己符合于现实。相对于意识中的信仰世界而言，黑格尔将现代世界称为现实中的"教化世界"，即个体通过异化而摆脱自己自然存在后所形成的与原始的本性和实体相对立的世界，它已"对它自己的真理性和概念有所意识"③，它是自身异化的精神的特定存在。当精神使用概念的力量去把握教化世界与信仰世界的对立时便产生了"识见"，而识见正是启蒙运动。启蒙时代在启蒙对

---

① 黑格尔：《精神现象学》（下卷），贺麟、王玖兴译，北京：商务印书馆1983年版，第109—110页。
② 同上书，第42页。
③ 同上书，第65页。

信仰的斗争中成为了一个异化与碎片化的时代：个人的异化使自身在从自然人向社会人、人向公民的转变中分裂了自身，精神的异化使自身在此岸与彼岸的互相颠倒中一分为二，矛盾与冲突成为启蒙时代的标志。

伴随着个人异化为公民和资产者，在纯粹意识中呈现为简单思想的"善"与"恶"也异化为现实的"国家权力"与"财富"，"高贵意识"与"卑贱意识"正是在国家权力、财富与自己的统一或疏离中产生出来的。"认定国家权力和财富都与自己同一的意识"①，是高贵的意识，反之则是卑贱的意识。前者表现为贵族的态度，他在公共权力与公共财富中见到与自己同一的东西，权力与财富是他本质与自为存在的表现。而后者表现为资产者的态度，他"视国家的统治力量为压迫和束缚自为存在的一条锁链，因而仇视统治者，平日只是阳奉阴违，随时准备爆发叛乱"②，同时，因为其自为存在是缘于财富而得以享受，所以他将财富也视为与自己不同一。随着世界自身的异化，贵族精神转变为了资产者的私心，卑贱的意识取代了高贵的意识而成为符合现代性价值标准的自我意识。贵族精神的衰落源于个体在普遍性中的觉醒，"不声不响的服务的英雄主义变成了阿谀的英雄主义"③，财富作为无自我的普遍物变成了个人意志的国家权力，自在存在的普遍性则变成了自在自为的并取得自我意识的个别性，教化便在普遍性与个别性的结合中产生了。教化始于贵族的封建政治内部，教化世界在贵族精神的衰落中最终以二元分裂、碎片化为特征成为现代世界的表现形式。"人们在这种纯粹教化世界里所体验到的是，无论权力和财富的现实本质，或者它们

---

① 黑格尔：《精神现象学》（下卷），贺麟、王玖兴译，北京：商务印书馆1983年版，第51页。
② 同上书，第51页。
③ 同上书，第57页。

的规定概念善与恶,或者,善的意识和恶的意识、高贵意识与卑贱意识,统统没有真理性;毋宁是,所有这些环节都互相颠倒,每一环节都是它自己的对方。"① 教化世界的特征通过分裂性的语言得以表达,黑格尔透过高贵意识向对立面的转化看到了历史逻辑的必然性。自我意识只有在其异化其自身、否定其自为存在、创造现实的过程中才具有实在性,成为某种普遍性的东西,而两个精神的世界只有在"纯粹的识见"把握自我、启蒙、达于教化的过程中才会从教化世界转化为道德世界。所以,黑格尔承认精神异化、纯粹识见、教化世界的合理性,它们只是重建世界整体性的必经环节。

三、启蒙对信仰的误解与宗教信仰

启蒙运动以反封建、反教会为旗帜,以抗击偏见、教条和迷信为己任,以理性之光祛除黑暗与蒙昧,在此意义上,启蒙运动是批判宗教信仰的。但启蒙运动所批判的迷信与宗教信仰是否等同于宗教?

康德呼吁人类要有勇气运用自己的理智,从而脱离不成熟的状态,这其实是将理性规定为反对中世纪宗教信仰的运动纲领,但启蒙理性归根到底仍然是知性或工具理性,仍然是此岸世界的识见,康德哲学也就止步于二元论的观点了。黑格尔将启蒙运动中处于对立状态的识见和信仰看作精神在自我异化中分化出来的两个环节:纯粹的识见"以肯定性事物的意识、以对象性或表象的形式为自己的对方,并且将自己跟这种对方对立起来"②,所以,它"在其自己本身中并没有内容"③,而只是精神自身"否定性的自为存在"④,在

---

① 黑格尔:《精神现象学》(下卷),贺麟、王玖兴译,北京:商务印书馆1983年版,第65页。
② 同上书,第74页。
③ 同上。
④ 同上。

概念之内以纯粹的自我意识为对象；相反，信仰是精神的肯定性内容，是识见的对立方，它有内容而无识见，在思维之内以纯粹意识为其本质。因此，被识见以否定性态度对待的宗教信仰其实就是识见颠倒的自身，"纯粹识见所说的他物或对方，它所说的谬误或谎言，不是什么别的正是它自己；它只能惩处即是它自己的那种东西"①。黑格尔指出，纯粹思维是信仰意识的绝对本质，它在自身之内以对象性的空乏形式呈现，但识见作为现实的自我却只看见绝对本质的对象性形式，并将对象性形式看做感性的存在。所以，启蒙时代的信仰是宗教改革后的信仰，是存在于教化世界之内的纯粹意识作为表象而显示出来的东西。

黑格尔将上帝视为思想，启蒙将宗教中的上帝视为人心的创造，当人们将表象作为信仰的内容，宗教也就褪变为神话了。启蒙反对的从来就不是由纯粹的自我意识创造出来的宗教，而只是由偶然的经验的个人创造出来的迷信。启蒙对信仰的误解就在于，它不把信仰看做它自己，而是看做截然相反的东西，并用启蒙时代盛行的经验主义方法将信仰的对象视作有限的感性事物，将信仰的确定性寄托在一些"历史见证和偶然条件"②上。在此，黑格尔总结："如果信仰想当真地以历史事实为根据给自己的内容提供像启蒙所说的那种论据……证明它已经受了启蒙的传染。"③

黑格尔对启蒙的批判体现在宗教方面就是为宗教信仰辩护。他认为宗教信仰的确定性不是建立在个别的偶然的历史见证之上的，而是建立在精神于个别意识的内心深处见证自身的过程之上的，宗教信仰只是一种纯粹的精神现象。但启蒙把信仰的"一切环节都

---

① 黑格尔：《精神现象学》（下卷），贺麟、王玖兴译，北京：商务印书馆1983年版，第86页。
② 同上书，第92页。
③ 同上书，第93页。

歪曲了，把它们歪曲成一些与它们在信仰中的真实情况大不相同的东西"①，而启蒙的权利是自我意识的权利，信仰作为一种意识，因"现代化"而与识见具有了相同的原则，所以受到启蒙的反对也就具有正当性了。于是，启蒙在主张其绝对权利的专制中，往往在与信仰争斗时占据上风。信仰具有"无概念的思想中的意识的昏睡着的知觉"与"感性现实中的意识的觉醒的知觉"的双重性，启蒙以感性世界的表象来启发天堂世界，并运用觉醒的意识将这个世界中的一切纳入到有限世界中来，信仰便在丧失其无概念的内容、超越有限世界后沦为一种虚空，信仰的双重割裂状态终将在启蒙对其"不可抗拒的支配力"中被扬弃。

综上所述，针对启蒙运动造成的时代困境，浪漫派与黑格尔均分别就哲学思维方式上的抽象理性主义的"有限化"、人类世界与人类生活乃至人自身的二元分裂，以及精神生活上的宗教信仰的失落三个方面作了批判。也许，这并不单纯意味着批判，因为作为启蒙主义的继承者，两者的批判其实就是启蒙主义的延续与完善。浪漫派所提出的审美、诗与宗教历史哲学的解决方案中暗含着反讽的元素，而黑格尔的思辨理性、教化世界的合理性以及启蒙与信仰的颠覆中则隐藏着辩证法的原则。这是两种不同路向的解决方案，前者在理性主义外部以直觉、审美作为内容，后者仍延续理性主义的路线将辩证法作为方法，而这两种解决现代性危机的方案都将对马克思产生重要的影响。

第三节　现代性问题图景中的马克思

我们将现代性视为启蒙的结果，现代性危机也就是对启蒙造成

---

① 黑格尔：《精神现象学》（下卷），贺麟、王玖兴译，北京：商务印书馆1983年版，第99页。

的时代困境的直接反映，因此，马克思对现代性的批判可以被看做是对启蒙的批判。在写作博士论文时期与《莱茵报》时期，从小成长于启蒙氛围中的马克思对启蒙精神有过短暂的追随，但由于《莱茵报》的遭遇转而对黑格尔法哲学进行批判的事实，使马克思对现代性的哲学论证转向了对现代性的批判。某种程度上，我们可以将浪漫派与黑格尔对于启蒙的批判看做是启蒙精神的延续与完善，这对曾在青年时期受到奥·施莱格尔与黑格尔影响的马克思不能不产生作用。马克思对于现代性的批判方案是建立在对启蒙理性批判的基础之上的，与浪漫派和黑格尔相同，启蒙理性的抽象性，以及由此造成的人与世界的二元分裂和信仰失落也成为马克思早期的批判对象。但超越前两者的是，马克思的启蒙批判是以阶级利益、异化与革命代替了启蒙理性抽象性、二元性，以及宗教批判的位置而完成对现代性的重建的。

马克思将启蒙理性批判作为对现代性批判的起点，在批判启蒙理性的抽象化与虚伪性的同时，他深入到实践领域以阶级利益对启蒙理性施行了解构，并提出由社会化大生产导致的人与劳动的异化只能通过无产阶级革命消灭阶级来消除，只有在自由人联合体中才能实现"人的类本质"同"人的现实本质"的统一，实践辩证法正是在对现代性的诊断中孕育而出的。

一、从抽象理性批判到资本批判

无论是浪漫派还是黑格尔，对于启蒙理性的批判都是针对以康德哲学为代表的抽象理性主义的批判；无论是诗化哲学还是思辨哲学，都是对于被认为是"半路"哲学的康德哲学的完善。马克思的启蒙理性批判过程可以看做是马克思与德国古典哲学的理性主义传统关系演变的过程，其在经历了从对理性主义短暂的确信，到降低和淡化，再到系统的批判之后意识到，任何一种对抽象理性主义的完善都没有使启蒙理性脱离其抽象与虚伪的本质，只有将批判从形而上学思辨的领域转入意识形态生产的领域，将理性从主体性内涵的框架中拯救出来并将"实践"作为新的基点，对于抽象理性主义的批判才具有真正的意义。

可以说，从中学时代到《莱茵报》时期，马克思还是一位正统的理性主义者。在博士论文的写作中，他接受黑格尔的理性思想，将理性视为世界的本质与普遍原则用以评判历史与现实，并将"理想国家"视为普遍理性精神的体现，而哲学就是揭示世界理性本质的科学。在对普鲁士书报检查令的评判与关于林木盗窃法的辩论中，当书报检查制度与新闻出版自由相矛盾，以及物质利益与体现理性原则的法相矛盾时，马克思从黑格尔的理性思想出发将新的书报检查令与物质利益视为不合乎理性的现实，并认为应对不合理的现实予以废除或改造。但他也首次看到当物质利益与理性相比较，前者总是战胜后者决定人们对于出版自由或法的态度，因为在现实中国家或法的建立不是以理性，而是以剥夺贫困人民权利，维护有产者的私人利益为前提的。物质利益问题无法在黑格尔理性主义之内找到合理解释的苦恼，引起马克思对黑格尔理性主义的重新认识。

马克思认为，"德国的国家哲学和法哲学在黑格尔的著作中得到了最系统、最丰富和最终的表述"，"德国政治意识和法意识""最主要、最普遍、上升为科学的表现正是思辨的法哲学本身"，虽然黑格尔的思辨理性构设是以充实抽象理性主义为目的的，但马克思认为思辨的法哲学仍然是"关于现代国家的抽象而不切实际的思维"。① 马克思将黑格尔的理性主义称为"纯粹的、永恒的、无人身的理性"，它在"自身之外既没有可以设定自己的场所，又没有可以与之相对立的客体，也没有可以与之相结合的主体"，所以它只能靠

---

① 《马克思恩格斯选集》第1卷，北京：人民出版社1995年版，第8—9页。

"设定自己,把自己与自己相对立,自相结合"的方式"颠来倒去"。①黑格尔把世界上过去与现在发生的一切视为在思维中发生的一切,"他认为他是在通过思想的运动建设世界;其实,他只是根据绝对方法把所有人们头脑中的思想加以系统的改组和排列而已"②。黑格尔在《法哲学原理》中将理性视为国家理性,将国家看做"绝对自在自为的理性东西",是理性的定在,而市民社会只有在国家阶段中通过扬弃而达到普遍性与特殊性的统一,理念才会在国家实现。但是,马克思指出,国家与市民社会的分裂,即理性和现实的矛盾注定国家不是理性的实现,黑格尔所说的国家并不代表普遍的利益,合乎理性"并不是指现实的人的理性达到了现实性,而是指抽象概念的各个环节达到了现实性"。马克思在《黑格尔法哲学批判》中开始与黑格尔相分离,而至《1844年经济学哲学手稿》时期,马克思已完全放弃了黑格尔实体理性。

马克思指出,费尔巴哈对黑格尔"严肃的、批判的态度"是对旧哲学真正的克服。在对黑格尔辩证法的批判中,费尔巴哈"把否定的否定、具体概念看作在思维中超越自身的和作为思维而想直接成为直观、自然界、现实的思维",他批判黑格尔的哲学是对历史"抽象的、逻辑的、思辨的表达",因为它"不是作为一个当做前提的主体的人的现实历史,而只是人的产生的活动、人的形成的历史"。③马克思进一步指出,虽然费尔巴哈看到了黑格尔先验理性的抽象性,但费尔巴哈的局限在于,他并未把对象、现实与感性当做人的感性活动或实践,不是从主体方面,而只是"从客体的或者直观的形式去理解"④。因此,启蒙理性批判不应立足于市民社会,而

---

① 《马克思恩格斯选集》第1卷,北京:人民出版社1995年版,第138页。
② 同上书,第141页。
③ 马克思:《1844年经济学哲学手稿》,北京:人民出版社2000年版,第97页。
④ 《马克思恩格斯选集》第1卷,北京:人民出版社1995年版,第58页。

应立足于人类社会或社会化的人类。费尔巴哈的人本主义思想和恩格斯的影响使马克思转向了唯物主义与政治经济学领域，他意识到启蒙理性实际上是一种阶级理性，是统治阶级利益的表达，启蒙理性标榜的理性王国只是资产阶级理想化的王国，"同启蒙学者的华美诺言比起来，由'理性的胜利'建立起来的社会制度和政治制度竟是一幅令人极度失望的讽刺画"①。因此，对于启蒙理性的批判不能停留于思想上的批判，而应深入社会现实，在实践的基础上对基于市民社会的理性观念予以资本的批判，马克思的实践哲学正是在对现代性危机进行诊断的尝试中产生的。

不同于黑格尔对于时代的划分，马克思认为，"资本一出现，就标志着社会生产过程的一个新时代"②。因资本主义带来的社会变革，他将工业革命之后的社会称为现代社会，而资本主义是现代社会的真实面孔。资本是现代社会的基础，资本与劳动的矛盾是现代社会的基本矛盾，资本取代理性成为支配现代社会的动力。黑格尔将辩证法作为解救现代性危机的办法，其从绝对观念出发，经过对观念外化、异化又向绝对精神复归的过程，就是以资本形式存在的私有财产对自己异在形式扬弃、占有过程在意识形态上的抽象表达。因此，对黑格尔的批判就是对资本的批判，对资本的批判就是对现代性的批判。

二、从消除二元分裂到消除私有财产

黑格尔批判现代性实质上是批判知性在现代社会中的外在表现，知性以自我反思、自我否定为主要内容，表征为对立、分裂等特点，其直接体现即为市民社会中家庭伦理的自然同一性被破坏，社会成

---

① 《马克思恩格斯选集》第1卷，北京：人民出版社1995年版，第607页。
② 《马克思恩格斯选集》第2卷，北京：人民出版社1995年版，第172页。

员作为独立的个人只有"通过成员的需要，通过保障人身和财产的法律制度，和通过维护他们特殊利益和公共利益的外部秩序"① 才能联合起来。市民社会是异化了的世界，个人成为孤立的原子，人类的主体意识不仅与市民社会分裂，而且也同自身分裂，这种分裂是向理性国家的过渡，而只有理性国家才是家庭与市民社会的真正的统一。黑格尔承认现代社会二元分裂的合理性，他将其视为绝对理性的反思阶段，二元对立的人与世界、人自身即为康德意义上的知性，由这种二元对立思维导致的社会共同体的分裂状态终将在其思辨哲学的构想中被扬弃。黑格尔认为，解决启蒙时代的危机就是要在扬弃康德知性的基础上，以绝对理性作为同一化力量弥合"实体和主体、自然和精神、必然性和自由的对立"②，也就是扬弃市民社会的分离阶段而进入自觉的自由王国。"自由自在的国家就是伦理性的整体，是自由的现实化；而自由之成为现实乃是理性的绝对目的。国家是地上的精神，这种精神在世界上有意识地在使自身成为实在"③，因此，只有依靠理性国家，而不是依靠人类个体，自由王国才会实现。

马克思认为，黑格尔拯救现代性危机的方案仍然是一场理论内的救赎。他虽在国家的绝对形式中扬弃了市民社会的分裂，却并没有超出市民社会的畛域，其对现代社会二元分裂危机的消除只关涉"副本"的层面，却未触及现代社会"原本"的根基。马克思不同于黑格尔的地方在于，他把解决现代性问题的场所从思想转入现实，启蒙理性批判不能只限于思辨哲学层面，更应是政治哲学意义上的批判，实践层面的问题不能仅仅为思想观念所解决。他认为，"每一

---

① 黑格尔：《法哲学原理》，范扬、张企泰译，商务印书馆 2007 年版，第 174 页。
② 《马克思恩格斯选集》第1卷，北京：人民出版社 1995 年版，第 19 页。
③ 黑格尔：《法哲学原理》，范扬、张企泰译，北京：商务印书馆 2007 年版，第 258 页。

历史时代主要的经济生产方式和交换方式以及必然由此产生的社会结构，是该时代政治的和精神的历史所赖以确立的基础，并且只有从这一基础出发，这一历史才能得到说明"①，因此，马克思对于现代性危机的诊断是从现实的经济事实出发的。他意识到，资本的运转使交换价值成为目的，这不仅造成了普遍物化的世界，而且使人的社会关系除却了属人的性质转化为物的社会关系，人的劳动不再是对自身本质的占有而成为一种异化的劳动，人在物化世界的压迫中失去了自由与生活的乐趣。"在现代，物的关系对个人的统治，偶然性对个性的压抑，已具有最尖锐最普遍的形式"②，而人与世界、人自身的二元分裂实质上就是资本奴役下的异化现象，这成为现代性危机的主要特征。

异化在黑格尔的思辨哲学中只具有概念的形式，马克思将其视为政治哲学中的一个现实问题。异化劳动导致私有财产的产生，"这种物质的、直接感性的私有财产，是异化了的人的生命的物质的、感性的表现"③。因此，马克思认为："对私有财产的积极的扬弃，作为对人的生命的占有，是对一切异化的积极的扬弃，从而是人从宗教、家庭、国家等等向自己的人的存在即社会的存在的复归。"④而消灭私有财产即为消灭现有的社会政治制度、消灭资产阶级、消灭私有制，这只能通过现实的革命来实现。

三、从理论批判到无产阶级革命

不能触及社会结构变革，无法惠及劳苦大众，任何的对于现代性危机的解救都将只是思维中的臆想，浪漫派不可避免地走向宗教、

---

① 《马克思恩格斯选集》第1卷，北京：人民出版社1995年版，第257页。
② 《马克思恩格斯选集》第3卷，北京：人民出版社1960年版，第515页。
③ 马克思：《1844年经济学哲学手稿》，北京：人民出版社2000年版，第82页。
④ 马克思：《1844年经济学哲学手稿》，北京：人民出版社2000年版，第82页。

满足于自心内省,以及黑格尔认为思辨哲学将完成历史终结均是如此。马克思指出:"批判的武器当然不能代替武器的批判,物质力量只能用物质力量来摧毁;但是理论一经掌握群众,也会变成物质力量。"① 所以,理论的彻底就在于"抓住事物的根本",现代性批判的彻底就在于"必须推翻那些使人成为被侮辱、被奴役、被遗弃和被蔑视的东西的一切关系"②,这需要由无产阶级来完成。

18世纪没有解决历史一开始就予以关注的"实体和主体、自然和精神、必然性和自由的对立","但是18世纪使对立的双方完全截然相反并充分发展,从而使消灭这种对立成为必不可免的事"③,革命便是在这种对立的极端发展中产生的。作为当时占主导地位的三个国家,德国、法国与英国分别以哲学革命、政治革命与社会革命作为矛盾解决的方式。不同的是,前两者或在哲学方面,或以国家的形式对人类的普遍利益进行阐明,而"只有在英国,个人本身才促进了民族的发展并且使发展接近完成,而没有意识到要代表普遍原则"④。恩格斯认为,人类的普遍利益只有首先以个人利益为前提才会对历史产生影响,而从资本主义产生出的无产阶级是个人利益活动的代表,社会革命只有在无产阶级的个人利益得以发展之下才会完成其消除对立的使命。哲学以无产阶级作为物质武器,人类的解放要从根本上进行一场"摧毁一切奴役制"的革命,"这个解放的头脑是哲学,它的心脏是无产阶级"⑤,其结果是通过对"人的自我异化的积极的扬弃"实现共产主义。这是解决现代社会二元分裂问题的真正有效的方案,因为共产主义既"是人向自身、向社会的即合乎人性的人的复归,这种复归是完全的、自觉的和在以往发展

---

① 《马克思恩格斯选集》第1卷,北京:人民出版社1995年版,第9页。
② 同上书,第10页。
③ 同上书,第19页。
④ 同上书,第22页。
⑤ 同上书,第16页。

的全部财富的范围内生成的"①,它又"是人和自然界之间、人和人之间的矛盾的真正解决,是存在和本质、对象化和自我确证、自由和必然、个体和类之间的斗争的真正解决"②,是通过人的实践活动实现了的人道主义与自然主义的本质的统一。

---

① 马克思:《1844年经济学哲学手稿》,北京:人民出版社2000年版,第81页。
② 同上。

A Mental Journey to the Mystery of "Blue flower"

A Study of Marx and German Romanticists

第三章
反讽与辩证法之争

对于启蒙所造成的抽象理性主义横行、人与世界二元分裂、宗教信仰失落的局面，浪漫派与黑格尔在不同的批判路径上具有共同的批判指向。浪漫主义与思辨理性主义在某种程度上可以被视为启蒙精神（怀疑主义与理性主义）的延续。而反讽与辩证法作为浪漫派与黑格尔哲学思想的核心，分别代表了两种不同的应对启蒙时代困境的方案。前者以审美、抒情作为其独特的模式，而后者则运用思辨理性对启蒙进行合理化的扬弃。可以说，浪漫派跳出了德国古典哲学的理性主义界域，主张"从直观和体验中通过抒情的方式和审美的方式达到对理性主义的克服"①，这是一场源自"外在路向"上的外部批判；而黑格尔对启蒙主义的改造并未超出理性主义的范围，这只是一种"内在路向"上的自我完善。浪漫派与黑格尔立足于不同的立场，分别以绝对唯心主义与思辨理性对启蒙主义进行了改造，反讽与辩证法成为他们实施批判的不同方法。如何弥合启蒙所引发的现代性危机？浪漫派和黑格尔从两条道路上提出了这个问题。而当马克思以实践哲学的方式深入到政治经济领域中去之时，他实现了浪漫主义与启蒙理性主义真正意义上的和声。浪漫主义与启蒙理性主义的和声彰显了马克思政治理论的基本内在构造，马克思政治理论进而成为浪漫与现实的合体。若要消除由启蒙所引发的理性主义的抽象化与工具化、人类生活世界的二元分裂、宗教信仰

---

① 吴宏政：《马克思对理性主义和浪漫主义的双重超越：施米特〈政治的浪漫派〉对马克思专政思想的误解》，载于《内蒙古民族大学学报（社会科学版）》2007年第8期。

的失落等现代性危机,反讽抑或是辩证法,哪种才是更为合理的思维操作,并对马克思的实践哲学有更大的影响,这需要从两者的概念分析入手。加比托娃认为,浪漫派绝对唯心主义哲学的宗教转向虽然招致了黑格尔等哲学家的嘲笑,但反讽哲学作为其具体表达形式却隐含了辩证的元素与对整体性的渴求。它不仅影响了黑格尔的辩证法的形成,而且也间接引导了马克思哲学后黑格尔时期的未来走向。让我们进一步分析这种被马克思称为"形式的反讽"的哲学具有怎样的反讽形式,又在哪些方面与黑格尔的辩证法产生了争论。

第一节 反讽理论的哲学释读

一、苏格拉底与古典反讽

"反讽"(irony)一词源于古希腊词汇 $E\iota\rho\omega\nu\epsilon\iota\alpha$,其词根中便具有说话的含义,所以反讽的原初意义只是一种言谈方式。克尔凯郭尔将苏格拉底视为反讽的首倡者与引进者,认为反讽与苏格拉底密切相关,柏拉图对话便是反讽的表现。施特劳斯更将反讽视为苏格拉底的品质与特点之一,认为他是凭借对话及佯装无知而声名鹊起。[①] 关于苏格拉底的反讽的描述,可以通过柏拉图、色诺芬的对话集或文集来判断。苏格拉底本人从未将自己的哲学观点或生活观点视为反讽,见识并体验到反讽的毁灭及吸引威力的只是苏格拉底的反对者、对话者及学生。

对苏格拉底古典反讽最为直接的揭示是在柏拉图哲学的对话中,当讨论何为正义的问题时,塞拉西马柯终于忍受不了苏格拉底以提问方式来驳倒对方的方式,而指出"你用的是出了名的苏格拉底的

---

① Leo Strauss, *The City and Man*, Chicago and London, 1964, p. 50.

反诘法（反讽）……我料到你会拒绝回答问题，而宁可承认自己无知"①。我们可以认为苏格拉底式反讽"是在辩论中佯装无知，接受对方的结论，然后用发问方法逐步引到相反的结论而驳倒对方"②的一种谈话技艺。这种被称为反讽的谈话技艺被融入柏拉图哲学的对话中，成为苏格拉底的显著特征，或就是苏格拉底本身。

雅典城邦随着伯里克利的被罢黜而面临着随时解体与崩溃的危机，这是苏格拉底所面对的社会现实，智者成为"苏格拉底必须摧毁的同代人或前辈"。智者学派的反思与知识的传授是一切被动摇了之后的稳定，被否定之后的肯定，"讲演术"充当了在个别情况下取得暂时肯定性胜利的技艺。相对照于智者学派的招摇过市与自以为是，苏格拉底以一无所知对抗智者们的无所不知，以与世无争、节制对抗智者们的苛求于人、欲望，以无意介入城邦政治对抗智者们左右国事。苏格拉底的反思具有同智者派同样的否定性，而他却无知识可传授，自视其无知。他的反思只是否定之后的否定，即无限绝对的否定，而"希腊必须从这种在理论上淡而无味，在实践上祸害无穷的肯定性中解放出来"③。苏格拉底对智者派的挑战，也是对雅典没落文化的挑战，亦是对城邦政治现状的挑战。这种挑战以其"无限绝对的否定"的反思为支撑，而我们在苏格拉底对话中所见的带有主观无限的、绝对否定性的放纵的自由，便是苏格拉底式的反讽———一种缘于城邦政治的毁灭力量。

古典反讽是绝对的无限的否定，通过提问者与回答者之间所达到的紧张与窘迫，让自以为是者意识到城邦生活中的矛盾，不知不觉陷入自戕的境地。反讽是打破了理智世界和谐统一的否定性，它

---

① 柏拉图：《柏拉图全集》第2卷，王晓朝译，北京：人民出版社2003年版，第287页。
② 同上书，第287页。见译者注。
③ 索伦·奥碧·克尔凯郭尔：《论反讽概念：以苏格拉底为主线》，汤晨溪译，北京：中国社会科学出版社2005年版，第179页。

蔑视实在性,欲求理想性,尽管存在于欲求中的理想只是一种可能。苏格拉底不仅针对智者派,而且针对一切现存事物,他让与其对话者"眼看着暂时的真理在一瞬间烟消云散、化为乌有","使无限性吞噬有限性",他对所有事物理想性的要求就是"审判并判决希腊文化的法庭"。苏格拉底哲学思想中没有任何确定的体系,他站在无限的否定性的立场之上,"盘旋于所有实质性生活的规定之上",终其一生对城邦的实质性生活予以抗议,一切道德与政治被反讽的风暴席卷入无限否定的海洋,包括他自己。但是我们需要能够发现隐藏在这种无限的否定性背后的肯定性,这种无知之幕下主体观念的萌芽。"他把别人自以为知道的东西称为无知,他之所以能这样做,只能是因为他具有对知识的正确观念以及建立在这个观念基础上的正确行事方法。……苏格拉底热衷于在人们通常的观念中揭露这样的矛盾,由此他希求在所有稍微有些理解力的甚至仅仅能够预感的人的心中激发那个基本思想。"① 施莱尔马赫认为苏格拉底拥有他自己的方法论,他知道如何"正确地把多元总结为统一,以及怎么把一个大的统一依其本性重新化为各个部分"②,多元在自我否定中趋向统一,统一经过分化又消解为多元,但这种统一的整体是一个消极的结果,是无限的否定后的虚无。苏格拉底创建了理念的无限"内在一贯性",他的反讽是基于无限否定性之上的对肯定性的趋近与向往。而这种理念的肯定是什么,他不去再作推敲,只是做出即将肯定或具体化的姿态,将其悬置。

在《巴门尼德篇》中,"柏拉图以城为大海,以苏格拉底为船长,凭仗谈话(dialectike)把哲学变成政治的哲学:自此哲学即事

---

① Schleiermacher, *Ueber den Werth des Sokrates als Philosophen*, p. 61. 见索伦·奥碧·克尔凯郭尔:《论反讽概念:以苏格拉底为主线》,汤晨溪译,北京:中国社会科学出版社 2005 年版,第 189 页。

② 同上。

关被生死善恶围困的人事（世）"①。在《会饮篇》、《普罗泰戈拉篇》、《斐多》及《申辩篇》等对话集中，苏格拉底的对话始终围绕着善、伦理展开。苏格拉底的哲学在柏拉图的笔下以对话的形式展现出来（我们暂且忽略这些对话的真实与否），从对话内容可以看出苏格拉底的反讽哲学所涉及的不外乎为关于美德、善、伦理、正义等政治哲学的论题。

苏格拉底在申辩中，讲到自己因肩负神谕而无法参与城邦政治，这确实证明了其在实践方面无力与现存的雅典生活建立某种实在的联系。然而在理论立场上，苏格拉底的政治哲学是以反讽的修辞格式出现的，在对美德、善、伦理、正义等无限的否定的对话中，这些概念在城邦生活中的原初意义被颠覆，对话者在何为更好的城邦生活的追问中产生寻找普遍概念的狂热，而苏格拉底却戛然而止，他不知何为更好、更合理的城邦生活，不知何为真正的善与伦理，因为他一无所知。某种程度上讲，苏格拉底是个革命家，反讽让其远离城邦，却又不停让他触及城邦的边缘，他的革命中只充斥着革命否定性的摧毁，而不包含摧毁后的重建。"他推翻实在性，在远处窥见理想性，触及它"却不将它占有；他摒弃了城邦生活的有效性，瓦解了家庭生活的有效性；他协助了个体主观性精神的诞生，却"割断实质性的脐带"。苏格拉底正如他自己所说的马虻，用反讽的针刺痛麻痹的城邦，他摧毁城邦生活中一切既有的、看似合理普遍的东西。苏格拉底的反讽达到了真、善、美的无限性的领地，这就是一种起源于政治哲学领域中的政治修饰辞令。当这种理念的现实性在后世得以充实，从而具有了实质性内容的时候（浪漫派与马克思），我们发现原来反讽早在古希腊时期便已触及政治哲学的边界。

---

① 刘小枫、陈少明：《柏拉图的哲学戏剧》，上海：上海三联书店2003年版，第4页。

二、反讽理论形而上学意蕴的提升：从一种修辞到一种实践

反讽往往因与修辞相涉而被理解为某种语言表达方式，其形而上学的意蕴常被忽略。但事实上，反讽理论在其得以产生的原初形态中就与哲学结下了不解之缘。从古希腊罗马时期到19世纪初期的德国，进而延至现当代，反讽始终秉持着语言学意义上的修辞传统，但在其理论逻辑的衍化中却始终自享着与形上之思难以厘界的关联。在长时间遗忘苏格拉底反讽理论的哲学旨趣之后，德国早期浪漫派又再次赋予了反讽以哲学、美学、艺术与诗等规定相互交融的多重意义，而克尔凯郭尔以存在主义的视域超越了这一错综复杂的含混界定，他将反讽理解为人的生存境遇中的"立场"，这就将反讽提升至了纯粹的哲学层面。美国学者维塞尔虽无意承接克尔凯郭尔所规定的反讽的实践性，却在对马克思阶级理论别出心裁的阐释中将无产阶级视为反讽在现实世界中的肉身化，这成就了反讽由修辞到理论、再到实践的内在意蕴的提升过程。

如何为反讽下一个具有确定性的定义，这似乎是件困难的事。D. C. 米克在《论反讽》中曾以谐谑的语气断言："如果有谁觉得自己产生了一份雅兴，要让人思路混乱、语无伦次，那么，最好的办法莫过于请他当场为'反讽'做个界定。"[①] 从古希腊的城邦哲学到近代西方形而上学的终结，反讽在其理论的演化进程中所遭遇到的困境是，在弗·施莱格尔提出将反讽提升至哲学高度并规设理论体系的预想无望而终之后，黑格尔构造了辩证法的辉煌，这致使黑格尔及其后的哲学家或学者习惯囿于辩证法的视域对反讽予以借用与评判，从而抹杀了反讽的哲学真谛。只有在把握具体理论形式的同时，逐层解读出反讽如何从一种矛盾的语言表达方式具有了相互交

---

① D. C. 米克：《论反讽》，周发祥译，北京：昆仑出版社1992年版，第11页。

融的多重意义，又如何在生存论的层面上彰显了人性的内在结构，并进而转化为现实世界中的实践批判，我们才能梳理出反讽理论形而上学的内在意蕴的提升过程。

1. 反讽的修辞学传统

对反讽的考察往往容易陷入语义学的畛域，被理解为某种语言表达方式，这与其产生的渊源密切相关。在古希腊时期，戏剧盛极一时，城邦政治也燃起雅典人对辩论术的崇拜，掌握言谈技巧成为城邦公民追捧的高贵品质，即便苏格拉底的反诘法也是因其论辩起到思想助产术的作用而被柏拉图写入戏剧并为人所知。反讽在其原初的涵义上即是以"语言游戏"的现象方式呈现于古希腊戏剧、介入城邦生活，其后又占据古希腊晚期与古罗马时代的修辞，进而延续至现代的文学、艺术领域的。这造成的后果是，将反讽归类为一种语言表达方式成为了约定性的思维。从荷马、阿里斯托芬、柏拉图、亚里士多德到西塞罗、昆体良，再到18世纪"反讽"一词被广泛使用，对反讽的性质、概念的阐释，始终与"语言"有所牵连。这是因为，无论是戏剧中的嘲讽，还是辩论中的佯装，抑或是词句、行为的突然逆转，任何一种反讽现象都在最初表征为某种语言表达方式的矛盾。可以说，18世纪中期以前，反讽主要在艺术与文学的语境下保持着缓慢的发展并过渡至今，这就使得对反讽概念的现代理解始终无法背离语言学的传统。

如果说荷马在《奥德赛》中对求婚者的嘲讽刻画隐含着反讽的痕迹，阿里斯托芬在喜剧中对自我夸耀式愚蠢以及自我贬谪式明智的描述意味着反讽的正式出场，苏格拉底在反诘法中对对话者的诘难预示着反讽初次稳定的彰显。那我们可以断言，这种揶揄现象是在前苏格拉底时期初露端倪，并在柏拉图时代才开始被确切领会的。在柏拉图的《理想国》中，苏格拉底在与塞拉西马柯进行有关正义的讨论时，被指责运用了一种"在辩论中佯装无知，接受对方的结论,然后用发问方法逐步引到相反的结论而驳倒对方"的谈话技艺,塞拉西马柯称之为"苏格拉底反诘法"(eironeia)。① 这种表现为具体行为的反讽在苏格拉底的城邦生活与戏剧表演中普遍存在。其后,亚里士多德在《尼各马可伦理学》、《修辞术》与《诗学》中对反讽做了指定,把其视为悲剧情节或演说中"行动的发展从一个方向转至相反的方向"的"突转"(peripeteia)。② 他只是将"'eironeia'(自贬式佯装)置放在比其反义词'alazoneia'(夸耀式佯装)更为重要的位置,"③ 而未延续柏拉图对反讽所秉持的政治思考与哲学意图,这就把反讽引向了纯粹的言语境域。到古罗马时代,西塞罗与昆体良赋予了反讽以"辩论中对付敌手的方式和作为整个辩论的语言策略"④ 的内涵,将反讽置入了修辞学的范围。自此,反讽主要被当做一种辞格使用,表现出语言建制中的"所言非所是"、"言在此而意在彼"、"为责备(褒扬)而褒扬(责备)"以及"嘲弄"等特征。

继承古典反讽语言表达的修辞传统是反讽理论发展的一条路径,虽然中世纪与文艺复兴时期的文学艺术并未为这种理论增添别出心裁的新义,但是德国早期浪漫派却将其扩展为一种浪漫主义的文学创作原则。施莱格尔兄弟将反讽看做"艺术家在创作中的客观立场、超然态度和自由程度"以及"所处的反讽地位的反讽式展现",它被完全自觉的艺术家所运用,维持着创造性与批判性、主观性与客观性、幻想与现实、感性与理性的平衡。⑤ 受此影响,新批评派创始

---

① 柏拉图:《柏拉图全集》第2卷,王晓朝译,北京:人民出版社2003年版,第287页。
② 亚里士多德:《诗学》,陈中梅译,北京:商务印书馆1996年版,第89页。在亚里士多德《诗学》的多个译本中,"peripeteia"被译为"irony"。
③ D. C. 米克:《论反讽》,周发祥译,北京:昆仑出版社1992年版,第21页。
④ 同上,第23页。
⑤ 同上,第28、29页。

人之一瑞恰兹界定了反讽表现为"对立冲动的平衡"的现代涵义，从而奠立了作为现代艺术表现形式的反讽概念的基础。英美新批评派把反讽视为诗歌特有的审美特征或创作的基本原则，在各个语境的压力下，这种特征或原则构筑了作品的艺术张力，使词句失去了严格的规范，诗歌的悖论本质与复义功能得以呈现开来。因此，新批评理论的反讽概念是在和诗歌辩证结构的相得益彰中与语境、悖论、张力、复义等概念有所关联的。在今天，浸染了后现代主义思潮的反讽因其否定性、破坏力、多元化的动态风格，承接起与后现代主义理论相似的解构绝对权威与至上理性的使命，成为一种为大众所熟知的生活态度与文化反叛。

2. 反讽概念的多重性

语言学层面的反讽概念考察大多选择了对苏格拉底反讽中哲学旨趣的集体失忆，较少言及其自身理论内容包含的哲学意蕴。而与此同时，18世纪末的德国早期浪漫派却开启了这个概念的另一条衍化路径，这就使反讽不时陷于与形上之思难以厘界的交织关系之中。继苏格拉底以反讽式的生活态度执著于对真理的追问之后，浪漫派又一次催生了反讽概念之萌蘖。针对启蒙理性造成的人与世界或自身的二元分裂，浪漫主义哲学试图以其诗化本质化解有限与无限间的尴尬。与科学化精神的哲理性、片面性、自明性有所区别，浪漫反讽更加强调艺术感的补充作用，从而使对有限世界的诠释在多重意义复合、含混、模糊的有机联合中达到理论上的完整。逾越语言学阐释的藩篱，浪漫反讽表征了一种多重意义相互交融下的艺术哲学手段，其双关特性受益于柏拉图对话中的苏格拉底反讽。

在古希腊的雅典城邦时期，哲学被视为一种具体的、激昂的生活方式，而非对象性的、静态的、特殊的知识，哲学与对哲学的探讨就是哲学家部分的生活内容。苏格拉底的"生活和他的哲学是一回事；他的哲学活动决不是脱离现实而退避到自由的纯粹的思想领域中去的"①。因而，当苏格拉底以对话的形式呈现某种言谈技巧时，反讽也在对普遍的真理的抽取过程中具有了哲学的意谓。苏格拉底反讽既是包含了日常生活联系的社交活动，也是引导着人们离开特殊事例去思索普遍的原则，是诡辩术与辩证法、言谈技巧与辩证思维、伦理道德讨论与哲学追问的双重融合。在此之后一直到浪漫主义哲学兴盛之前，对反讽概念的理解便始终保持着某种对形上之思的疏离，这个沉降的趋势肇始于亚里士多德。虽然反讽被看做"言语反讽"首次获得了确定，但从亚里士多德开始到18世纪中期，这个起初指代行为方式的术语却逐渐全然被虚假语言的指称以及修辞学中的辞格所代替，从而丧失了其曾隐现的哲学意蕴。

　　对反讽概念的单一界定在18世纪末、19世纪初的德国有所突破，德国早期浪漫派开启了现代图景中对反讽概念多重意义的反思与解读。作为一种哲学和文学的双重现象，德国早期浪漫主义哲学对艺术审美表现认识功能的认定注定了反讽必将游弋于哲学、美学、诗以及艺术之间。浪漫派成员大多博学多才并乐于寓哲思于文学作品之中，不刻意构建哲学体系以与艺术相分离。在他们看来，诗和立法构成了希腊人的智慧，与此相似，哲学也应该是"诗和实践这两个力量论争的产物"，"诗和实践在哪里互相彻底渗透，融为一体，哲学就在哪里产生"，而"哲学之路只有经过艺术才能达到科学"。②所以，"一切艺术都应成为科学，一切科学都应成为艺术；诗和哲学

---

　　① 黑格尔：《哲学史讲演录》第2卷，贺麟、王太庆译，北京：商务印书馆1996年版，第51页。
　　② 施勒格尔：《浪漫派风格——施勒格尔批评文集》，李伯杰译，北京：华夏出版社2005年版，第88页。

应该结合起来，"① 艺术诗的全部历史就是为哲学文本做评注。在某种程度上，非体系的、断片式的理论内容需要同样非系统的、悖论式的认识方法，因此，从柏拉图对话中所引申出的浪漫反讽理论不能不受到浪漫主义哲学构想的影响。"弗·施莱格尔旨在创立一门既是形而上学（即哲学）同时又是科学的美学，"② 意图完成哲学与语文学、科学与艺术完全结合并相互贯通的论题，而在"这种情况下最合适的认识方法只能是反讽"③，它是"出自生活的艺术感与科学的精神的结合，出自完善的自然哲学与完善的艺术哲学的汇合"④。按此理解，反讽便具有了与哲学、美学、文学艺术等领域相牵连的诸多意义。

相比对反讽的古典主义、象征主义式的阐释，浪漫反讽的理论内容根本不同于修辞学文论中所涉及的问题，因为把反讽看做一种语言手段，除了体会字面的相反意义外便别无其他，而德国早期浪漫主义反讽学家更加倾向于对反讽概念进行逻辑层面的规定，纯粹修辞化的反讽反而成为被贬抑的对象。弗兰克在归纳反讽定义后曾指出，浪漫反讽要比任何一位修辞学家或文体学家的理论都要复杂，作为一种艺术手段，其运行机制由哲学来描述，而对它的细微感受则需要通过文学。弗·施莱格尔和索尔格所论述的反讽既是思辨意义上有限与无限之间的过渡，又表现最高存在的文学风格与写作方式。

弗·施莱格尔认为，反讽存在两种形式，即哲学的反讽与修辞的反讽，而"哲学是反讽真正的故乡，人们应当把反讽定义为逻辑

---

① 施勒格尔：《浪漫派风格——施勒格尔批评文集》，李伯杰译，北京：华夏出版社2005年版，第58页。
② 加比托娃：《德国浪漫哲学》，王念宁，北京：中央编译出版社2007年版，第17页。
③ 同上书，第57页。
④ 施勒格尔：《浪漫派风格——施勒格尔批评文集》，李伯杰译，北京：华夏出版社2005年版，第57页。

的美",修辞的反讽在论战当中虽然"也能产生精妙的效果",不过其与苏格拉底式的"机敏善变"相比,"正如最华丽的艺术语言与风格崇高的古典悲剧相对一样"。① 施莱格尔提高了反讽的形而上学意义,将其视为自我在自身中所体会到的有限与无限的矛盾,它呈现为自我创造与自我毁灭以及自我限制与自我解脱的交替,这就确立了反讽在哲学中的地位。在对施莱格尔断片式的自由体言论进行系统整理的基础上,索尔格也发现了自我意识中的反讽,他将其"描述成了一种美学手段,用来解决仅靠哲学无法解决的问题"② 的方法。这种反讽不仅毁灭"有限的特定物",而且毁灭"理念或者概念的绝对"。受索尔格导引,蒂克转变了对思辨哲学的厌恶态度,"把反讽的风格引入了文本的意义内涵之中",这就"使限定的语言方式获得无限的意义",③ 从而塑造了施莱格尔赞誉的"优雅"以及索尔格褒扬的"反讽的完美典范"。可以说,施莱格尔、索尔格与蒂克赋予了反讽以哲学、美学、艺术的多重意义,并确证了这种理解方式的可能性。

3. 反讽的生存论意义

从浪漫派对反讽概念所做的思考来看,浪漫反讽始终未脱离文本的束缚而与哲学保持着某种"暧昧"的关联。这一错综复杂的含混概括在遭遇存在主义哲学后才彻底跳跃出文学与艺术的局限,开始有了明朗清晰的界定。克尔凯郭尔提供了这个存在主义的新视域并认为,"恰如哲学起始于疑问,一种真正的、名副其实的人的生活起始于反讽"④。他把反讽看做人的生存方式,就是将反讽置于生存

---

① 施勒格尔:《浪漫派风格——施勒格尔批评文集》,李伯杰译,北京:华夏出版社2005年版,第49页。
② 曼弗雷德·弗兰克:《德国早期浪漫主义美学导论》,聂军等译,长春:吉林人民出版社2006年版,第287页。
③ 同上书,第340页。
④ 索伦·奥碧·克尔凯郭尔:《论反讽概念》,汤晨溪译,北京:中国社会科学出版社2005年版,第2页。

的层面予以解读。可以说，反讽并不单纯表现为一种"转瞬即逝的现象"，以人性的内在结构为基点对反讽进行纯粹的形而上学式的理解是反讽概念衍化史中的一个重要转折。

克尔凯郭尔认为，反讽是一种主观性的"自为的存在"的立场，其出场决定于主观性是否"以一种更高的形式产生效果"。反讽者于内在主观性的充分发挥中使自身达到主体性巅峰的同时，便拥有了一种主体意识自觉，这就使其自身实现了"主观的自由"，并成就了名副其实的人生。当"主观性首次在世界历史中出头露面之时"，反讽在苏格拉底的论战中出现了，而伴随费希特之后"高层次的主观意识"的强化，反讽又再次成为了浪漫派的理论核心。① 所以，每一次主观性的突显都以主体与"某个时代或某种状况下的整个现实"的关系作为映衬的背景。在克尔凯郭尔看来，这种"现实"意指人的带有悖谬性的生存境遇，反讽即是对这种境遇的反抗与毁灭。也就是说，无论是苏格拉底还是浪漫派，作为立场的反讽不同于作为现象的反讽，其矛头指向的不是一个单独的现象或存在者，而是整个生存。

透过存在主义的滤镜来看苏格拉底反讽就会发现，这种"佯装的无知"并非"经验性的无知"，而恰恰是苏格拉底对希腊生活与城邦宗教的挑战与脱离。在与希腊文化的实质性对立中，反讽即是苏格拉底的立场，它不单表现为一种个体因趋向于真理而对现象的"无限的否定"，更表现为一种主体因渴念自由而对既存世界的不断瓦解。而在苏格拉底出现之前，个体不是作为无限的自我反思而存在的，主体也不具有主观的自由。当反讽打破了这种和谐、统一与恬静，个体便陷于"催促、推动主观性"的动荡、分化与聒噪中了。

---

① 参见索伦·奥碧·克尔凯郭尔：《论反讽概念》，汤晨溪译，北京：中国社会科学出版社 2005 年版，第 208 页。

继苏格拉底召唤出主观性的首次苏醒之后，费希特带来了主观性"第二个因次"的呈现。德国早期浪漫派抓住了费希特哲学的原则，规设了反讽主体"自我毁灭"与"自我生成"的自由。如果说苏格拉底反讽的关注点在于个体与现实、本质与现象之间的矛盾，那弗·施莱格尔已将这种矛盾转化为无限的自我与有限的自我，即主体与客体之间的对立，这是由于浪漫反讽与古典反讽面对着不同的时代主题。苏格拉底反讽与浪漫反讽虽然均涉及人性的内在结构，但前者力图"使一般的东西，通常被认定的、已固定的、在意识中直接接受了的观念或思想的规定瓦解"①，以浮现"真理"之名获取个体的解脱。而后者则主张通过诗的哲学化或哲学的诗化来消弥诗与经验、理想与现实、应然与实然、无限与有限间的紧张对峙，从而达到主体的自由。施莱格尔认为，有限性与无限性的同时并存是人类存在中的基本矛盾，若要对其消除则需要在对有限性的超越中达到无限，这种永无止境的对一切自身划定界限的超越正是反讽，它"包含并激励着一种有限与无限无法解决的冲突"②。克尔凯郭尔指出，施莱格尔对费希特哲学的借鉴给浪漫主义理论带来了"双重的麻烦"，经验的、有限的自我与永恒的自我，形而上学的现实与历史的现实被混淆运用。反讽主体以"一种过分的主观性"，"以大得不能再大的创作自由诗意地创造自己以及周围环境"，使其自身"完全堕入了情绪之中"。③ 正是为此，浪漫反讽被克尔凯郭尔认为是"不合理的"，浪漫派的主观性被黑格尔称为"恶"。

可以说，克尔凯郭尔的反讽是在重新诠释苏格拉底反讽与批判

---

① 黑格尔：《哲学史讲演录》第 2 卷，贺麟、王太庆译，北京：商务印书馆 1996 年版，第 53 页。
② 施勒格尔：《浪漫派风格——施勒格尔批评文集》，李伯杰译，北京：华夏出版社 2005 年版，第 57 页。
③ 参见索伦·奥碧·克尔凯郭尔：《论反讽概念》，汤晨溪译，北京：中国社会科学出版社 2005 年版，第 238、246 页。

扬弃浪漫反讽的基础上最终成型的。在生存论的意义上，两者都被克尔凯郭尔转化为一种人的生存境遇中的"立场"。这就表明，我们可以这样理解，作为立场的反讽是个形而上学领域里面的问题，它萃取出了苏格拉底反讽中本质与现象对立的哲学意蕴并使之得以升华，同时将浪漫反讽主体"自我创造"与"自我限制"的主观性发挥到极致。作为立场的反讽不同于作为现象的反讽，它不是指修辞、行为层面的悖论，而是人的一种独特的、实践的生存方式，是个体无限的自我反思的主观性的展现。所以，作为立场的反讽可以被理解为生存论反讽，在对人性内在结构的关切中，这种"无限绝对的否定性"所表现的正是人与其所处时代的悖谬性关系的写照。具体来说，人存于世的过程开端于主体意识自觉的苏醒，发展于主体对"消极自由"的享受，深化于主体反抗生存境遇时的自我拯救，完结于主体覆灭既存现实后的解脱。这个否定的过程既是无限的，也是绝对的，因为人"不是否定这个或那个现象"，而是否定作为"理念现实化过程中的一个环节"的历史现实，同时他进行否定时所借助的事物其实并非更高的事物，还存在"更具真理性的现实"，这就使反讽成为贯穿于整个人生乃至于整个生存的思想潮流。所以，"没有反讽就不可能有真正的人生。只有当反讽被掌握了，它才会扭转未被掌握的反讽所倡导的生活"，人才会"诗意地生活着"。①

4. 反讽的实践性

人们对反讽理论的一个先在的观点认为，反讽该是一种纯粹理论性的概念的规定，而生存论反讽则颠覆了这一惯性思维。不同于浪漫派将反讽依附于文学作品之内，克尔凯郭尔最早将反讽看做一种人类生存中的实践性活动。由此，我们可以

---

① 参见索伦·奥碧·克尔凯郭尔：《论反讽概念》，汤晨溪译，北京：中国社会科学出版社 2005 年版，第 283 页。

指出，反讽不仅是理论性的，还应该是实践性的。当代美国学者维塞尔虽然与存在主义哲学无涉，却也在实践领域内对反讽给予了重新阐释，这更确证了反讽在现实世界中存在与彰显的可能性。

在承认反讽是"主观性的自为的存在"的基础上，克尔凯郭尔强调，"反讽本质上是实践性的"。他将苏格拉底哲学看做是实践哲学，将苏格拉底反讽看做是苏格拉底本人对希腊文化实质性生活的反抗活动。进而指出，反讽就是要发现"在现象背后藏着的东西和居于现象之中的东西"① 的悖谬，并使对悖谬的消解外化为实践的行动。在维塞尔看来，与克尔凯郭尔处于同一时代的马克思，在其实践哲学中将反讽衍变为了一场对现存世界的摧毁命令的执行，这其实是对反讽实践性本质的承接与拓展。正是在此意义上，我们可以认为，克尔凯郭尔反讽的实践性本质在维塞尔对马克思阶级理论的释读中具化成了一种神圣的革命力量。

维塞尔对反讽的重新理解根植于诗歌与"无产阶级"的关联之中。他认为，马克思是一位浪漫派诗人，马克思早期诗歌是科学社会主义的诗化形式，正是在其诗歌兴趣的推动下，"无产阶级"最终被发现并成为了科学社会主义体系的关键要素，其本质上是一种"诗力"。在维塞尔看来，马克思的"无产阶级构成了德国浪漫主义最重要的概念之一，它是'反讽'的化身。……而其唯一的依据是自身的解放力量"②。可以说，维塞尔既颠覆了马克思传统的理性主义形象，又使"反讽"在无产阶级真实形式的显现中"焕发异彩"。

从浪漫派的本体诗学中，维塞尔离析出了反讽学说的形而上学

---

① 索伦·奥碧·克尔凯郭尔：《论反讽概念》，汤晨溪译，北京：中国社会科学出版社2005年版，第221页。
② 维塞尔：《马克思与浪漫派的反讽——论马克思主义神话诗学的本源》，陈开华译，上海：华东师范大学出版社2008年版，第1页。

规定以及其诗化实在的动机,并将之内嵌于马克思的阶级理论之中。这种关联的可能性缘于,19世纪初德国人的主要任务是弥合主体与客体之间的鸿沟,浪漫派与马克思都处在对此任务的执行之中。所不同的是,浪漫派致力于以诗歌消灭客观性的自主性(诗化实在),却因反讽不能真正改造万物而陷入一场抒情主义的危机;马克思承接了这一使命,为挽回"浪漫主义衰败的诸神"他创造了"一个灵验的救世主",无产阶级成为解决浪漫派难题的答案。应该说,浪漫派的诗歌寓意着人对现实压迫的反抗,而马克思的阶级理论正是一部宏观的救赎之诗,将无产阶级革命看做反讽即是将浪漫诗中创造性的毁灭力量转变为现实中的实践性行动。所以,对维塞尔来说,"作为消灭的创造性的反讽,不只是一种艺术的力量;它是一种根本的人类力量",无产阶级就是反讽、创造力以及"肉体精力"的联合。①

在维塞尔这里,克尔凯郭尔所说的反讽的实践性所指的是马克思对浪漫反讽的肉身化。维塞尔从浪漫派对反讽的规定中得出,浪漫反讽寓示着一种消除有限性、否定经验王国以及确保绝对主体性的创造力量。首先,它表现为意识对自身的超越状态;其次,为创造一个更为充分的哲学体系,反讽者将以反讽为手段对现有的哲学的"实然"进行批判;最后,哲学的反讽意味着思想观念内的实践,它将对人类的存在形态进行理论批判,并对意识进行改造。因此,反讽是超越的、批判的与实践的。在德国早期浪漫派的影响下,"马克思的诗歌表明了强烈的本体论反抗"并充斥着饱含"流体象征主义"的反讽意象。而在遭遇黑格尔法哲学之后,马克思将思辨哲学沉降至意识形态的领域,将理论重心从哲学范畴迁移至社会、经济范畴,将意识对自身的超越转变为无产阶级对自身状态的超越,将

---

① 维塞尔:《马克思与浪漫派的反讽——论马克思主义神话诗学的本源》,陈开华译,上海:华东师范大学出版社2008年版,第57、58页。

对"实然"的批判具化为对资本主义社会的批判,将实践理解为"通过革命改变社会、政治和经济状况的自然力量的具体使用"。[1] 所以,马克思诗歌中的反讽最终被变型为一场现实世界中的革命力量了。正是在此分析的基础上,维塞尔指出,反讽所"披上的第一层面纱是批判"[2],而当马克思依照现实的话语对反讽进行重新解释时,反讽将披上新的面纱。反讽者不仅是反抗者,也会成为革命者,马克思是最大的反讽家,他"要给反讽披上的新面纱是无产阶级"[3]。这个反讽的新角色拥有普遍而神圣的力量,他将在"经验上受难",并以自我救赎的效力为兑现承诺而实施对现实的摧毁以及对未来的拯救。

第二节 概念辩证法的圆圈

任何的启蒙运动以降的哲学观点都在现代性问题的背景中被思考,不同于德国早期浪漫派通过外在于理性主义的审美直觉对现代性问题的解决方案,黑格尔的辩证法是一场理性主义内部的从知性思维到思辨思维的自我完善,这是解决现代性危机的另一种方案。马克思一直被认为是黑格尔辩证法"合理内核"的继承者,而辩证法是否可以作为方法深入到现代性各方面问题的解决中去?它是否在祛除"神秘外衣"之后即可被马克思所运用?这需要对黑格尔辩证法的内涵进行考察。

黑格尔的辩证法是18世纪至19世纪初德国古典哲学的最高成就,在辩证法的历史上,他首次全面叙述了在矛盾的基础上以合题

---

[1] 维塞尔:《马克思与浪漫派的反讽——论马克思主义神话诗学的本源》,陈开华译,上海:华东师范大学出版社2008年版,第173页。
[2] 同上书,第196页。
[3] 同上书,第204页。

取得发展的理论。黑格尔是在对范畴相互关系的分析中得到辩证法的规律的，他将思维形式划分为表象思维、知性思维与辩证思维，三者分别在日常生活领域、经验领域、超验领域内进行着不同的活动。表象思维的对象为具体的感性材料，知性思维虽然是"有限的思维"，但却超越了感性材料的局限，而只有辩证思维才是"无限的思维"。康德哲学是知性思维的代表，他在对人类理性进行批判性的考察中，得出物自体不可知的结论。面对知性思维因越出经验领域而造成的失效，黑格尔以思辨逻辑代替康德的知性逻辑，"以揭示出片面的知性规定的有限性"① 为出发点，从而提出了辩证法。黑格尔的辩证法不同于康德的消极辩证法而具有积极的意义，它"是知性的规定和一般有限事物特有的、真实的本性。……是一种内在的超越（immanente Hinausgehen），由于这种内在的超越过程，知性概念的片面性和局限性的本来面目，即知性概念的自身否定性就表述出来了。凡有限之物莫不扬弃其自身"②。黑格尔辩证法将人的思维过程抽象化为绝对精神，并将绝对精神作为主体，它以概念形式表现思想内容，因而其辩证法是以概念思辨的形式表现出来的。

黑格尔将辩证法理解为存在于纯粹思维内的概念辩证法，将主客体统一的概念看做是具体的概念。这个统一过程不是僵化、凝固的，而是处于流动与变化之中，也就是说概念在自己的运动过程中产生了自己的对立面，并实现了内在的超越，"它并没有因辩证的前进运动而丧失了什么，丢下了什么，而且还带着一切收获物，使自己的内部不断丰富和充实起来"③。所以正如列宁所说，黑格尔是在"一切概念的更换、相互依赖中，在它们的对立面的同一中，在一个

---

① 黑格尔：《小逻辑》，贺麟译，北京：商务印书馆1980年版，第178页。
② 同上书，第176页。
③ 列宁：《哲学笔记》，北京：人民出版社1956年版，第250页。

概念向另一个概念的转化中,在概念的永恒的更换、运动中,天才地猜测到"① 辩证逻辑的内在规律的。

黑格尔认为,"辩证法在哲学上并不是什么新东西"②,在以苏格拉底为主要人物的柏拉图哲学中,"辩证法第一次以自由的科学的形式,亦即以客观的形式出现"③ 了。不同于弗·施莱格尔的反讽主张,黑格尔将苏格拉底带有主观色彩的"讽刺"称作辩证法,并认为苏格拉底在与别人谈话时,表现出虚心领教的态度,争求深切的解释,继而发出种种疑问,从而将对话者引向自身的反面,这些都是苏格拉底对于辩证法的运用。而在近代,康德哲学的理性矛盾引起了人们对于辩证法的又一次关注。形式逻辑与先验逻辑都将同一律作为绝对原则,若知识陷于矛盾,便是理性犯了"推理"和"说理"方面的主观错误,而当康德用理性试图渡过超验领域去认识世界的本质之时,产生了二律背反,所以,康德将矛盾视为理性中的主观的东西,归于思维着的理性,他认为"世界的本质是不应具有矛盾的污点的"④,人们应当避免矛盾的发生,所以理性不应作用于超验的领域。黑格尔赞扬了康德对理性矛盾必然性的发现,"康德理性矛盾说在破除知性形而上学的僵硬独断,指引到思维的辩证运动的方向而论,必须看成是哲学知识史上一个很重要的推进"⑤。但同时,他也批评道:"康德在这里仅停滞在物自体不可知性的消极结果里,而没有更进一步达到对于理性矛盾有真正积极的意义的知识。"⑥ 因为矛盾并不是只有人们在试图把握物自体时才会产生,而是普遍地存在于一切事物之中,存在于"一切种类的对象中,在一

---

① 列宁:《哲学笔记》,北京:人民出版社 1956 年版,第 210 页。
② 黑格尔:《小逻辑》,贺麟译,北京:商务印书馆 1980 年版,第 178 页。
③ 同上书,第 178 页。
④ 同上书,第 131 页。
⑤ 同上书,第 133 页。
⑥ 同上书,第 133 页。

切的表象、概念和理念中"①，所以黑格尔是肯定矛盾的合理性的，正是矛盾构成了世界的推动力、生命力，是"思维规定的内在否定性、自身运动的灵魂、一切自然与精神的生动性的根本"②。矛盾是辩证法的灵魂，康德发现了理性矛盾的必然性，但却没有将矛盾的两个方面统一起来的意识，认为真理无法在矛盾双方的相互否定上建立，仍然停留在辩证理性的阶段。而黑格尔辩证法的超越就在于，构建形而上学的真理体系不能止步于辩证理性的阶段，应该上升到思辨理性的层面，实现矛盾双方对立的综合与统一。

概念辩证法在逻辑思想的三种形式中，也在概念发展的三个环节中得以体现，是"抽象的或知性[理智]的方面"、"辩证的或否定的理性的方面"与"思辨的或肯定理性的方面"三重的统一。③黑格尔将知性环节视为概念发展的第一个环节，知性式的思维本身自存或存在的形式是抽象的概念，它既秉持着"固定的规定性"，又保持着各个规定性之间的对立与差别。知性具有普遍性的形式，但这种普遍性是一种抽象的普遍性，作为"感觉"、"直观"的反面而与特殊性对立着。但这并不表现为辩证的反面，而是被黑格尔纳入辩证法，规定为辩证思维的萌芽与初始形态，其定律是同一律，"通过这种同一律，认识的过程首先才能够由一个范畴推进到别一个范畴"④。知性从属于辩证思维，也是辩证思维不可或缺的阶段，它是辩证法的开端，辩证法以其为依据从中滋生。概念的彻底的孤立与抽象造成"知性形而上学的僵硬独断"⑤，而反独断的理性思维注重确定性与明晰，知性在对两者的区别和联系上将形而上学与辩证法连接起来，当知性对对象分离与抽象的态度过度地趋于极端，则必

---

① 黑格尔：《小逻辑》，贺麟译，北京：商务印书馆1980年版，第132页。
② 黑格尔：《逻辑学》（上卷），杨一之译，北京：商务印书馆1977年版，第39页。
③ 黑格尔：《小逻辑》，贺麟译，北京：商务印书馆1980年版，第172页。
④ 同上书，第173页。
⑤ 同上书，第133页。

然转化到它的反面,这是逻辑思想的第二阶段。

概念发展的第二个环节是辩证环节,在此阶段,对立面不仅被固定下来,而且这些有限的规定通过扬弃自身向它们的反面过渡,从这种意义上来说,辩证环节是知性环节的延续与发展。一方面,辩证环节是知性概念的自身否定,"凡有限之物都是自相矛盾的,并且由于自相矛盾而自己扬弃自己"①;另一方面,逻辑思维不是只驻留在否定的结果,而正如怀疑主义在坚持单纯抽象的否定中隐蔽着真实的结论一样,否定的结果也是肯定的,肯定是以在自身内将否定扬弃为存在条件的。这就进入了逻辑思想的第三种形式,也是概念发展的第三个环节。

思辨的阶段即肯定的理性阶段是辩证方法的最终环节。在黑格尔看来,思辨环节把知性环节与辩证环节结合起来并加以扬弃,在前两个环节中具有分解或过渡等活动性的对立双方在此环节中高度融合、统一,并达于肯定的结果。他认为,理性环节中的辩证法才具有高度的成熟,其"理性"已不同于康德的屈服于知性的辩证"理性",它对进入逻辑学的一切知性范畴予以扬弃。这个环节中的统一包含着差别与对立,而差别与对立也正是在统一中被把握的。也可以说,思辨环节的肯定包含着否定的内在发生,正因如此,"辩证法具有肯定的结果,因为它有确定的内容,或因为它的真实结果不是空的、抽象的虚无,而是对于某些规定的否定,而这些被否定的规定也包含在结果中"②。所以,虽然这个肯定的结果只是思想的、抽象的理性的东西,但却也是具体的东西。

知性环节、辩证环节与思辨环节,即是概念发展的肯定、否定与否定之否定三个阶段。由此可以看出,黑格尔的辩证法不但不是僵化、孤立、静止的,而且是概念自身的矛盾推动下的概念的自我

---

① 黑格尔:《小逻辑》,贺麟译,北京:商务印书馆1980年版,第177页。
② 同上书,第182页。

运动,这种运动不是向着单独的肯定或否定的方向发展,而是必然通过肯定、否定对立、统一的环节,实现否定的否定。辩证法的三重结构在黑格尔的《精神现象学》中初显轮廓,继而在逻辑学中被明确规定,并运用于其整个的哲学体系,在《法哲学原理》、《历史哲学》、《美学》与《宗教史》等著作中,我们可以发现历史辩证法、艺术和美学的辩证法与宗教的辩证法无处不在的应用。对于我们前面提及的启蒙运动以后的现代性危机,首先,黑格尔通过辩证法实现了对康德抽象理性主义二元论的超越;其次,他认为教化世界是建立世界整体性的必经环节,存在于教化世界之中的人与世界、人自身的二元分裂等碎片化特征在历史发展过程中具有其合理性,这正是历史辩证法中辩证环节的体现;最后,黑格尔指出了宗教观念中隐含的辩证法的三段式,同时,也指出了宗教与哲学、艺术与哲学的辩证关系,即哲学在脱离宗教而开始自己的发展后,开始对宗教进行攻击,却又在自身成熟后妥协于宗教,从而展示了一场扬弃的过程。

　　黑格尔将辩证法应用于自己的哲学体系,其启蒙批判也就带有了思辨哲学的性质,他也将辩证法视为最好的用于解决现代性危机的方法,因而对于德国早期浪漫派的反讽理论大加指责与鞭挞。同是对于现代性的最初批判,反讽与辩证法究竟哪一个是更有效的方案?两者是纯然对立,还是有着其他的千丝万缕的联系?它们起了什么争执?马克思在对浪漫派哲学与黑格尔哲学都有接触与涉猎的情况下,反讽与辩证法谁会对马克思产生更大的影响,这需要从对两者关系的分析入手。

第三节　反讽与辩证法的内在关联

　　黑格尔在《精神现象学》、《法哲学原理》、《哲学史讲演录》与

《美学》中对浪漫派的态度，往往使人们将反讽与辩证法严格对立起来，并认为黑格尔作为德国古典哲学的集大成者，其概念辩证法相比浪漫反讽来说才是真正成熟的思辨哲学，而后者理应受到批判。无论如何，黑格尔对浪漫派的指责仍然带有个人主观色彩，如果我们单从黑格尔的角度去理解浪漫反讽与概念辩证法的关系，无疑将使浪漫反讽与马克思实践辩证法的关系研究陷入僵局。因此，在上文对反讽与辩证法的概念进行了梳理的基础上，客观的考察两者的内在联系也就具有了必要性。

反讽与辩证法之间的争执始于黑格尔与弗·施莱格尔的相互责难。黑格尔在给谢林的一封信中提及1801年弗·施莱格尔在耶拿的讲演，并认为他的哲学理论不够成熟与系统化，而弗·施莱格尔后期的宗教转向也招致了黑格尔的厌恶，虽然黑格尔承认浪漫反讽的哲学意义，但他是从否定性的立场上为其批判作准备的。[①] 同时，弗·施莱格尔对黑格尔的《费希特与谢林哲学体系的差别》并不认同，认为这是将费希特哲学引入了糟糕的境地。1815年至1827年间，弗·施莱格尔对黑格尔《逻辑学》的批判没有间断过，最终于1828年招致了黑格尔的还击。在《关于佐尔格的遗著和书信》中，黑格尔对弗·施莱格尔的哲学家身份进行了质疑，并将浪漫反讽视为浪漫派极端主观主义的代表，从而展开了批判。[②]

浪漫反讽的主观性是黑格尔批驳弗·施莱格尔的切入点，黑格尔认为浪漫反讽就是费希特主观哲学发展的终极形式，是丧失了实体的主观性哲学，反讽主体将反讽作为自己的生活方式，就是以不严肃的态度把生命的运动发展归结于天才的臆想，以消灭实在为手段而抬高个体的无限自由。按照黑格尔的看法，反讽的根源是费希

---

① 参见加比托娃：《德国浪漫哲学》，王念宁译，北京：中央编译出版社2007年版，第79页。

② 同上书，第80页。

特哲学中关于艺术的一些原则，弗·施莱格尔和谢林"都是从费希特的观点出发，谢林完全超越了这个观点，而施莱格尔则始而按照自己的方式去发扬它，终于脱离了它"①。可见，黑格尔将谢林加入客观性（实体性）的绝对同一哲学视为对费希特哲学的超越，而弗·施莱格尔将费希特哲学发扬为反讽，却是将自身置入了无客观性的极端主观主义的绝境。费希特将抽象"自我"看做一切知识、理性、认识的绝对原则，所有对于"自我"有意义的内容都通过"自我"存在，也为"自我"所消灭，当"绝对自我"表现为生命个体时，便以现象的形式"显现到自己的意识和旁人的意识里"，而在美和艺术的领域，这种显现便是"作为艺术家而生活"，并"按照艺术的方式去表现他的生活"。②黑格尔称这是"滑稽③原则"（反讽原则），是不严肃的态度，因为"自我"自由地建立一切又自由地消灭一切，它"没有什么意识内容是绝对的和自为自在的，而只显现为由我自己创造并且可以由我自己消灭的显现（外形）"④，而真正的严肃的态度却是关涉"有实体性的旨趣"与"本身有丰富内容的东西"的，"自我"的全部知识和行动只有与这种内容相吻合，才会具有实体性。在《法哲学原理》中，黑格尔也将反讽主体"把自己看做一切东西的基础的那种抽象确信"⑤称为"恶"，而反讽正是在"道德观点中的主观性的最高峰"⑥被领会和表达出来。

黑格尔认为浪漫反讽的过错就在于，它视"一切客观的自在自

---

① 黑格尔：《美学》第1卷，朱光潜译，北京：商务印书馆2008年版，第80页。
② 同上书，第81页。
③ 德文Ironie在《美学》中曾被朱光潜先生译为滑稽，指德国浪漫派艺术家对现实世界形象的自由玩弄的心情，而现在多被译为"反讽"。
④ 黑格尔：《美学》第1卷，朱光潜译，北京：商务印书馆2008年版，第82页。
⑤ 黑格尔：《法哲学原理》，范扬、张企泰译，北京：商务印书馆2007年版，第144页。
⑥ 同上书，第146页。

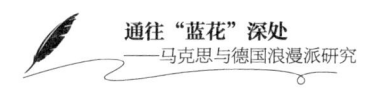

为的东西都是虚幻的"①,仅有"自我"的主体性具有价值,反讽主体只提高主体性就造成了主体性的"空洞无聊",而"自我"又在这种"自我欣赏"中得不到满足就陷入了对实体的渴望。由此产生了反讽主体的矛盾,即既渴求客观性,又无法摆脱"抽象的内心生活";也产生了"病态的心灵美"和"精神上的饥渴病",即主体无力充实的空虚。这直接导致的后果就是反讽主体或者转入"最高的虚幻性——宗教",或者变得"发狂",弗·施莱格尔成为天主教徒与诺瓦利斯优美灵魂的"想望仰慕之忱"便是最为直接的呈现。

不难看出,黑格尔对浪漫反讽的尖锐批判带有强烈的个人情绪,容易造成主观片面的误判,这也越来越引起西方学者的注意并着手为弗·施莱格尔翻案。狄尔泰指出,是黑格尔的批判态度先入为主地影响了人们对于浪漫反讽的看法。考纳认为黑格尔对弗·施莱格尔的指责有欠公允。瓦尔采尔与阿莱曼的看法惊人的相似,表明黑格尔并未弄懂弗·施莱格尔的反讽本义就为其扣上了主观主义的罪名,这严重妨碍了后人对于浪漫反讽的正确认识。而斯特劳施奈德·科尔斯则最为明确地指出了黑格尔批判的根本缺陷,即黑格尔虽然指出浪漫反讽导源于费希特,但他却没有看到反讽主体"自我限制"的环节,省略了浪漫反讽的客观因素。② 我们在上文考察浪漫反讽概念时将其视为苏格拉底古典反讽、费希特哲学、斯宾诺莎哲学共同作用下的结果,并在谢林的绝对同一哲学中得以确证。黑格尔指出了费希特主观哲学对于浪漫反讽的影响,但却过分夸大了它的作用,因为弗·施莱格尔从未停止对于康德、费希特与斯宾诺莎的批判:"最伟大的哲学家对于我,就像斯巴达人之于柏拉图一

---

① 黑格尔:《美学》第1卷,朱光潜译,北京:商务印书馆2008年版,第83页。
② 参见加比托娃:《德国浪漫哲学》,王念宁译,北京:中央编译出版社2007年版,第82页。

样。柏拉图无限热爱和崇敬斯巴达人,但他一再抱怨他们无时不是半途而废。"① 而弗·施莱格尔对这些过于"笔直"的哲学的修正方案便是转向绝对唯心主义。

弗·施莱格尔在《论希腊诗研究》的开篇便点明:"人不仅需要一个外在于自己的世界,即一个时而变成他的行为的起因、时而成为其要素、时而成为其器官的世界,而且甚至在他本质的中心里,他的对手——即同他相对立的自然——也扎下了根。"② 可以说,浪漫反讽并不缺少对于客观性(实体性)的渴求,弗·施莱格尔在美学上从赫尔德、歌德那里,在哲学上从柏拉图、赫姆斯特休斯那里汲取的客观唯心主义与泛神论的内容并不少于费希特的主观哲学。科林认为,这种对于客观性的捍卫体现在反讽主体自我创造与自我限制的辩证的相互关联里。③ 而我们可以将"自我限制"视作反讽主体对于主观性的适度遏制。弗·施莱格尔将"没有客体的感伤玄思"视为"最可悲、最可鄙的事"④,将艺术家"挖空心思的构想"与"热情澎湃"视为不自由状态的体现,因为这"忽视了自我限制的价值和尊严,而这对于艺术家及每个人来说,正是首要和至关重要的、最必须和最高的"⑤。首先,他强调了"自我限制"的必要性,即无论何处世界都在限制人们并使人们成为奴隶;其次,他指出"自我限制"与自我创造、自我毁灭的联系,即前者必须在后两者的发展中才能实施。所以,在施莱格尔看来,"人是一个由他的纯

---

① 施勒格尔:《浪漫派风格——施勒格尔批评文集》,李伯杰译,北京:华夏出版社2005年版,第65页。
② 同上书,第10页。
③ 参见加比托娃:《德国浪漫哲学》,王念宁译,北京:中央编译出版社2007年版,第67页。
④ 施勒格尔:《浪漫派风格——施勒格尔批评文集》,李伯杰译,北京:华夏出版社2005年版,第72页。
⑤ 同上书,第48页。

自我和一个异己的本质混合而成的"①，艺术家及每个人的自由就是主观性的创造毁灭与客观性的限制约束交相辉映的结果，心境的"骄傲的作品"与"辉煌的行动"缘于自然所赐，"没有自由，大概也就没有行动；同理，没有外界的协助，也就没有人的行动。……自由和自然之间的互动作用永无休止，在这个相互作用之中，两种力量里必然有一方是发出作用的，另一方则是反作用的"②。这正是浪漫反讽中自由和必然、主观因素与客观因素辩证法的体现。

如果淡化黑格尔带来的反浪漫派情绪，不难看出反讽与辩证法之间存在着的内在联系：

首先，两者都承认苏格拉底哲学的重要性以及其对自身学说的影响，不同的是弗·施莱格尔将苏氏反诘法视为反讽的雏形，而黑格尔将其看做辩证法的开端。

其次，正如德国浪漫主义研究学者弗兰克所认为的，弗·施莱格尔的反讽哲学与黑格尔的辩证法极为相似，两者的共同点在于"都以自己特有的手段、即否定性来矫正有限世界（黑格尔称之为'理性世界'）的否定性"③。不同之处在于"反讽的否定作用展示出了无限性……这种否定不涉入绝对的空间，只处于对绝对的永久渴念之中"④，是自我创造和自我毁灭的交替、自我限制和自我解脱的交替循环往复。而辩证法则是"通过双重否定或者涉及自身否定的思想，最终获得纯粹肯定的思想"⑤。

再次，反讽与辩证法均有对于完整性的诉求，但前者是对立面

---

① 施勒格尔：《浪漫派风格——施勒格尔批评文集》，李伯杰译，北京：华夏出版社2005年版，第11页。
② 同上。
③ 曼弗雷德·弗兰克：《德国早期浪漫主义美学导论》，聂军等译，长春：吉林人民出版社2006年版，第279页。
④ 同上书，第280页。
⑤ 同上书，第280页。

相互作用下周而复始意义上的完整性,而后者是对立面综合意义上的绝对完整性。这决定了反讽与辩证法对于理念概念理解上的差别:弗·施莱格尔认为"理念就是一个完善到反讽境界的概念,就是绝对反题的绝对综合、两个争论不休的思想之间不停的自我创造着的转换"①,而黑格尔将理念看做"自在自为的真理,是概念和客观性的绝对统一"②。

第四,以上导致了反讽的趋向与辩证法的目标具有本质上的不同。反讽普遍化与综合的方向具有虚幻性,是一种理想,反讽虽然不能最终消除片面性与矛盾而达于理想的实现,却不会影响反讽过程合理性与理想趋向合法性的存在;辩证法的目标是理念,只有实在性符合于概念,理念才为真理。"完全没有概念和实在性的同一的东西,就不可能有任何存在。……与概念相矛盾的东西,因此即是自己走向毁灭的东西。"③ 运用辩证法能否实现主体与客体、观念与实在、有限与无限的统一将直接决定理念的真理性。

最后,从反讽过程与理念的运动过程中可以看出,反讽主体与思辨主体都具有能动性与创造性,但却存在多元性与一元性的差别。于尔根·哈贝马斯认为,浪漫主义在时间、社会和空间的维度上把一种综合统一引进了复数形式的历史、文化、语言,以充实先验的世界概念,这种综合统一的模型不同于构造一条直线或数列的模型,而黑格尔则通过极端的发展发源于形而上学思想运动中的自我批判命题,最后一次复兴了形而上学的一元思考。④ 反讽主体"精神的创造性活动任何时候都不会被认为是在某个特定作品中完结了、完

---

① 施勒格尔:《浪漫派风格——施勒格尔批评文集》,李伯杰译,北京:华夏出版社2005年版,第72页。
② 黑格尔:《小逻辑》,贺麟译,北京:商务印书馆1980年版,第397页。
③ 同上书,第399页。
④ 参见詹姆斯·施密特:《启蒙运动与现代性》,徐向东、卢华萍译,上海:上海人民出版社2005年版,第412页。

成了的活动。每一个别作品,都只是以胚芽形式包含着整个'宇宙'的精神及其普遍生命活动的一个方面"①,具有多元性、普遍性的特征;而思辨主体将理念单一的回复自身的过程断定为绝对真理,因此主体的创造性活动也就只具有一元的性质。

可以说,反讽与辩证法既有相似之处,又有本质的不同,但无论如何我们都不能以黑格尔的态度将两者截然对立起来。加比托娃认为,从认识论的角度来看,反讽已显露出了辩证的性质,即正题、反题、合题的三段式,所以将反讽看做"反讽辩证法"也不为过。但弗·施莱格尔的浪漫反讽理论中的反讽辩证法却是不成熟的,"从实现辩证构想的角度来看,……具有明显的局限性"②。黑格尔对佐尔格大加赞赏,是因为他认为佐尔格认识到了理念的辩证因素,即无限的绝对的否定,但佐尔格没有从这种否定再向前走,这种否定还只是思辨"理念的一个因素而不是整个理念"③。黑格尔也承认"这种否定与用滑稽(反讽)态度去消除有限事物和本身实在事物那种活动有些相似"④,若撇除黑格尔对浪漫派的偏见,我们大可以将其对佐尔格的肯定用于弗·施莱格尔之上,因为带有个人色彩的厌恶容易引发黑格尔不公平的评论。这样,反讽辩证法作为思辨理念的一个因素而被确立下来,它是尚不完整的辩证法,而黑格尔正是沿着否定之路再向前走从而得出概念辩证法的,也可以说,概念辩证法就是得以完善之后的反讽。正如科林所说,从反讽辩证法到概念辩证法的道路从来就是相通的。⑤

---

① 加比托娃:《德国浪漫哲学》,王念宁译,北京:中央编译出版社2007年版,第61页。
② 同上书,第62页。
③ 黑格尔:《美学》第1卷,朱光潜译,北京:商务印书馆2008年版,第86页。
④ 同上。
⑤ 参见加比托娃:《德国浪漫哲学》,王念宁译,北京:中央编译出版社2007年版,第67页。

传统的观点将马克思的实践辩证法视为对黑格尔辩证法的头脚重置，是否概念辩证法简单的翻转便可以为马克思所继承和应用，这有待商榷。马克思曾在青年时期对德国早期浪漫主义产生浓厚的兴趣，并影响了他青年时期哲学观点的形成。马克思的实践辩证法是否也在这种影响之下潜在地倾向于反讽辩证法？或者说，马克思对概念辩证法的改造本质上就是一场对于反讽辩证法的还原与再超越，他只是做了和黑格尔类似的完善反讽辩证法的工作。在对反讽与辩证法的关系进行重新梳理的基础上，把马克思的实践辩证法纳入到这种比较中来将是必要的。

A Mental Journey to the Mystery of "Blue flower"

A Study of Marx and German Romanticists

第四章
马克思实践辩证法的反讽维度释读

从前文我们可以得出，辩证法的核心本质是否定性，其于苏格拉底的词语反诘法中初次得以充分显现，受费希特—谢林哲学影响，弗·施莱格尔与黑格尔对辩证法的否定本质进行了选择性的引入与形而上学层面的提升，从而形成了浪漫反讽与概念辩证法。若进行细致分析，其实这两种具有相似理论旨趣的思维框架却体现为相异的逻辑结构：浪漫反讽主张否定之否定的无限性与终极目标的理想性，这决定了其螺线式的逻辑思维形状；概念辩证法则强调否定之否定的肯定性结局，设定理念回归的同一，这使其理论模式呈现为圆圈。实践辩证法应该是何种逻辑形态？是趋向于概念辩证法，还是趋向于浪漫反讽？这个结果将决定马克思是否也是一位善于运用反讽的浪漫主义者。概念辩证法的闭合性使其自身对辩证法的实质无法贯彻到底，而马克思对概念辩证法结构性的"改造"，使实践辩证法在历史发展中成为辩证法较为全善的表征样式。因此，当马克思实践哲学规设了人类历史运动的无限性以及共产主义的无终结，我们可以这样认为，在某种程度上来说，这是实践辩证法向反讽的形式性趋同。

第一节 实践辩证法的本质

阿尔都塞在《保卫马克思》中指出，"（马克思）写了十部著作，又写了《资本论》这部巨著，但他从没有写关于辩证法的书"①，但是"这种辩证法，就在马克思的理论实践中存在着，并且在那里起作用。马克思在他的理论实践和科学研究中用以把他的'材料'加工成为认识的方法，正是马克思的辩证法"，"它的内容已经以实践状态存在于《资本论》和马克思的其他理论著作之中"。② 马克思对资本主义社会进行了具体分析，并将辩证法运用于政治经济学的研究之中，从而创立了《资本论》的方法论体系。可以说，从消除人的自我异化（私有财产）到实现自然主义与人道主义复归的共产主义，从对资本主义生产过程、流通过程，以及各种经济范畴的考察，任何一个过程无处不显现着辩证法的特质，我们可以将马克思的现代性危机的救赎方案看做是实践辩证法。马克思认为，虽然"辩证法在黑格尔手中神秘化了，但这决没有妨碍他第一个全面地有意识地叙述了辩证法的一般运动形式"③，尽管黑格尔的概念辩证法因只局限于一场思想内的风暴而遭到马克思的无情批判，但与反讽辩证法相比，黑格尔的辩证法不仅体现出了理论上的完善性与丰富性，而且他在法哲学中对辩证法的应用深深地启发了马克思。马克思延续了辩证法在其政治哲学中的使用，有所改变的是他将实践论作为辩证法坚持的立场，他所要求的是属人的辩证法。

一、批判性、否定性、革命性

马克思延续了黑格尔概念辩证法的否定性思维，认为实践活动是人的本源性的生命活动，人具有自由自觉创造性活动的本质，这决定了人是在对社会进行积极改造的过程中改造自身的，完成自我否定和自我超越的。"否定性"是人的生命自我生成与自我实现的呈现，正因为人的在场，因为人的否定性的生命本质，才使实践活动

---

① 路易·阿尔都塞：《保卫马克思》，顾良译，北京：商务印书馆2007年版，第165页。
② 同上书，第166页。
③ 《马克思恩格斯选集》第2卷，北京：人民出版社1995年版，第112页。

中人类社会的发展不能摒弃批判。马克思认为,辩证法的批判本质是"对现存事物的肯定理解中包含否定的理解,即对现存事物的必然灭亡的理解;它对每一种既成的形式都是从不断的运动中,因而也是从它的暂时性方面去理解"①,这是因为"辩证法的批判是对'思维和存在的关系问题'的批判性反思"②。因此实践辩证法之所以具有批判性,就是由于实践主体即人的存在,以及实践活动的内在运行规律。马克思指出,辩证法的否定性"使现存事物显得光彩",在其"神秘形式"上就成为了"时髦的东西",而在其"合理形态"上,却"引起资产阶级及其夸夸其谈的代言人的恼怒和恐怖,因为辩证法在对现存事物的肯定的理解中同时包含对现存事物的否定的理解,即对现存事物的必然灭亡的理解;辩证法对每一种既成的形式都是从不断的运动中,因而也是从它的暂时性方面去理解;辩证法不崇拜任何东西,按其本质来说,它是批判的和革命的"③。

二、理论实践与政治实践的融合

阿尔都塞认为,实践是一个包含着特殊性存在的复杂整体,社会实践不仅仅是指生产实践(使用生产资料,把实物作为原料加工成日常用品),还包括政治实践(把社会关系作为原料加工成新的社会关系)、意识形态实践(把人的"意识"作为原料加工成新的意识)与理论实践(把人的具体活动作为原料加工成科学真理)。而"理论本身是以(各门科学的)现有理论实践为出发点而制订的"④,因此理论也参与到实践活动的塑造之中,它"是一种特殊的实践,

---

① 孙正聿:《简明哲学通论》,北京:高等教育出版社2000年版,第168页。
② 同上。
③ 《马克思恩格斯选集》第2卷,北京:人民出版社1995年版,第112页。
④ 路易·阿尔都塞:《保卫马克思》,顾良译,北京:商务印书馆2007年版,第159页。

它作用于特殊的对象,并制造特殊的产品,即认识"①。援引列宁的话"没有革命的理论就没有革命的实践",阿尔都塞得出如下结论:马克思的政治实践需要有为实践充当基础的实践理论,理论对于"它帮助产生或发展起来的"以及"由它作为理论而加以总结的实践"是至关重要的。②马克思没有为我们留下一篇以理论状态存在的辩证法著作,而如果有这样的著作,它将是关于马克思理论实践的理论。但是,理论实践作为人的主体性的一种表现,它已内在于实践活动之中并以具体的形式展现了实践自身。马克思的实践辩证法所关涉的实践既是理论实践,又是政治实践,只是理论辩证法已经以实践的状态存在于马克思关于阶级斗争的政治实践中去了,理论辩证法在被实践整合与消融的过程中并未消失,任何缺乏这种融合的辩证法将不是真正的实践辩证法。而我们所要做的,就是要善于将实践认识上升为理论认识,并从中意识到理论辩证法在实践辩证法中的存在与地位。

三、属人性质的辩证法

不同于旧哲学所要解决的思维与存在的问题,马克思哲学的关注点在于如何调和实践与存在的关系。在黑格尔看来,人就是自我意识,但是马克思指出,黑格尔的自我只是"抽象地理解的和通过抽象产生出来的人"③,所以人的本质的异化就是自我意识的异化,"对异化了的对象性本质的全部重新占有,都表现为把这种本质合并于自我意识:掌握了自己本质的人,仅仅是掌握了对象性本质的自我意识"④。而在马克思看来,人是现实的存在物,"是肉体的、有

---

① 路易·阿尔都塞:《保卫马克思》,顾良译,北京:商务印书馆2007年版,第165页。
② 同上,第160、157页。
③ 马克思:《1844年经济学哲学手稿》,北京:人民出版社2000年版,第102页。
④ 同上书,第103页。

自然力的、有生命的、现实的、感性的、对象性的存在物"①，人的本质通过现实的、感性的对象而表现出生命，人的本质的异化就是现实对象物的异化。黑格尔辩证法的和解是通过人对精神的承认来实现，而马克思辩证法的和解需要人通过劳动在社会中占有自己的对象性本质，是人在实践中的创造性活动。在其辩证法运用的过程中，人的实践劳动是正题，异化劳动（劳动产品的异化、劳动过程的异化、类本质的异化、人与人之间关系的异化）是反题，共产主义是合题。马克思的实践辩证法就是人在改造对象世界中消除异化劳动从而实现自身自由的过程，也是无产阶级在资本主义社会消除私有财产从而实现共产主义的过程。

第二节 反讽与实践辩证法的"结构性改造"

马克思在《资本论》第一卷的后记中曾这样声明："我公开承认我是这位大思想家的学生，并且在关于价值理论的一章中，有些地方我甚至卖弄起黑格尔特有的表达方式。辩证法在黑格尔手中神秘化了……在他那里，辩证法是倒立着的。为了发现神秘外壳中的合理内核，必须把它倒过来。"② 恩格斯认为，概念辩证法"颠倒"的原因就在于：黑格尔的辩证法是思想的自我发展，事物的辩证法是它的"反光"。而马克思的"从商品到资本的发展"是现实中的具体的发展，黑格尔的"从存在到本质的发展"却具有抽象的结构。所以，概念辩证法与马克思的辩证法之间产生了"绝妙的对照"。③马克思在《资本论》中将辩证法应用于政治经济学中，就是把"概念的辩证法本身"看做"现实世界的辩证运动的自觉的反映"，而

---

① 马克思:《1844 年经济学哲学手稿》，北京：人民出版社 2000 年版，第 105 页。
② 《马克思恩格斯选集》第2卷，北京：人民出版社 1995 年版，第 112 页。
③ 同上书，第 714 页。

不是像黑格尔一样"把现实事物看做绝对概念的某一阶段的反映",这样概念辩证法就被"倒转"过来,"不是用头立地而是重新用脚立地"了。① 不难看出,传统的将马克思的实践辩证法看做是对黑格尔辩证法"颠倒"的观点,是在恩格斯的影响下得出结论的。马克思所说的剥离概念辩证法"神秘外壳"而独留其"合理内核"的方法,是否就是恩格斯所说的"颠倒"?阿尔都塞认为,这是恩格斯对马克思辩证法的误读。在他看来,马克思对黑格尔辩证法的"颠倒"从来不是头脚倒置的简单翻转,而是一场结构性的"改造"。借助于阿尔都塞对马克思辩证法与黑格尔辩证法关系的解构,我们可以发现,实践辩证法与反讽辩证法的诸多相似之处。我们并不否认,实践辩证法与概念辩证法的联系以及黑格尔对于马克思的影响,而是尝试论证,马克思以"颠倒"的方式对概念辩证法进行的"改造",更接近于一场向反讽辩证法的还原。

一、"颠倒"还是"改造"

阿尔都塞认为,马克思在其思想发展中存在着一个"认识论的断裂",《德意志意识形态》作为分界点将马克思思想分为"意识形态阶段"与"科学阶段"。博士论文、《黑格尔法哲学批判》、《〈黑格尔法哲学批判〉导言》、《1844年经济学哲学手稿》、《神圣家族》等为"意识形态阶段"即马克思青年时期的著作,《共产党宣言》、《哲学的贫困》、《工资、价格和利润》等为"科学阶段"中马克思成长时期的著作,而《〈政治经济学批判〉导言》与《资本论》等为"科学阶段"中马克思成熟时期的著作。阿尔都塞对马克思的思想发展与著作进行严格的划分,是为将"颠倒"阐释成"改造"作

---

① 参见《马克思恩格斯选集》第4卷,北京:人民出版社1995年版,第243页。

准备的。青年时期的马克思对黑格尔法哲学进行了批判，并在《1844年经济学哲学手稿》中将这种批判扩展至黑格尔的辩证法与整个哲学。阿尔都塞认为，在费尔巴哈影响下，此时的马克思对黑格尔辩证法的批判"实际上是要用费尔巴哈的假唯物主义把黑格尔的唯心主义'颠倒'过来"[①]，"就其理论原则而言，无非是费尔巴哈对黑格尔多次进行的杰出批判的重复、说明、发挥和引申"[②]。所以，我们不应该将马克思青年时期对黑格尔的批判等同于其在《资本论》中所说的"倒过来"。因为，成熟时期与青年时期的马克思思想存在着断裂，《1844年经济学哲学手稿》不足以表达成熟时期马克思的思想，不足以说明马克思如何倒转黑格尔的辩证法。而1845年后，马克思成熟时期的著作才是真正的"同自己的过去决裂的思想"，以及"对自己以往的全部理论前提"即"黑格尔和费尔巴哈，以及意识哲学和人本学哲学的各种形式"的批判。[③] 研究马克思对黑格尔辩证法"颠倒"的本意，只有在其"科学阶段"的著作中寻找论据，才会避免"把马克思对黑格尔的批判同费尔巴哈对黑格尔的批判混淆起来"。但马克思为获取黑格尔哲学的"合理内核"而剥去其"神秘外壳"的方法，是否就如恩格斯所言的将概念辩证法"用头立地"改为"用脚立地"的颠倒？阿尔都塞把这看做费尔巴哈曾作的努力，而不适用于已脱离了人本学阶段的马克思。他认为，马克思真正做的是超越黑格尔基础上的对概念辩证法结构性的"改造"。

在阿尔都塞看来，受恩格斯的影响，人们往往将"神秘外壳"视为黑格尔的思辨哲学，将"合理内核"视为概念辩证法，"倒过来"即是"被剥去了它的唯心主义外壳"，"从黑格尔那里把辩证法

[①] 路易·阿尔都塞：《保卫马克思》，顾良译，北京：商务印书馆2007年版，第18页。
[②] 同上书，第20页。
[③] 同上书，第19页。

拿来，把它运用于生活，而不是把它运用于观念"①，"颠倒"即是辩证法的祛魅与含义的颠倒。阿尔都塞认为，"颠倒"说并不能真正触动辩证法，"倒过来"只是一种"象征"或"比喻"，谁也"不能想象黑格尔的辩证法一旦被'剥去了外壳'就可以奇迹般地不再是黑格尔的辩证法而变成马克思的辩证法"②了。阿尔都塞指出："事情并不像恩格斯后来的某些说明能使人想象的那样。神秘外壳根本不是思辨哲学、'世界观'或'体系'，不是一种可被认为同方法相脱离的成分，而是本身就属于辩证法。"③马克思在《资本论》中曾有明确表达"辩证法在黑格尔手中神秘化了"④，据此我们可以这样认为，"神秘外壳"不仅是指思辨哲学，而且也是指一种内在于辩证法并与其自身同质的神秘形式。所以，去除"神秘外壳"不仅是要脱离黑格尔的思辨哲学体系，更是要深入到辩证法结构内部，破除内核的神秘方面。把"倒过来"当做对辩证法含义简单的颠倒，其实只是"用相同的方法去研究不同对象的性质"⑤，即将黑格尔观念世界中的辩证形式应用于马克思的现实世界。正如列宁所说，这就是把辩证法直接贴在了现实上。阿尔都塞认为，应该从辩证法本身出发去研究辩证法的性质，马克思的实践辩证法是在特殊结构上实现了对黑格尔概念辩证法的超越，这是另一种意义上的改造。

二、"改造"还是反讽还原

阿尔都塞认为，实践辩证法对概念辩证法的改造体现在辩证法的"规定性"和"特有结构"方面，因此"黑格尔辩证法的一些基

---

① 路易·阿尔都塞：《保卫马克思》，顾良译，北京：商务印书馆2007年版，第78页。
② 同上书，第79页。
③ 同上。
④ 《马克思恩格斯选集》第2卷，北京：人民出版社1995年版，第112页。
⑤ 路易·阿尔都塞：《保卫马克思》，顾良译，北京：商务印书馆2007年版，第80页。

本结构，如否定、否定之否定、对立面的同一、'扬弃'、质转化为量、矛盾等等，到了马克思那里就具有一种不同于原来在黑格尔那里的结构"①。在多元决定的矛盾观、既定的有结构的总体观两方面，马克思与黑格尔体现出了不同，阿尔都塞也是从这两方面入手，分析了马克思对黑格尔辩证法的改造。

列宁在《论我国革命》中将革命看作多种矛盾作用的结果：俄国作为帝国主义链条上最薄弱的环节积累了过多的历史矛盾，这些在产生原因、意义、活动场合、范围等方面各不相同的矛盾集合在一起，因各自特有的本质、效能、现状以及活动方式而形成了一个"促使革命爆发的统一体"。但这些矛盾"并不作为一个简单矛盾的内在统一体中的简单现象而'消失'"②，它们不仅同社会机体结构的"存在条件"和"制约领域"无法分离，并在自身内部兼受其它矛盾的影响，也就是说，矛盾"在同一项运动中既规定着社会形态的各方面和各领域，同时又被它们所规定"。通过对列宁关于俄国革命爆发原因分析的研究，阿尔都塞得出马克思唯物史观中的矛盾具有"多元决定"的本质。

这样看来，革命过程中的矛盾并不是黑格尔辩证法中的矛盾。黑格尔在精神哲学中对意识发展过程中的矛盾作了细致的规定，任何意识都具有一个过去形式与包含着潜在世界的现在形式，意识的过去形式虽然已被扬弃，并作为"过去在现在中的回音"、"预期"与"暗示"展示着"未来的内在本质"，但它从"不是在意识之外的一种真正的决定因素"。③ 这种矛盾形式也体现在其历史哲学中，历史社会虽然是由"政治、风俗、习惯、金融制度、贸易制度、经济制度、艺术、哲学、宗教等无数具体决定因素所构成的"一个有

---

① 路易·阿尔都塞：《保卫马克思》，顾良译，北京：商务印书馆2007年版，第81页。
② 同上书，第88页。
③ 同上书，第90页。

机总体，但是"任何一种因素在其本质上都不是其他因素的外在因素"①。所以，阿尔都塞指出，黑格尔辩证法中矛盾的"复杂性不是真正多元决定的复杂性，它只是徒具多元决定的外表，实际上却是内在化的累积"②，其复杂、多元的现象在原则上可以被归结为一个简单的内在本原，概念辩证法发生的只是"千篇一律"的辩证变化，其矛盾观是一元决定的。

马克思辩证法中矛盾的特殊结构在历史实践中以多元决定的形式出现，这是他与黑格尔在矛盾观上的不同。恩格斯曾在致约·布洛赫的信中对马克思的矛盾观进行了说明。他认为，存在于现实生活中的生产和再生产是历史过程中的决定性因素，但不是唯一的决定性因素，"对历史斗争的进程发生影响并且在许多情况下主要是决定着这一斗争的形式的，还有上层建筑的各种因素"③。历史是在起决定性的"经济前提和条件"以及"政治等等的前提和条件"的共同作用下被创造的，这是一个"许多单个的意志""相互冲突"的过程，其中每一个意志又各自受到"许多特殊的生活条件"的影响与制约。恩格斯作了一个形象的比喻，将各种相互交错的力量看做"无数个力的平行四边形"，历史结果即为这些平行四边形的"合力"，它是"作为整体的、不自觉地和不自主地起着作用的力量的产物"。④ 因此，在马克思的实践辩证法与唯物史观中，各因素的排列、实质和地位并不是固定不变的，各因素间的关系也不是受单一的含义规定的，相比于黑格尔将简单的内在本源作为决定因素的一元决定的矛盾观，实践辩证法中的矛盾具有多元决定的本质。

马克思对黑格尔辩证法另一方面的改造体现在总体观上，不同

---

① 路易·阿尔都塞：《保卫马克思》，顾良译，北京：商务印书馆2007年版，第90页。
② 同上书，第89页。
③ 《马克思恩格斯选集》第4卷，北京：人民出版社1995年版，第696页。
④ 同上书，第697页。

于黑格尔将整体看做一个简单的原始的统一体,他认为总体是一个既定的、具体的、生动的、有结构的整体。可以看出,两者的总体观完全不同,马克思的总体观不是颠倒后的黑格尔的总体观,而是前者对后者进行了完全的改造。黑格尔的模式是,简单的原始统一体二元分裂为对立的自身与自身的异化存在,对立面互为抽象并对原始统一体构成否定,只有对立面重新取得原有的统一,新的简单的统一体才会出现。由于新的统一体是在对立面否定的否定基础上得出的,所以它比原始统一体具有更加丰富的内容、更加具体的形式,但是原始统一体统一、分裂、异化、对立、抽象、扬弃、重归统一的过程仍是在其自身内部发生的,是一个结局与根源吻合的圆圈,所以这种新的丰富、具体的统一体仍只具有原始统一体的简单性。马克思完全改造了黑格尔辩证法的"母体",并以有结构的复杂的统一体取而代之。他认为,黑格尔的过错在于"把实在理解为自我综合、自我深化和自我运动的思维的结果"①,黑格尔从抽象到具体的方法只是"思维用来掌握具体、把它当做一个精神上的具体再现出来的方式"②,这其实并不是产生具体的有效方式。马克思以经济范畴为例指出,总体是一个"具体的、生动的既定整体"③,具体总体虽然是思维着的、自我产生的概念的产物,但却没有脱离直观与表象,它正是直观和表象加工成概念过程中产生的结果。马克思的总体观不是根源与结局吻合的圆圈,他认为"具体之所以具体,因为它是许多规定的综合,因而是多样性的统一"④,所以总体"在思维中表现为综合的过程,表现为结果,而不是表现为起点"⑤。每一个简单的过程都是复杂结构中的一个部分,新的具体的统一体已

---

① 《马克思恩格斯选集》第2卷,北京:人民出版社1995年版,第18页。
② 同上书,第19页。
③ 同上。
④ 同上书,第18页。
⑤ 同上。

不是原始统一体,而是一个历史过程的结尾,体现在实践中即为一个复杂的社会结构的产物。

以多元决定的矛盾观取代一元决定的矛盾观,以既定的、具体的、复杂的、有结构的总体取代简单的总体,阿尔都塞将以上两点看做马克思的实践辩证法对黑格尔概念辩证法改造的两个方面。通过比较,我们也确实发现马克思对黑格尔辩证法的改造不是简单的"颠倒"。在对反讽辩证法与概念辩证法进行比较后,反讽辩证法被我们确认为在苏格拉底反诘法基础上发展而来的具有无限否定性、周而复始总体性与多元性的方法,其目标为向理想的趋近;概念辩证法也承认其苏格拉底来源,但却表现出肯定性、绝对完整性及一元性的本质,其目标为概念与客观性绝对统一条件下理念的实现。在以往研究成果的基础上并借助阿尔都塞的观点,再对实践辩证法与反讽辩证法进行进一步的比较,我们可以发现实践辩证法表现的多元决定性与复杂总体性正是反讽辩证法所特有的特征。

当然,据此就确定实践辩证法为反讽辩证法仍然会受到质疑,但我们不能否认阿尔都塞的"根本改造"说更接近于马克思将实践辩证法向反讽辩证法的还原。为了证明反讽还原说的成立,论证实践辩证法的无限否定性以及目标的理想性是一项必须完成的工作,而其实这两个余下尚待被证明为实践辩证法属性的反讽辩证法特征,完全可以从阿尔都塞的"根本改造"中引申出来。

三、终结的理念还是无限中的理想

在对马克思与黑格尔的总体观进行对比中,我们得出黑格尔的辩证法是一个经原始统一体分裂、异化、对立、否定之否定、扬弃、新的统一体与原始统一体复合的过程,这是一种具有肯定性的否定。黑格尔以绝对理念作为思维的规定和规律发展过程的完结,以绝对知识作为精神形成形态运动的完结,将概念辩证法贯穿于逻辑学、精神哲学之中，将哲学的每一部分都看作一个哲学全体，一个小圆圈，诸多小圆圈作为必然的环节打破自身特殊因素的限制建立成一个大圆圈，即整个哲学。它自己创造、提供自己的对象，"哲学开端所采取的直接的观点，必须在哲学体系发挥的过程里，转变成为终点，亦即成为最后的结论。当哲学达到这个终点时，也就是哲学重新达到其起点而回归到它自身之时"①。黑格尔也将这套理论应用于历史哲学的逻辑演绎中，绝对理念作为思维的最高发展阶段以国家的形式在现实中表现出来，世界历史便以理性国家的建立终结了。

首先对黑格尔哲学体系的辩证性进行反思的是恩格斯，在《路德维希·费尔巴哈和德国古典哲学的终结》中，他通过分析现实的都是合乎理性的这个命题，得出黑格尔哲学具有革命的性质。其革命性即体现在，黑格尔承认合乎理性的现实的东西也应是必然的，随着时间的推移，凡是人类历史中现实的东西都会成为不合乎理性的，并被合乎理性的东西所取代。历史的每一阶段对其发生的那个时代、那个条件来说是必然的，但对于更新的时代与更高的条件来说，它就成为过时的、无理由的了，而这个更新、更高的阶段也必将衰亡，并再被取代。但黑格尔哲学的革命性却被其绝对真理的教条内容所掩盖了，他将绝对理念作为哲学体系的终点与起点，认为历史的完成即是达到对绝对理念的认识，而这种认识已然在其哲学体系中完成了。恩格斯认为："黑格尔体系的全部教条内容就被宣布为绝对真理，这同他那消除一切教条东西的辩证方法是矛盾的。"② 可见，恩格斯不仅不把黑格尔肯定的辩证法看做是彻底辩证的，而且还认为它有悖于辩证的原则。因此，认为马克思的实践辩证法来源于黑格尔概念辩证法的观点是过于武断的。

受黑格尔哲学体系影响，福山把黑格尔和马克思归入同一队伍，

---

① 黑格尔：《小逻辑》，贺麟译，北京：商务印书馆1980年版，第59页。
② 《马克思恩格斯选集》第4卷，北京：人民出版社1995年版，第218页。

并认为两者的理论均将导致历史的终结,之后历史便不再发展。黑格尔历史终结论的结果在于其概念辩证法不完善的结构,但是,马克思并不把资本主义社会看做完结,他明确宣称,当多种矛盾在生产资料和劳动与它们赖以生存的资本主义之间无法相容时,"资本主义私有制的丧钟将要敲响"。马克思也未将共产主义社会作为历史的终结,福山明显曲解了马克思的本意。马克思并未对自由王国中人类历史的发展形态作进一步的表述,但从他将共产主义设为真正的人类历史的起点来看,历史的发展将是一个具有无限性的过程。

仍然回到反讽辩证法与概念辩证法的比较中来,概念辩证法是带有肯定性的否定,并将理念的自我复归作为目标,而反讽辩证法却具有无限的否定性,将虚幻的理想作为目标。通过论证,马克思实践辩证法的无限性以及向目标无限趋近的理想性突显出来,与前两者相比,实践辩证法的无限性与目标理想性更像是反讽辩证法的本质的另一种表达。

综上所述,马克思的实践辩证法具有矛盾的多元决定性、复杂的总体性、否定的无限性与目标的理想性等本质,与黑格尔概念辩证法的一元性、简单总体性、带有肯定的否定性与理念目标相比,马克思完全是对后者辩证法结构的改造。而马克思不知道的是,这种改造的结果却与反讽辩证法的多元性、复杂整体性、无限的否定性以及目标的虚幻性等本质相似。我们可以说,马克思对黑格尔概念辩证法的改造就是无形中的向反讽辩证法的还原,而实践辩证法即为反讽辩证法在历经概念辩证法的完善后在现实中的表现形式。

第三节 反讽结构的样式与马克思实践辩证法的旨趣

辩证法作为一种理论思维方式最初存在于古希腊哲学中,它以苏格拉底的词语反诘法为根本形式。古希腊辩证法因德国早期浪漫派与黑格尔的相互论战,而被有选择性地分别引入到浪漫主义与理性主义两个不同的理解向度,浪漫反讽与概念辩证法可以说是这两种哲学理论形态的不同呈现。外观上看,对古希腊辩证法的认同、借用与引申,使得两者具有了某种逻辑关联与相似的理论旨趣。但从实质上分析,反讽与概念辩证法却表现出相异的逻辑结构。恩格斯的观点是,黑格尔的概念辩证法因将绝对理念作为理论终点而违背了辩证法的原则,所以并不具有辩证的彻底性。在打破黑格尔体系的"教条内容"时,作为马克思实践哲学核心内容的实践辩证法是在对黑格尔概念辩证法"颠倒"的基础上完成的,从某种程度上来说,实践辩证法应该被看做是对概念辩证法的"祛魅"、修正与延续。阿尔都塞将此"颠倒"归结为一次"结构性的改造",这种"改造"的结果使实践辩证法具有了与概念辩证法完全不同的理论关注点与"形状"。这一相异现象的体现是,相对于比照注重理念绝对回归的"圆圈"式概念辩证法,马克思实践辩证法的理论结构与浪漫反讽注重否定过程的"螺旋"式思维形态更加相似。

一、借用与引申:从反诘法到浪漫反讽与概念辩证法

弗·施莱格尔与黑格尔在各自的理论形成过程中,均有一个对古希腊哲学研究倾注的阶段。同时,在两者共处的思想时代里,费希特—谢林哲学正盛,其理论成型又不能不受到主观唯心主义、同一哲学的影响。历史事实是,浪漫反讽与概念辩证法是在源于苏格拉底反诘法结构的理论基础上,在费希特—谢林哲学的影响下使理论得以最终"成型"的。历经古希腊罗马、近代哲学到德国古典哲学的不同时期,一种在雅典城邦被视为"自我诘难"的谈话技艺成为施莱格尔与黑格尔可资发挥的理论资源,并被赋予了思维逻辑的形式。以费希特—谢林哲学为中介,施莱格尔与黑格尔实现了对反诘法形而上学意蕴的提升。可以说,共有的理论渊源使浪漫反讽与

概念辩证法继承并分有了苏格拉底反诘法的"螺旋"形态，相同的时代哲学主题使两者具有了相似的研究旨趣。但不同的哲学立场将施莱格尔与黑格尔对反诘法的提升引入了不同的向度，产生了逻辑结构的差异。

从早期希腊哲学到柏拉图对话中的苏格拉底，辩证法由对世界本原的探讨过渡为某种通达至善的对话。无论是现象世界中万物的流变，还是城邦生活中对真理的推演，"否定"的运动状态成为辩证法最核心的本质。辩证法的逻辑结构呈现为"螺旋"，即后一个逻辑过程是对前一个逻辑过程的否定，前一个论证圆圈尚未封闭，其结尾就作为新的起点开启另一个论证周期了，以此循环往复。辩证法"螺旋"式的否定结构在苏格拉底的反诘法中得到最为充分的体现，反诘法主张"在辩论中佯装无知，接受对方的结论，然后用发问方法逐步引到相反的结论而驳倒对方"①，在提问的紧迫性与回答的内在差异中形成某种开阔的张力，进而向真理无限趋近。通过对于交谈者的颂扬、吹捧以及故意的自我菲薄，苏格拉底营造了一场掩盖着真才实学的无知假象。他注重否定的过程，而不关心对话的结局，其真实目的是在希腊精神与城邦生活的关系中，建立起"审判并判决希腊文化的法庭"，摧毁既存世界中的"暂时真理"，使现象（暂时真理）与本质（被掩盖的真实）的矛盾状况得以揭示。② 因此，"苏格拉底是没有任何确定的体系的。他不仅没有任何确定的体系，而且也没有任何肯定性"③。反诘法就是无限的否定的对话过程，是螺旋状的语言逻辑的展现。

马克思认为，反诘法在施莱格尔对苏格拉底哲学主观主义的承

---

① 柏拉图：《柏拉图全集》第 2 卷，王晓朝译，北京：人民出版社 2003 年版，第 287 页见译者注。

② 索伦·奥碧·克尔凯郭尔：《论反讽概念：以苏格拉底为主线》，汤晨溪译，北京：中国社会科学出版社 2005 年版，第 183 页。

③ 同上书，第 184 页。

继中发生了嬗变，由一种表现为苏格拉底身上的"讥讽（反讽）的人、哲人的形式"提升到被施莱格尔所确定的"当做某种哲学而提出来的""一般内在形式"。① 施莱格尔视反诘法为反讽的雏形，并在其理论表述中将苏格拉底城邦生活中的"对话"转化为哲学逻辑中的"断片"，将保持双方自由的反诘法诠变为以实现自身自由为唯一目的的浪漫反讽，他是"从真正苏格拉底反讽的鲜明特点出发的，并在自己的反讽中部分地保留了这些特点"，同时从"形式上作了重大改造"。② 在对反讽进行浪漫化处理中，施莱格尔还"将相当多剂量的费希特主观主义注入了苏格拉底反讽，从而根本改变了其历史实质"③，费希特关于"自我"、"有限"与"无限"的意识内在发展思想因此而与苏格拉底反讽得以融合。其结果是，施莱格尔使苏格拉底反讽中的否定性被抽象至形而上学的维度，同时在逻辑思维中确立了"自我"的最大主观性，由此，反讽的理论重心发生了由现象—本质向有限—无限、客体—主体的偏移。但是，费希特哲学止步于"自我当在"却不趋求"自我存在"，这招致了施莱格尔的批判："哲学的发展过于笔直"④。施莱格尔没有能力将其批判思想发展成为完整的哲学体系，当谢林哲学以"绝对同一"原则"完美地描述了哲学思辨的这个化学过程"⑤ 时，他才感到立场的被确证。施莱格尔认为，在自我设定自我与非我的对立之后，还存在一个消除对立、重建自身的阶段，自我生成与自我消灭的辩证过程将无限

---

① 《马克思恩格斯全集》第40卷，北京：人民出版社1982年版第139页。
② 加比托娃：《德国浪漫哲学》，王念宁译，北京：中央编译出版社2007年版，第101页。
③ 同上书，第99页。
④ 施勒格尔：《浪漫派风格——施勒格尔批评文集》，李伯杰译，北京：华夏出版社2005年版，第65页。
⑤ 同上书，第88页。

持续。所以,"反讽就是悖论的形式"①,这种悖论具体表现为"自我创造与自我毁灭的经常交替",自我限制与自我解脱的循环往复,它"包含并激励着一种有限与无限无法解决的冲突"。②浪漫反讽主张"自我"与"非我"的双重活跃,两者应在包含着差别的统一与保持着统一的差别中,在肯定的同一与否定的对立之间维持循环。因此,反讽虽然有对肯定的趋近,却带有无限的否定性的本质,这决定了主体意识发展的终点不是向起点简单的复归,而是作为新的起点开始意识下一次的发展过程,并向终极目标无限趋近。反讽主体对整体性的趋求"不涉入绝对的空间,只处于对绝对的永久渴念之中"③,即"认识整体性的道路不是一条直线,而是圆圈"④,这与苏格拉底反诘法的"螺旋"形态是同构的。但正如黑格尔的批评一样,浪漫反讽只带有主观的性质,是"精神行为的最高方式"⑤,这种主体的"游戏""虚幻"而"伪善","只停留在想望仰慕的阶段,没有达到实体性的东西"⑥。因而可以说,浪漫反讽虽然分有了反诘法的螺旋形态,却因只局限于主观精神领域而抹杀了苏格拉底反讽深入现实的立体性,其逻辑结构呈现为平面构图中的"螺线"。

在黑格尔看来,苏格拉底反诘法一方面表现为否定的对立命题,另一方面在"真理"对"习俗"、"本质"对"现象"、"主观自由"对"客观自由"的把握中蕴含着抽象概念与具体概念,即普遍与一

---

① 施勒格尔:《浪漫派风格——施勒格尔批评文集》,李伯杰译,北京:华夏出版社2005年版,第50页。
② 同上书,第50、65、57页。
③ 曼弗雷德:《弗兰克.德国早期浪漫主义美学导论》,聂军等译,长春:吉林人民出版社2006年版,第280页。
④ 弗·施莱格尔:《1804—1806年哲学讲演录》第2卷,第407页;加比托娃:《德国浪漫哲学》,王念宁译,北京:中央编译出版社2007年版,第24页。
⑤ 黑格尔:《哲学史讲演录(第2卷)》贺麟、王太庆译,北京:商务印书馆1996年版,第55页。
⑥ 同上书,第335—338页。

般的辩证矛盾。在以苏格拉底为主要人物的柏拉图哲学中,"辩证法第一次以自由的科学的形式,亦即以客观的形式出现"了①。但是深入伦理生活的苏格拉底对话却"不是真正的思辨哲学,而仍然是一种个人的行为"②。黑格尔摄取了反诘法的辩证因素,并在谢林、施莱格尔哲学的熏染下,完成了思辨哲学体系的建构。黑格尔的概念辩证法是一个经原始统一体、分裂、异化、对立、否定之否定、扬弃、新的统一体与原始统一体复合的过程,具体展现为,简单的原始统一体产生二元分裂,自身与自身的异化对原始统一体构成否定,只有对立面重新得到统一,新的统一体才会出现。由于新的统一体是在否定对立面的否定基础上得出的,所以它比原始统一体具有更加丰富的内容、更加具体的形式。黑格尔追求绝对的整体性,规定"哲学开端所采取的直接的观点,必须在哲学体系发挥的过程里,转变成为终点,亦即成为最后的结论。当哲学达到这个终点时,也就是哲学重新达到其起点而回归到它自身之时"③。这决定了黑格尔的哲学体系是一个闭合而完满的圆圈。但这个圆圈并不是简单的圆周运动,它由诸多小圆圈构成。概念辩证法因贯穿于黑格尔的逻辑学、精神哲学、历史哲学之中而使哲学的每一部分都变为一个小圆圈,为了最终的大圆圈的建立,诸多小圆圈作为必然的环节必须打破自身限制而设定裂口以维持小圆圈间的过渡。可以说,在达到完满、无限的大圆圈之前,概念辩证法的运行过程即由有限的并存在裂口的小圆圈衔接而成,这是一种"螺旋"形态。由此可以这样认为,概念辩证法秉承了苏格拉底辩证法的"螺旋"结构,但对思维逻辑终点回归起点的绝对要求使其放弃了苏格拉底辩证法的开放

---

① 黑格尔:《小逻辑》,贺麟译,北京:商务印书馆1980年版,第178。
② 黑格尔:《哲学史讲演录》第2卷,贺麟、王太庆译,北京:商务印书馆1996年版,第48页。
③ 黑格尔:《小逻辑》,贺麟译,北京:商务印书馆1980年版,第59页。

性而故步自封于局限与保守，其逻辑结构呈现为由"螺旋"轨迹组成的闭合的"圆圈"。

二、逻辑异同与辩证法的彻底性

浪漫反讽与概念辩证法共同"脱胎"于苏格拉底对话，并受费希特—谢林哲学影响而共涉意识内在发展的哲学主题，对古希腊辩证法"螺旋"形态的分有以及相似的"成型"过程使两者具有了相似的理论旨趣。其共有的逻辑特征在于，两种理论形式均将绝对存在设为终极目标，均"以自己特有的手段即否定性来矫正有限世界（黑格尔称之为'理性世界'）的否定性"，均在消解"自足的有限性的假象"中构成了"有限世界"各个部分"相互间的交替否定关系"，[①] 均使逻辑思维的复归运动具有了周而复始的无限性。但浪漫反讽与概念辩证法的逻辑结构最终呈现出"螺线"与"圆圈"的差异，这源于施莱格尔与黑格尔哲学立场与理论重心的不同。

启蒙运动构成了施莱格尔与黑格尔思想产生与形成的背景与语境，前者作为德国早期浪漫派的领军人物，后者作为德国古典哲学的集大成者，两者分处于浪漫主义与理性主义的不同立场。对于启蒙导致的理想与现实的二元分裂，施莱格尔与黑格尔采取了不同的批判方式。浪漫派崇尚宗教改革前的中世纪社会，渴望"黄金时代"的到来，主张在审美、抒情的直观与体验中克服抽象理性主义的僵化与局限，以艺术代替启蒙教育使人性达至至善。这使其消除现代性危机的途径表现为，在思维逻辑中确保主观性的最大化，在纯粹的内心自省中实现精神的绝对自由。因此，排斥受理性支配的现实世界也就成为浪漫主义消除世界二元分裂的必然结果了。黑格尔将

---

① 曼弗雷德·弗兰克：《德国早期浪漫主义美学导论》，聂军等译，长春：吉林人民出版社2006年版，第279页。

国家看作绝对精神实体化的体现，主张以思辨理性完善启蒙理性，不同于浪漫派对现实的抛弃与摧毁，他承认精神异化、纯粹识见、教化世界的合理性，而将启蒙后二元分裂、碎片化的现代世界看作理念获得丰满、世界整体性得以重建的必经环节。因此，黑格尔哲学必然涉及现实。这决定了浪漫主义相比照思辨理性主义具有更高的理想性，浪漫反讽相比照概念辩证法具有更强烈的主观性。浪漫派对现实的逃避以及黑格尔对现实的关注使其各自的理论逻辑结构呈现出平面式与立体式的不同形态，相比浪漫反讽"螺线"式的平面构图，黑格尔哲学"圆圈"的"螺旋"轨迹使概念辩证法的立体性突显出来。

  浪漫反讽与概念辩证法虽然均有对终极目标的预设，但是两者的理论重心却明显不同。浪漫反讽的终极目标是理想，理想的实现并不陷于绝对，"理念就是一个完善到反讽境界的概念，就是绝对反题的绝对综合、两个争论不休的思想之间不停的自我创造着的转换"①，无限性是在对"有限"的绝对否定中展现的。因此，绝对存在与理想王国必然只存在于渴念之中，浪漫反讽的理论重心不在于关注终极目标的合法性，而在于反讽主体消除有限、排斥现实的否定过程。概念辩证法的终极目标是理念，理念作为"自在自为的真理，是概念和客观性的绝对统一"②，"完全没有概念和实在性的同一的东西，就不可能有任何存在。……与概念相矛盾的东西，因此即是自己走向毁灭的东西"③。黑格尔追求绝对的整体性，"哲学开端所采取的直接的观点，必须在哲学体系发挥的过程里，转变成为终点，亦即成为最后的结论。当哲学达到这个终点时，也就是哲学

---

  ① 施勒格尔：《浪漫派风格——施勒格尔批评文集》，李伯杰译，北京：华夏出版社2005年版，第72页。
  ② 黑格尔：《小逻辑》，贺麟译，北京：商务印书馆1980年版，第397页。
  ③ 同上书，第399页。

重新达到其起点而回归到它自身之时"①。"而无限性是在经历了双重否定后的纯粹肯定思想中获得的"②。所以，理念、绝对精神与理性国家的真理性存在于实在与观念的符合中，概念辩证法因承认有限性、现存世界的合理性，而将理论重心置于理念的复归上。反诘法、反讽与概念辩证法都力图达到主体的自由，苏格拉底对"崇高"的追求与施莱格尔对"绝对"的渴念同样注重无限的否定的过程，这决定理论自身没有构成体系的可能，两者同是主体的一种无闭合、无终结、"螺线"状的非系统性活动，只是存在于城邦生活与主观精神的不同领域；而概念辩证法注重双重否定后的肯定结果，虽然黑格尔继承了苏格拉底反诘法深入伦理生活的现实性，但其理念自我确证的严谨路径决定了主体活动的系统性，它呈现为绝对闭合的"圆圈"形态，理念在其中达到无限，也达到了终结。

　　浪漫反讽的主观性与非系统性被黑格尔视为辩证法的不完善形态而被加以批驳。黑格尔批判浪漫反讽是对费希特哲学极端发展的结果，是丧失了实体的主观性哲学。反讽主体把生命的运动归结于天才的臆想，视"一切客观的自在自为的东西都是虚幻的"③，它以消除实在为手段无限抬高个体的自由，仅保留"自我"的主体性价值。这就使"自我"在"自我欣赏"中陷于矛盾，既有对实体的渴求，又无法摆脱"抽象的内心生活"，主体的"空洞无聊"、"病态的心灵美"和"精神上的饥渴病"也就产生了。黑格尔称这是"滑稽原则"（反讽原则），是不严肃的态度，是"恶"，因为"自我""没有什么意识内容是绝对的和自为自在的，而只显现为由我自己创

---

① 黑格尔：《小逻辑》贺麟译，北京：商务印书馆1980年版，第59页。
② 同上书，第172页。
③ 黑格尔：《美学》第1卷，朱光潜译，北京：商务印书馆2008年版，第83页。

造并且可以由我自己消灭的显现（外形）"①。而真正的严肃的态度却关涉"有实体性的旨趣"与"本身有丰富内容的东西"，"自我"的全部知识和行动只有与这种客观内容相配合，才会具有实体性。因此，浪漫反讽"任性"而"一切皆空"，绝对的无限的否定并不是辩证法的"真无限"。在与谢林的通信中，黑格尔曾经提出，1801年施莱格尔在耶拿的讲演暴露了其哲学理论上的不成熟与不系统。同时，他"多才多艺"却"涉猎浅薄"，没有能力将其思想汇集成为完整的反讽哲学体系，其哲学家的身份也应该遭到质疑。而施莱格尔则指出，黑格尔关于费希特与谢林哲学体系差别的观点是将费希特哲学引入了糟糕的境地。从1815年施莱格尔着手对黑格尔的《逻辑学》予以批判开始，直到其1829年辞世，施莱格尔一直持守这一批判立场没有改变。②两者从未就浪漫反讽与概念辩证法之间的理论争执达成和解。耶拿时期的黑格尔与施莱格尔相比理论观点仍然稍显稚嫩，但德国早期浪漫主义哲学的式微却伴随着黑格尔哲学的逐渐辉煌。这一精神事件所带来的后果是，理性主义的光芒遮蔽了浪漫主义的萤光，概念辩证法相比浪漫反讽更具完善性与合理性这一评断逐渐成为了约定性思维，诸多学者抹杀了浪漫反讽的辩证方面，而将思辨体系看做对辩证法最全善、最系统的贯彻。

然而，黑格尔在对浪漫反讽的完善中并未将辩证法的"螺旋"结构贯彻到底，概念辩证法最终要达到的是一个整全的"圆圈"，这正是其哲学体系的保守性所在。恩格斯曾对黑格尔思辨哲学的辩证性进行了反思。通过分析"现实的都是合乎理性"的这个命题，恩格斯得出黑格尔哲学具有革命与保守的双重性质。其革命性体现在，黑格尔承认合乎理性的现实的东西也应是必然的，随着时间的推移，

---

① 黑格尔：《美学》，朱光潜译，北京：商务印书馆2008年版，第82页。
② 加比托娃：《德国浪漫哲学》，王念宁译，北京：中央编译出版社2007年版，第80页。

凡是人类历史中现实的东西都会成为不合乎理性的，并被合乎理性的东西所取代。历史的每一阶段对其发生的那个时代、那个条件来说是必然的，但对于更新的时代与更高的条件来说，它就成为过时的、无理由的了，而这个更新、更高的阶段也必将衰亡，并再被取代。但黑格尔哲学的革命性却被其绝对真理的教条内容所掩盖了，他将绝对理念作为哲学体系的终点与起点，认为理念的完成即是达到对绝对理念的认识，而这种认识已然在其哲学体系中完成了。黑格尔将这套理论应用于历史哲学的逻辑演绎中，绝对理念作为思维的最高发展阶段以国家的形式在现实中表现出来，世界历史便以理性国家的建立终结了。恩格斯认为："黑格尔体系的全部教条内容就被宣布为绝对真理，这同他那消除一切教条东西的辩证方法是矛盾的。"① 可见，恩格斯不仅不把黑格尔肯定的辩证法看作是彻底辩证的，而且还认为它有悖于辩证的原则。概念辩证法的不彻底性在马克思的实践辩证法中得以克服，阿尔都塞将其看做一场结构性的改造，这造就了实践辩证法向浪漫反讽结构的形式性趋同。

三、马克思实践辩证法与浪漫反讽的形式性趋同

实践辩证法具有何种思维表象？若其源于对概念辩证法简单的翻转，是否意味着它保留了"圆圈"式的逻辑结构？马克思曾这样声明："我公开承认我是这位大思想家的学生……辩证法在黑格尔手中神秘化了……在他那里，辩证法是倒立着的。为了发现神秘外壳中的合理内核，必须把它倒过来。"② 恩格斯认为，黑格尔的辩证法是思想的自我发展，事物的辩证法是它的"反光"。马克思的"从商品到资本的发展"是现实中的具体的发展，而黑格尔的"从存在

---

① 《马克思恩格斯选集》第 4 卷，北京：人民出版社 1995 年版，第 218 页。
② 《马克思恩格斯选集》第 2 卷，北京：人民出版社 1995 年版，第 112 页。

到本质的发展"却具有抽象的结构。所以,概念辩证法与实践辩证法之间产生了"绝妙的对照"。① 受此影响,传统的观点一直将实践辩证法理解为对概念辩证法的"头脚倒置"。阿尔都塞认为,这是恩格斯对马克思辩证法的误读,马克思对黑格尔辩证法的"颠倒"从来不是头脚倒置的简单翻转,而是一场结构性的"改造"。"黑格尔辩证法的一些基本结构,如否定、否定之否定、对立面的同一、'扬弃'、质转化为量、矛盾等等,到了马克思那里就具有一种不同于原来在黑格尔那里的结构。"② 如此看来,实践辩证法与概念辩证法的逻辑形态应该具有本质上的不同。

现代性危机是启蒙运动造成的时代困境,马克思的哲学目标是在对现代性的批判与对现存世界的摧毁中重建理想社会。因此,马克思哲学带有社会历史性、革命性、实践性。作为实践哲学的理论核心,实践辩证法并未被专门论述,而是"以实践状态存在于《资本论》和马克思的其他理论著作之中"③。从消除人的自我异化(私有财产)到实现自然主义与人道主义复归的共产主义,从对资本主义生产过程、流通过程,以及各种经济范畴的考察,无一理论运行过程不显现着辩证法的特质。马克思与浪漫派均隐含着对现存社会的不满情绪,但有所区别的是,浪漫派以逃避现实、退归内心自省作为消除人与世界二元分裂的手段,而马克思则以摧毁现实、构建合理世界为解决现代性危机的方案。可以说,黑格尔以"教化世界"为必经环节的思辨哲学使马克思找到了解决自然与自由两相矛盾的入口,但与黑格尔承认"现实的都是合乎理性的"观点不同,马克思否认现实世界的合理性。同时,马克思哲学更加深入现实,他将黑格尔"人的产生的活动、人的形成的历史"转变为"当作前提的

---

① 《马克思恩格斯选集》第 4 卷,北京:人民出版社 1995 年版,第 714 页。
② 路易·阿尔都塞:《保卫马克思》,顾良译,北京:商务印书馆 2007 年版,第 81 页。
③ 同上书,第 166 页。

主体的人的现实历史",① 人获取自由这一抽象哲学命题转变为一场现实中的人类自我解放运动。相比浪漫反讽与概念辩证法,实践辩证法超越了绝对主观性的局限以及"无人身的理性"的保守而更加具有现实的指向,这使其逻辑结构得以立体的呈现。

　　福山认为,黑格尔和马克思都预设了一个内在的终极目标,即国家和共产主义,并将其视为历史的终结,之后历史便不再发展。毫无疑问,黑格尔确实可以被看做历史终结论的始作俑者,但将马克思也划入其中,是否过于草率?马克思认为,"辩证法在对现存事物的肯定理解中同时包含对现存事物的否定的理解,即对现存事物的必然灭亡的理解;辩证法对每一种既成的形式都是从不断的运动中,因而也是从它的暂时性方面去理解"②,它是批判的、革命的、没有对任何东西的崇拜。所以,辩证法并不应该导致思维的终结、精神的终结与历史的终结,而应该认识到历史的合理性也具有暂时性,彻底地贯彻辩证法就是不能将历史现存的合理状态看做实现原点回归的完结,而应看做是一个新的起点。黑格尔产生历史终结论的原因在于其概念辩证法不完善与保守的结构。他将理性国家看做绝对精神在现实中的体现,而绝对精神终究是概念与实在相结合并扬弃矛盾对立的最终目标,其原初形态即为通过自我确证而达到完满的理念。概念辩证法的目标为理念,只有实在与概念相符合才是理念的复归,理念才为真理,否则理念的合理性即将受到否决。而马克思并未将共产主义作为历史的终结,也未对自由王国中人类历史的发展形态作进一步的表述,共产主义"不是应当确立的状况,不是现实应当与之相适应的理想"③,而是消灭异化、私有制、私有财产等现存状况的"现实的运动",它存在的主要目的即为摧毁现

---

① 马克思:《1844年经济学哲学手稿》,北京:人民出版社2000年版,第97页。
② 《马克思恩格斯选集》第2卷,北京:人民出版社1995年版,第112页。
③ 同上书,第87页。

实,却不把自身看做最终目的。所以,任何一场对于现存社会的摧毁虽然是在向共产主义的目标无限递进,但共产主义却并不因为摧毁的不彻底性而遭到质疑,共产主义是可以通过反复自我确证并向之无限趋向的理想。马克思认为,共产主义即存在于趋向共产主义的运动中,资本主义对个人私有制的破坏是第一个否定,而由资本主义生产所产生的矛盾必然造成资本主义自身的否定,这是否定的否定,他虽然承认共产主义是"否定的否定的肯定",但共产主义不是历史发展的最后状态,也不是"人的发展的目标"和"人的社会的形式",而是"人的解放和复原的一个现实的、对下一段历史发展来说是必然的环节"。① 资本主义只是人类史前史的内容,只有从共产主义开始,人类才自觉创造完全属于人类的历史。马克思将共产主义设定为真正的人类历史的起点,即是将历史的发展进程推入一个崭新的阶段,这使其打破了黑格尔概念辩证法的封闭性与不彻底性。浪漫反讽对"绝对"的渴求决定其理论重心不在于对"绝对"的质证,而在于反讽主体的无限的否定过程;在阶级理论中,实践辩证法也未将共产主义作为具体的社会形态加以诠绘,而将理论重心放在通过无产阶级推翻资产阶级、无产阶级消灭自身、进入无阶级人类社会、并进而开始历史新发展的革命过程中。因此,马克思实践辩证法无闭合、无终结的非体系化理论是对辩证法实质的真正体现,它不仅比概念辩证法更现实、更彻底,而且在与浪漫反讽逻辑结构的形式性趋同中,超越了浪漫反讽的平面限度指向现实,最终显现为立体的"螺旋"。

---

① 马克思《1844年经济学哲学手稿》,北京:人民出版社2000年版,第93页。

A Mental Journey to the Mystery of "Blue flower"

A Study of Marx and German Romanticists

第五章
马克思反讽哲学的现实转向

马克思实现了对概念辩证法的改造，这其实是向反讽辩证法的本质还原。在浪漫主义反讽与理性主义辩证法的争执之下，实践辩证法成为两者的和声。也可以这样说，从反讽辩证法到概念辩证法，再到实践辩证法的过程，本身就是一场辩证运动。实践辩证法在扬弃了概念辩证法的阶段后，成为更加丰富、具体、完善的反讽形式，它虽然向反讽复归但却已具有不同于浪漫反讽并高于浪漫反讽的实践本质，它是马克思实践反讽哲学观的主要内容。马克思于青年时期曾在与浪漫派短暂的接触中不自觉地走上了反讽之路，又因受黑格尔的影响而实现了现实的转向。真正的全善的反讽形式，其形而上的理论必定可以应用于形而下的领域，这将通过马克思的实践反讽哲学观得以实现。黑格尔遗留给马克思最大的财产不是辩证法，而是诸多政治词语。受黑格尔《法哲学原理》中财产权观点的启示，马克思将现代政治哲学中的财产权引入其反讽哲学观中。他认为，财产权的去合法化只有通过阶级斗争才能完成。无产阶级革命与实现共产主义目标既是阶级理论的主要内容，也是反讽辩证法在实践中新的表现形式，因此反讽辩证法进入实践领域即是解决财产权问题。传统的观点将黑格尔看做保守主义的，但马尔库塞与洛苏尔多均对此提出异议。他们认为，迫于政治压力黑格尔不得不改变写作风格，而将革命与激进的情绪隐含于著作中，从中发现这些元素并加以继承应用的正是马克思。

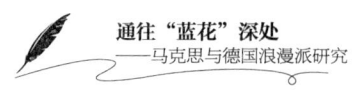

第一节 马克思诗歌中的反讽前兆

维塞尔认为,马克思在青年时期曾有短暂的浪漫主义阶段,反讽在其诗歌中早有体现,他创作的浪漫诗歌是他科学社会主义和无产阶级的诗化形式。所以,马克思哲学中的反讽本质并不是在确立实践辩证法后才突显出来,而是从其青年时期就已开始酝酿了。传统的马克思主义哲学史研究往往将马克思于 1837 年 11 月写给他父亲的信视为马克思主义哲学史的真正起点,并认为此时的马克思已经结束了浪漫化的思想前史,转而投身黑格尔主义。但是就此认定浪漫主义将不再存在于马克思哲学中,或马克思不再与浪漫主义有任何瓜葛,未免过于武断。因为转向黑格尔现实哲学,又转而对之进行批判的马克思对黑格尔的理性国家是持否定态度的。他认为现存的社会是不合理的社会,需要彻底的德国革命从根本上进行摧毁。维塞尔将批判作为反讽的第一层面纱,即认为"批判就是反讽。人的内在神性和外在有限性之间的感觉差异,产生了通过消除固有的东西而超越固有的东西的迫切要求。……反讽的原始冲动是毁灭性的,即反讽凭着意志设法消除'实然',设法把存在秩序还原为混沌。整体的混沌是整体再创造的前提条件"[①]。这样看来,浪漫主义并非为马克思所摒弃,作为浪漫主义哲学的主要内容,反讽依然保留在马克思早期的批判哲学中,而实践辩证法也就具有了其浪漫主义的根源。

一、马克思哲学的浪漫主义根源

法国马克思主义者科尔纽在其著作《马克思恩格斯传》中这样

[①] 维塞尔:《马克思与浪漫派的反讽——论马克思主义神话诗学的本源》,陈开华译,上海:华东师范大学出版社 2008 年版,第 226 页。

认为:"卡尔·马克思最初的精神方向决定于他的生活环境,决定于他父亲的理性主义、宗教上和政治上的自由主义,决定于他的几位具有民主思想的老师的影响。"①马克思的父亲亨利希·马克思曾深受18世纪法国启蒙思想的影响,在卢梭道德神学和康德道德哲学的影响下,老马克思质朴的自然神论宗教观与温和的自由主义政治态度,以人的道德选择和对人的道德力量的信仰为核心的理性主义道德神学,对中学时代马克思的哲学世界观的形成具有一定的影响力,并为马克思思想中主体意识的觉醒埋下了伏笔。特利尔中学倡导启蒙运动的自由主义精神,试图从康德的观点出发使宗教信仰同理性一致起来。作为康德哲学的坚定拥护者,校长兼历史老师的维腾巴赫的观点与老马克思在哲学、宗教与政治上的观点相似,青年马克思的人生理想以及从这种全人类意识中渗透出来的浪漫主义情怀开始滋生。马克思未来的岳父冯·威斯特华伦男爵的修养、渊博的知识和对诗歌的热爱也对马克思产生了重要影响。他不仅使青年马克思对浪漫主义文学产生了浓厚的兴趣,进而燃起大学期间的诗歌创作热情,男爵进步的政治思想也使青年马克思开始关注圣西门批判私有制、构建合理社会制度、对人进行彻底改造的理想主义观念。

1835年秋,马克思开始在波恩大学学习法律,从其主修的课程中可以看出,在第一学年他把将近一半的修读时间花费在了艺术和文学史上。作为浪漫派领军人物的奥·施莱格尔开设的"荷马问题"、"普罗佩尔提乌斯的《哀歌》"两门课程,韦尔克教授开设的"希腊罗马神话"以及道尔顿教授开设的"荷马问题"引起了青年马克思"勤勉和用心"的学习。当时的波恩大学,在谢林与奥·施莱格尔的影响下弥漫着浓郁的浪漫主义气息。学习之余,马克思参加了一个诗人俱乐部,不过波恩诗人小组浪漫的生活方式引起了父

---

① 戴维·麦克莱伦:《马克思以前的马克思主义》,李兴国等译,北京:社会科学文献出版社1992年版,第32页。

亲的恐慌，最终将马克思转入了柏林大学。柏林是德国浪漫主义精神的第二个首都。在文学环境的熏染下，马克思已放弃了在波恩时的"野蛮和粗暴"，但浪漫主义激情以及他与燕妮的两地分离使马克思将对燕妮的思念及对人生的思索投入到了浪漫主义抒情诗中，"爱之书，第一部"、"爱之书，第二部"及"歌之书"便是这个时期的主要创作。

麦克莱伦认为马克思的诗歌充满"悲剧式的爱情"，将人类命运看做"神秘力量的玩物"，并表现出了艺术家创造式的"主观主义"与"强烈的自我欣赏"。麦克莱伦的说法不无道理，因为曾在奥·施莱格尔等浪漫派宿将影响下形成的"伦理主观主义哲学信念"，此时第一次有了实在的内容，马克思开始尝试在实践中"以浪漫主义情感来确定他的活动方向"，并致力于将其"理想主义"哲学世界观现实化。在柏林的第一个学期，马克思便试图构建一个庞大的法哲学体系，他先后以康德—费希特哲学、谢林哲学为理论前提进行了两次尝试，均以失败告终。随着与燕妮间情感危机的解除，马克思已不再以狭隘的眼光来看待世界，其"理想主义"哲学世界观最终坍塌了。在发现了全部体系的虚假性之后，他不得不转向曾厌恶的黑格尔哲学。"帷幕降下来了，我最神圣的东西已经毁了，必须把新的神安置进去"，马克思终其一生在寻找"新的神"，尝试"理想主义"尘世天国的建立，其哲学、经济学与政治学理论体系的形成，正是蛰伏的浪漫主义命令的执行。若以以赛亚·伯林的观点为基准来看，"理想、目的、目标并非通过直觉、科学的手段，通过对神圣文本的阅读，通过听取专家或权威人士的意见而被发现；理想根本不是被发现的，理想是被发明的；理想不是现成的，理想是生成的"①，如同艺术品一般，那我们无法对马克思科学社会体系建构的

---

① 以赛亚·伯林：《浪漫主义的根源》，吕梁等译，南京：译林出版社2008年版，第90页。

理想视而不见。马克思是创造者,是艺术家,是诗人,他试图理想化现实的理想,并致力于实现理想化的现实。

我们不可否认,早期青年马克思的诗句中具有费希特式的主观唯心主义激情,而费希特哲学正是浪漫主义的理论来源。从表现为客观化自身与主观化世界、对"仙宫"(理想王国)的追求、自我毁灭与自我创造式等形式的反讽中,我们可以看到青年马克思的抒情方式与浪漫派的相似,以及其诗歌隐喻中反讽脉络的延伸。但面对应有与实有、理想与现实、诗性天国与客观世界不可避免的二元分裂,浪漫派选择了抽去由思辨通往现实的天梯,退居在绝对唯心主义的空中楼阁,而马克思诗歌中却隐含着放弃虚幻,在反抗、毁灭与创造中做个真正的普罗米修斯式斗士。

二、青年马克思诗歌中的反讽元素

正处于柏林之旅的马克思,内心一定充斥着浪漫主义情怀。沉醉于渴望中的无望爱情,使其主体性似乎不受任何客观环境的限制,这种主观性可以在其抒情化自然的诗歌创作中窥见端倪。在其送给燕妮的三部诗、献给父亲的诗作及寻自索菲亚·马克思等处的诗作中,我们可以看到马克思的早期著作中已具有了不同于浪漫反讽的反讽哲学特征。

1. 异化的前兆:客观化的主体与主观化的非我

浪漫派希望主体体验到神圣的力量,更希望透过有限客体折射神圣力量的无限。主体客观化与客体主观化便是神圣力量在浪漫反讽中所体现的一个环节,主体在这种自我毁灭(主体客观化)与自我创造(客体主观化)中达到思辨意义上的主观的自由。然而,这只是浪漫派理想化的想象,客观化的自我往往具有自我所不能控制的力量,也就是说自我≠自我,非我也就无法复归于自我,开始新一轮的循环。诺瓦利斯说:"我们到处寻找绝对物(das Unbedingte),却始终只找到常物(Dinge)。"① 这是天秤的两端,我们体验"绝对物","常物"便会隐藏在意识背后,当狄奥尼索斯精神完全出现,"常物"便会消融;我们越多地体验"常物",就越多地经验实在堆集在浪漫者的心灵,异化在二律背反的痛苦中突显出来。世界是"颠倒的存在",人被神圣抛弃在异化的国度,客体对人的痛苦无动于衷。施莱格尔认为,人的自由只能在"自我限制"中维持,而一旦这种限制稍有松懈,世界将会限制人,从而人将变成世界的奴隶。因此,面对主体的异化,浪漫派只能用对人的"自我限制"去迎合,以实现主体的自由。

马克思的诗歌中,也体现出了自我客观化于非我中的环节,但更多是对这种客观化中产生的异化的无奈。星星对"人们的事业、追求和忧伤"的"讥诮",万物在人类"痛苦"与"绝望"的挣扎中依然如旧,"冰冷心肠"、自顾流去的"水流",以及"精灵们投以嘲讽的目光",都不能不引起马克思对客体力量异化的感伤。主观与客观的对立越来越明显,有限客体本是借以体验绝对并达到神圣的中介,此时却作为无灵魂的实体压迫人。"人走完生命的路,最后化为乌有;他的事业和追求,湮没于时光的潮流。"② 诗化的结果是走向虚无?马克思对浪漫派表现出了些许的绝望,"唯独在最近的一些诗中",他"才像突然挨了魔杖一击似的","这一击起初真是毁灭性的……面前闪现了一个犹如遥远的仙宫一样的真正诗歌的王国……所创作的一切全都化为乌有"③。在《苍白的姑娘》中,少女在没有得到骑士的爱后,"纵身一跃,跳进滔滔巨浪",以死亡来反

---

① 诺瓦利斯:《夜颂中的革命和宗教——诺瓦利斯选集卷一》,林克等译,北京:华夏出版社2007年版,第77页。
② 《马克思恩格斯全集》第1卷,北京:人民出版社1995年版,第915页。
③ 《马克思恩格斯全集》第47卷,北京:人民出版社2004年版,第12页。

抗现实性的压迫，这是少女的终结，也是马克思从"常物"中窥视"绝对"的终结。马克思早期诗歌中的"异化"是他后期思想中"异化"的预演。几年后，马克思提出了"异化劳动"的概念，曾经在主观范围内的"异化"被放入了经验领域。没有灵魂的实在对于浪漫派来说是令人恐惧的，他们试图以限制主体来实现对无限与永恒的挽救。马克思却认为这是浪漫派自欺欺人的谎话，反讽一经形成，必定会产生出可以消融异化的力量，新的救世主即将君临人间。

2. 共产主义的原初诉求：遥远的"仙宫"

浪漫派认为，运用言辞的绝对唯心主义与破坏性的反讽，可以将这个压迫的客观世界转化为尘世天国，"在抽象化之前一切是一，但此一如同混沌；抽象化之后一切又综合了，然而，这种综合是自主的、自决的实体的自由综合"①，世界就是无限诗意过程中一元论的世界。诺瓦利斯认为，神性存在于个体事物之中，"一在一切中，一切在一中，上帝的形象在香草和石头上，上帝的灵在人和野兽中"②，"将自然中的形式或受间接决定之物完全抽象化之后，留给我们的就是自然之纯粹概念或上帝"③。

马克思在诗歌中也创造了一个浪漫的宇宙，将万物视为精神力量的诗化形式。他在献给父亲的诗作《创造》中，这样实现宇宙的浪漫化：

---

① 诺瓦利斯：《夜颂中的革命和宗教——诺瓦利斯选集卷一》，林克等译，北京：华夏出版社2007年版，第98页。
② 《夜颂中的基督》，林克译，香港：香港道风书社2003年版，第49—50页。见维塞尔：《马克思与浪漫派的反讽——论马克思主义神话诗学的本源》，陈开华译，上海：华东师范大学出版社2008年版，第42页。
③ 诺瓦利斯：《夜颂中的革命和宗教——诺瓦利斯选集卷一》，林克等译，北京：华夏出版社2007年版，第190页。

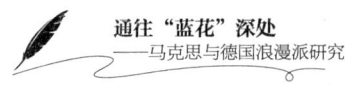

> 越过那晶莹闪耀的波浪,
> 永恒的创造之神飞向远方;
> 大千世界在涌动,无数生命在激荡,
> 他环顾四周,永恒的空间无限宽广。
> 他发出唤醒万物的神奇目光,
> 用烈火铸成万千形象。
> ……
> 永恒的万物感到了自己的局限,
> 就沉思着默默流向远方,
> 直到那神圣的太初思想,
> 披上了文辞和诗歌的盛装。
> ……
> 你们的精神来自我的胸膛,
> 这精神铸成形象去启迪思想;
> 你们一旦回到造物主的身旁,
> 就不再是单纯的形象;①
> ……

在诗的第一节中,马克思将"原初思想"视为"涌动"与"激荡"的流体②,并描述了原初精神如何幻化万物,又使万物复归于它的过程。"永恒的创造之神"将自身召显于万物,"万千形象"在这"唤醒"的目光中被激活了,"空间"、"时间"、"波涛"、星斗被体验为精神需要的虔诚,万物被诗化了,披上了浪漫化的外衣。第三节中,由"原初思想"生成的宇宙具体对象,意识到了自身作为

---

① 《马克思恩格斯全集》第 1 卷,北京:人民出版社 1995 年版,第 695—696 页。
② 在马克思的其他诗作中,也常常出现海洋、海妖、火、光之类的词语,范洛文称之为马克思的"海洋象征主义",这是马克思对原始流体的无限性及永恒性的向往。

"一"的一部分的"局限",从而开始了向"造物主的身旁"的回归,最终达到更高级的"一"的形象。这是一个螺旋上升的复归式过程,正是由无产阶级革命达到共产主义社会,进而开始人类真正的历史这一过程在诗歌中的表述。

维塞尔认为,马克思使人把自然转化为"形式和诗化语言",实现了精神到精神的自我孕生。这种转化在《创作》中表现得更加明显了,原初——物——神圣的生成在这里演变为原初——个体(我)——神圣的生成:

> ……
> 你的形象熠熠放光,宛如琴韵,
> 你用爱的双翅轻抚我心头的火焰。
> ……
> 我心中激动,如痴如狂,
> 沉醉于情深意切的锦绣辞章;
> 我心中涌现出万千形象,
> 都由你的心把他们点亮。
> 他们……
> 在创造者的怀抱里重新放光。①

与《创造》相比,被称为"他"的神圣力量,此处已被称作"你"了,"全"的万物已是作为个体的我的"全"了,有限个体与无限宇宙直接建立了联系,人作为"一个原子,沉落在宇宙的浩瀚海洋"②,于下沉与上升中,趋于神圣的"爱"分解了"原子"的有限,个体在超越有限边缘之后,融入了无限宇宙中精神普遍性的"一"。马克思在后来的著作中对人与类的关系也做过相似的论述。

---

① 《马克思恩格斯全集》第1卷,北京:人民出版社1995年版,第697页。
② 同上书,第728页。

他认为，不应该把个体与社会对立起来，个体是作为社会存在物而存在的，人的个体生活是类生活特殊、普遍的方式，类生活是特殊、普遍的个体生活，所以人既是现实、单个的社会存在物，也是总体、社会的自为的主体存在。因此，作为社会存在物的个人的解放，就是类的解放，共产主义的实现需要以个人的自由全面发展为前提。我们从中也会隐约看到诺瓦利斯黄金时代的影子。马克思在写给父亲的信中这样说："我的天国、我的艺术如同我的爱情一样都变成了非常遥远的彼岸。一切现实的东西都模糊了，而一切正在模糊的东西都失去了轮廓。……赠给燕妮的头三本诗集……无边无际的、广泛的渴求在这里以各种形式表现出来。"① 唯一的解释便是，此时的马克思就已具有建立理想王国的渴望，这是他共产主义理想最原初的冲动。

3. 无产阶级革命的预演：反讽主体的能动性与创造性

面对客观现实的压迫，浪漫派所表现出来的只是"思想领域内"的理论批判与"意识改造"，而青年马克思"对周围环境的抨击同人的自豪感的诗的论证相交替……在行进中摧毁了给他设置的界限"②。马克思不想故步自封，也不甘于思想上的革命，他认为，人为克服客观有限的绝望，可以采取毁灭性的反抗行动。

这种反抗在《海妖之歌》及《海上船夫歌》中均有体现，年轻的歌手与水手在面对大海的诱惑或咆哮中，并未被迷惑或屈服，而是表达了积极的抵抗与挑战。人的主体性意识已经觉醒了，人要捣毁这个被异化的世界，在断壁残垣上建造一个新的国度。

　　这万千星球我要亲手破坏，

---

① 《马克思恩格斯全集》第 47 卷，北京：人民出版社 2004 年版，第 6—7 页。
② 里夫希茨：《马克思论艺术和社会理想》，北京：人民文学出版社 1983 年版，第 62 页。

因为它们不是由我创造出来，
因为它们不听我的呼唤，
却受魔力驱使旋转于天外。
……
它们一旦化为废墟，
一个新世界便会崛起。
……
只要胸怀抱负和渴望，
我们就可以将事业开创。①

在这种毁灭与创造中，马克思从浪漫派那里继承的狄奥尼索斯式的消极转变为了阿波罗式的积极，普罗米修斯式的巨人英雄主义在他的诗作中登场了

……
我就向整个世界提出挑战，
……
外表魁伟的侏儒将倒地哀号，
……
我可以像神一样漫步徜徉，
……
我就像造物主那样襟怀坦荡。②

马克思相信人具有同上帝一样的强大力量，创造自我的神性保护，人可以征服世界，可以创造归属于自我的文化宇宙，可以为自己加冕，可以自立为王，可以成为自己的神圣。维塞尔认为，马克

---

① 《马克思恩格斯全集》第 1 卷，北京：人民出版社 1995 年版，第 561—563 页。
② 同上书，第 486 页。

思将人变成了救赎的诗人,将人造的世界变成了拯救诗歌的语言。虽然浪漫派的诗化之路在马克思这里已经坍塌,但新的救世主将运用反讽的利器毁灭应然与实然的对立,反讽将通过革命改变社会、政治与经济,在毁灭中实现自身力量的拯救与救赎。马克思将这一使命赋予了无产阶级,反讽主体的能动性与创造性终究将在无产阶级消灭私有制的革命中得以体现。

马克思与卢格等人的通信中曾多次提及对浪漫主义文化的厌恶,这也导致了人们认为马克思与浪漫主义无关的误区。我们需要将马克思所批判的浪漫主义与反讽哲学区别来看。因为前者是为封建党派游说的政治的浪漫派,处处表现出对社会变革的软弱。而从早期浪漫派的反讽中,青年马克思受到了更多的现代性批判、无限的自我否定、个体的自由以及理想王国的趋向等多方面的积极影响,这为马克思的政治理想——批判资产阶级社会、无产阶级革命具有资产阶级的自我否定性、个体的积极的自由是人的全面的解放、对共产主义的追求——道出了合理的理由。

第二节　走向现实的马克思

青年马克思曾一度也是费希特的追随者,一度也充斥着浪漫主义的情绪。作为以浪漫派中心著称的波恩大学的学生,他主修过弗·施莱格尔的同为德国浪漫派领军人物的哥哥奥·施莱格尔的课,多少受到过些许浪漫主义的正规熏陶。从其于1839年至1840年间为预备博士论文写作而记录的笔记中,草草提及的"作为一般内在形式的反讽,是弗里德里希·冯·施莱格尔当做某种哲学而提出来的"字句中,我们可以推断他对浪漫派及反讽概念是有所了解的。马克思是否读过施莱格尔等浪漫主义者的书,我们无从考据。但在他1842年4月27日写给卢格的信中,我们可以得知他确实有过写作《论浪漫派》的计划,从他所说的"这些文章①在内容上都是相互联系的",我们可以猜测,他试图对其所处时代中接触到的部分哲学流派作一系统的理论上的说明。虽然除了《历史法学派的哲学宣言》发表在1842年8月9日的《莱茵报》上之外,其他文章并未完成。但《论浪漫派》一文很显然是分析和批判浪漫主义哲学的。而他在此构思产生之前,必然有基于浪漫派著作的相关研读。不管马克思在其逐渐成熟的哲学观中已经离开了浪漫派有多远,也不管马克思对施莱格尔形式反讽的真正认识如何,但曾同为费希特门徒的事实(虽然后来两者都有背弃),使我们依然可以看到两者思想之间某些若隐若现的交集,以及浪漫派在马克思身上印下的一些唯美痕迹。

青年马克思在褪却浪漫主义的光芒之后,实现了其哲学的现实转向,这为马克思政治理论作为一种实践中的反讽哲学提供了思想基础。通过对青年马克思在黑格尔哲学中寻找现实支撑点以及其博士论文与笔记中对伊壁鸠鲁自然哲学的两方面的研究,可以发现马克思如何为浪漫主义的形式反讽应用于实践找到了可行的理由与现实的开端。马克思早期诗歌作品中所体现出来的调和现实与应有的矛盾、诉求理想王国、发挥主体的能动性与创造性等倾向,是苏格拉底反讽使人走出城邦束缚以及浪漫反讽对诗化王国与既存现实予以和解的共同体现。然而,这种理想主义哲学世界观只能应用于主观领域,一旦进入现实便会引发危机。马克思不得不调整哲学观取向,为建构法的形而上学体系寻找现实的支撑点,这现实的支撑点即为黑格尔哲学所引发的对于既存世界的思考。青年黑格尔派发现了黑格尔哲学的弱点并着手予以改造,作为成员的马克思正是以此为契机,将黑格尔作为其哲学观探索之路的中转站,通

---

① 指计划写作后交由卢格发表的《论宗教的艺术》、《论浪漫派》、《历史法学派的哲学宣言》、《实证哲学家》四篇文章,只有《历史法学派的哲学宣言》后来发表在《莱茵报》上。

过对伊壁鸠鲁自然哲学的研究寻找到了一条联结哲学体系与现实世界的桥梁。

一、青年马克思的黑格尔转向

青年马克思认为哲学与法学"两门学科紧密地交织在一起","试图使一种法哲学贯穿整个法的领域"。作为康德和费希特的追随者,马克思运用于法学体系建构中的理想主义是从康德和费希特的理想主义中汲取营养的。然而,他所得出的却是"脱离了任何实际的法和法的任何实际形式的原则、思维、定义"。正如在诗歌创作中遇到的问题一样:"这里首先出现的严重障碍同样是现有之物和应有之物的对立,这种对立是理想主义所固有的,是随后产生的无可救药的错误的划分的根源。"① 这是他以康德—费希特哲学为理论前提尝试构建法哲学体系的第一次失败,为了不转向黑格尔主义,他进行了第二次积极的尝试。"我读过黑格尔哲学的一些片断,我不喜欢它那种离奇古怪的调子。我想再度潜入大海,不过有个明确的目的,这就是要证实精神本性也和肉体本性一样是必要的、具体的并有着坚实的基础;我不再练剑术,而是要把真正的珍珠拿到阳光之下。"② 而以谢林哲学为理论基础进行的第二次建构却将他引向"黑格尔体系的开端","这个在月光下抚养长大的我最可爱的孩子,就像狡猾的海妖,把我诱入敌人的怀抱"。③ 放弃浪漫的理想主义,投入黑格尔体系是马克思的"苦恼"选择,因为"康德和费希特喜欢在太空邀游,寻找一个遥远的未知国度",而他"只求能真正领悟在街头巷尾遇到的日常事物",所以,他不得不将其"所憎恶的观点变成自己的偶像",从理想主义转向现实本身寻求观念。

---

① 《马克思恩格斯全集》第47卷,北京:人民出版社2004年版,第7页。
② 同上书,第13页。
③ 同上。

马克思的思想形成正是经历了从康德—费希特—谢林—黑格尔的德国古典哲学发展过程，向康德—费希特、谢林哲学告别，实现黑格尔哲学的转向，既是青年马克思理想主义哲学世界观的终结，也是其"从实有出发来研究对象"的起点。在对新的世界观的探索中，马克思反讽哲学的早期形态在同浪漫派一样经历了康德—费希特、谢林哲学的尝试后，并未因危机的发生而转向自我内部寻求解决方案，而是开始具有了着手对客观世界进行研究的实在的内容。

马克思向黑格尔的转变是通过其阅读黑格尔及其弟子的著作完成，同时他还与青年黑格尔派的"博士俱乐部"有了接触。黑格尔的"现代世界哲学"否定了马克思的前浪漫主义时期哲学世界观。但是，他在发现浪漫的抒情主义危机后，并非全盘接受了黑格尔思想体系；在其转向黑格尔思想体系后，也并非全盘抛弃了浪漫主义思想。因为此时的马克思同青年黑格尔派一样发现了黑格尔哲学的失败。黑格尔要求实现一个和解主观与客观、思想与现实的"总体世界"，但这种整体性只出现在思想上，而非现实中，"哲学把握了整个世界以后就起来反对现象世界。现在黑格尔哲学正是这样"[1]，追求总体性的结果是思想与现实的分裂，因为"与本身是一个整体的哲学相对立的世界，是一个支离破碎的世界。因而这个哲学的能动性也表现得支离破碎，自相矛盾"[2]。在黑格尔哲学中，"哲学的客观普遍性变成个别意识的主观形式"，由于完整性与普遍性而变得不现实，越来越与逐渐分化的世界形成对立。青年黑格尔派"跟随着费希特，正处在再次肯定主观事物具有高于物质实体的第一性的过程中"[3]，正在酝酿着创立自我意识哲学以实现对黑

---

[1]《马克思恩格斯全集》第40卷，北京：人民出版社1982年版，第136页。
[2] 同上。
[3] 戴维·麦克莱伦：《马克思以前的马克思主义》，李兴国等译，北京：社会科学文献出版社1992年版，第55页。

格尔哲学的改造,这种理论上的后退正好迎合了马克思,使其改变了对黑格尔哲学的敌视态度,参与到改造的队伍中来,并与"想避开的现代世界哲学的联系却越来越紧密了"。他既保留了原初浪漫主义理想,又是黑格尔哲学的继承人与批判者。于是,我们看到成长起来的马克思逐渐显露了对浪漫派和黑格尔进行双重改造的端倪。

成为黑格尔主义者之后,马克思已决心献身哲学。正面临择业难题的他,在鲍威尔的引荐下取得了获取波恩大学编外讲师职位的机会,取得博士学位、撰写博士论文既是他得以在大学执教的必由之路,也是他在青年黑格尔派影响下成为黑格尔门生的第一部著作。

马克思之所以选择伊壁鸠鲁哲学作为论文的研究对象是受青年黑格尔派影响的。在《哲学史讲演录》中,黑格尔不同于当时将伊壁鸠鲁主义、斯多亚主义和怀疑主义视为后退哲学的普遍观点,而将它们视为希腊哲学在亚里士多德之后的继续发展,只是这三个体系具有"自我意识的普遍立场,亦即通过思维获得自我意识的自由"①,同时作为内在性的精神,"在本身内部建立了一个理想世界,奠定了心智世界的基础和基地……从这里下降到现实界,与现实取得统一,这就是亚里山大里亚派哲学的立场"②。在黑格尔的新评价中,这三个体系的自由立场、与现实的联系以及无神论观点吸引了青年黑格尔派的讨论兴趣。麦克莱伦认为,这首先在于"青年黑格尔派感到他们在黑格尔'总体哲学'之后所处的境况,与希腊人在亚里士多德之后所处的境况是一样的;其次,他们认为后亚里士多德派的哲学包含了很多现代哲学的基本因素:它们奠定了罗马帝国的哲学基础,深深地影响了早期基督教道德观,并且包含了18世纪

---

① 黑格尔:《哲学史讲演录》第3卷,贺麟、王太庆译,北京:商务印书馆1996年版,第146页。

② 同上书,第148页。

启蒙运动的唯理性主义的特性"①。通过与俱乐部成员的讨论,这种新的观点影响了马克思的论文研究兴趣:"一类是伊壁鸠鲁主义、斯多亚主义和怀疑主义这一组哲学,另一类统称为亚历山大里亚的思辨,难道这种看法不应促使人们至少联系这种关系去加以探讨吗?其次,在正在向总体发展的柏拉图哲学和亚里士多德哲学之后,出现了一些新的体系,它们不以这两种丰富的精神形态为依据,而是进一步往上追溯到最简单的学派……难道这不是值得注意的现象吗?"②继黑格尔的整体哲学之后,又出现了哲学与现实的对立。这种对立的矛盾正是马克思哲学的"跳动心脏"。可以说,马克思的选题与预定的研究内容具有通过研究晚期希腊哲学来达到分析黑格尔"整体哲学"之后哲学走向的寓意批判。他发现了两个历史时期的相似性,他希望通过对上述三个体系中分离出来的哲学观点来铺设出一条超越黑格尔"整体哲学"的道路。

二、博士论文中自我意识哲学观的确立

消除反讽主体的异化,实现主体的积极自由与创造性,以及和解"应有"与"实有"是马克思诗歌中透露出的理想主义与英雄主义表达,但浪漫主义的"无根性"使马克思的理想主义只能成为"遥远的仙宫",而黑格尔的整体哲学又因"绝对精神"的占有而出现思想与世界的分裂。将理想与现实合理衔接是马克思的急切需要。马克思的博士论文并不只是简单的分析德谟克利特的自然哲学和伊壁鸠鲁的自然哲学的差别,而既是对"人的自我意识"具有最高的神性的哲学观表达,又是对主体与客观世界如何发生联系的考察。

---

① 戴维·麦克莱伦:《马克思以前的马克思主义》,李兴国等译,北京:社会科学文献出版社1992年版,第55页。
② 《马克思恩格斯全集》第1卷,北京:人民出版社1995年版,第16页。

1. 自由于定在中的积极倾向：自我意识与现实世界

如何在和解"应然"与"实然"中实现主体的积极的自由是马克思抽身浪漫主义转而向黑格尔哲学寻求答案的原因之一。这种积极的自由在古典反讽与浪漫反讽中都因被存在于主体自我之内的消极自由所取代而未得以实现，只有在黑格尔哲学中，"定在中的自由"才被提及。但是，黑格尔关注的是正在经历着"罗马世界的悲苦"的新资产阶级社会中个人内心的自由。面对现实世界的悲苦，黑格尔的时代尚未具备解决这些社会矛盾的现实基础，他最后只能诉诸唯心主义，以思维战胜感性的具体世界，"凡是在人们的'经验的自由'遭到破灭的地方，便会确立起真正的自由——我们内心的神的王国"①，这种"真正的自由"正体现在后亚里士多德派的哲学与宗教中。卢格认为，在宗教、政治领域与对历史的阐述中，"黑格尔都没有忠于发展原则、历史哲学及其辩证法"。麦克莱伦认为，马克思之所以更关注伊壁鸠鲁是因为在后亚里士多德学派中，"自我意识的一切环节都得到了充分表现"②，强调"人类精神的绝对自由"以及"自由的个体自我意识"，这不仅使人们摆脱了宗教的枷锁，而且"指明了一条超越'整体哲学'体系的出路"。

伊壁鸠鲁不同于德谟克利特将感性世界看做主观假象，而是把感性世界看做客观现象，现象世界是从"具有质的原子的排斥及其与排斥相联系的聚集中"产生的。因此，"正如原子不外是抽象的、个别的自我意识的自然形式一样，感性的自然也只是对象化了的、经验的、个别的自我意识，而这就是感性的自我意识。"③ 在这种"从本质世界到现象世界的过渡"中，"这个绝对的形式现在降低为

---

① 里夫希茨：《马克思论艺术和社会理想》，北京：人民文学出版社 1983 年版，第 99 页。
② 《马克思恩格斯全集》第 1 卷，北京：人民出版社 1995 年版，第 17 页。
③ 同上书，第 54 页。

现象世界的绝对的物质、无定形的基质了"①，感性的自我意识便与客观现象世界建立了联系。伊壁鸠鲁强调原子不是作为"本原"的原子，而是具有"质"的原子；自我意识不是抽象的、个别的自我意识，而是感性的、经验的自我意识；感性世界不是主观的假象，而是感性的自我意识的异化表达。"人的感性就是形体化的时间，就是感性世界的存在着的自身反映。"②

同是高举自我意识的旗帜，鲍威尔等人"力图从异化形式中分离出基督教的合理内核"，把自我意识绝对化而陷入了片面化，因为"如果抽象的、个别的自我意识被设定为绝对的原则，那么，由于在事物本身的本性中占统治地位的不是个别性，一切真正的和现实的科学当然就被取消了"，他们接受的只是宗教形式的"自我意识哲学"，这也是鲍威尔通过曲折之路又回归唯心主义，并在主观唯心主义道路上同现实相分离得越来越远而与马克思分袂的原因所在。里夫希茨认为，鲍威尔回到了黑格尔的怀抱，他只是"重复了自我意识的进步和外部世界的落后之间的永恒斗争，在他那里不是事物的客观理念，而是个人的思想成了历史的推动力"③，他宁可要斯多亚派的内在自由而不要伊壁鸠鲁的唯物主义。马克思更重视自我意识对于感性世界的能动性与变革性，"正确的真理感推动他转向更为现实的方面"，这使马克思在青年黑格尔派中形成了自己独特的自我意识哲学观。在博士论文中，对于德谟克利特的原子论的批判，暗含着他对原子论社会的批判，他更注重伊壁鸠鲁的具有实在内容的原子，这代表了他对资产阶级形式上的民主政治的怀疑。马克思认为抽象的、个别性是自我意识的原则，而真正的现实的人是经验的个

---

① 《马克思恩格斯全集》第 1 卷，北京：人民出版社 1995 年版，第 49 页。
② 同上书，第 53 页。
③ 里夫希茨：《马克思论艺术和社会理想》，北京：人民文学出版社 1983 年版，第 104 页。

别,他不再关注抽象的个别的自我意识,已转向作为感性世界缩影的感性的、经验的具体个人身上。而主体的自由是作为现实的人的自由,是现实的人在感性世界中而不是在自我内部的定在的自由,这是自由的积极的表现。这是马克思后来走上费尔巴哈的人道主义之路批判黑格尔哲学的预演,也是马克思反讽主体必将在经验世界中具有现实载体的前兆。

2. 双向的辩证:世界的哲学化与哲学的世界化

浪漫派以绝对唯心主义哲学浪漫化世界,黑格尔以整体哲学合理化国家,这都是世界的哲学化。马克思认为,哲学与世界的关系需要从"世界的哲学化"与"哲学的世界化"两个方面共同理解。"体系同世界的关系是一种反思的关系。体系为实现自己的欲望所鼓舞,就同他物发生紧张的关系。它的内在的自我满足和完整性被打破了。"① 哲学应该具有客观的内容,应该世界化,应该成为实践的哲学。希茨柯夫斯基在其《历史哲学引论中》明确表示,哲学应像艺术性的诗歌被改编为思想性的散文一样,从高高在上的理论变为应用的哲学,即实践的哲学,这是哲学的未来。创造世界在伊壁鸠鲁宇宙观中具有代表性,这不能不对马克思有所触动。如何使哲学成为行动的哲学?马克思认为,"在自身中变得自由的理论精神成为实践力量,作为意志走出阿门塞斯冥国,面向那存在于理论精神之外的尘世的现实,——这是一条心理学规律"②,"当哲学作为意志面向现象世界的时候,体系便被降低为一个抽象的总体"③,从而"成为世界的一个方面",所以,"世界的哲学化同时也就是哲学的世界化",哲学在解释世俗世界并使现象世界哲学化的过程中,使自

---

① 《马克思恩格斯全集》第1卷,北京:人民出版社1995年版,第75页。
② 同上书,第75页。
③ 同上书,第75页。

身得以定在。但这其间存在着矛盾,"哲学在外部所反对的东西就是它自己内在的缺点,正是在斗争中它本身陷入了它所反对的缺陷之中,而且只有当它陷入这些缺陷之中时,它才能消除这些缺陷。与它对立的东西、它所反对的东西,总是跟它相同的东西,只不过具有相反的因素罢了"①。马克思认为,哲学只有在消灭缺陷时才会使自身定在,这是"哲学不消灭无产阶级,就不能成为现实"的提早宣言。马克思第一次提及后来成为其哲学中心思想的实践,不过此时的哲学的实践有别于后来的实践,它依然是理论性的,只是"批判根据本质来衡量个别的存在,根据观念来衡量特殊的现实"。

从纯粹客观的角度来看,哲学与世界的关系以哲学的直接实现来体现;而从主观的方面出发,却可以以"得到实现的哲学体系同它的精神承担者即表现哲学体系的进步的那些个别的自我意识"②之间的关系来表达。因为感性自然是对象化了的、经验的个别自我意识,所以"自我意识把世界从非哲学中解放出来,同时也就是把它们自己从作为一定的体系束缚它们的哲学中解放出来"。而在《〈黑格尔法哲学批判〉导言》中,这种自我意识与哲学的关系已演变为反讽主体与哲学的关系,即"无产阶级不把哲学变成现实,就不可能消灭自身"。

自我意识的"双刃"性,使其面对世界的同时,也面对哲学本身。这使后黑格尔派的内部产生了分化,形成了自由派和实证哲学两个对立流派。自由派把哲学的概念和原则作为主要规定,将缺点视作世界的缺点,并实施哲学转向外部的批判与使世界哲学化的活动。马克思认为"自由派才能获得真实的进步",而他此时也确实是从左的立场来开展对黑格尔哲学的修正与下一步哲学构想的方向。

马克思批评浪漫派形式化的反讽哲学,因为他们的愿望也同其

---

① 《马克思恩格斯全集》第1卷,北京:人民出版社1995年版,第76页。
② 同上书,第76页。

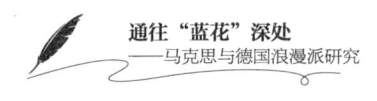

他哲学家一样认为"身上作用着的观念性是现实世界的真正应有",而这种形式反讽只是内在的自我满足。马克思需要哲学具有实践性,在将"应有"变为"实有"的过程中,使哲学具有实质性的内容。马克思整理博士论文笔记与写作博士论文的过程,是他寻找哲学通往现实之路的尝试。在其正确找到哲学的现实开端的时候,我们看到,马克思的哲学逐渐趋向于历史唯物主义哲学,马克思的反讽也形变为实践中的反讽,其哲学观不再是纯粹思辨意义上的抽象思考,而是"哲学世界化"后的具有现实内容的理论指导。无产阶级肩负起通过革命实现哲学改造世界的使命。反讽的自我否定,成为作为资产阶级产物的无产阶级对资产阶级的自我否定,无产阶级革命成为反讽哲学在现实中的具体说明。通过对马克思黑格尔转向及博士论文与笔记的内容进行分析与整理,我们看到马克思为形式反讽应用于实践寻找到了可行的理由。而他正是越过黑格尔对浪漫派的指责,褪去浪漫派反讽哲学中的诗化光芒并将之应用于自己的实践哲学。

第三节　马克思与黑格尔的激进本色

黑格尔对马克思的影响毋庸置疑,但应该如何看待马克思与黑格尔之间的传承关系?是否正如"唯物主义借用学派"与"新辩证法学派"的传统观点,要么对黑格尔辩证法"颠倒"着借用,要么直接诉诸黑格尔将辩证法应用于实践。这即是把黑格尔留给马克思的真正遗产看做是辩证法,马克思对黑格尔的继承无非就是对黑格尔辩证法进行理论加工与现实应用。洛苏尔多从不同的角度对黑格尔哲学进行了再研究,他要做的即是颠覆人们对黑格尔及其哲学的传统的看法,恢复黑格尔哲学的本初面目,为被人披上保守主义外衣的黑格尔正名。马尔库塞曾认为,黑格尔哲学在现代的真正继承者是马克思的社会理论,概念辩证法中的主观成分昭显了革命的、进步的思想，黑格尔体系具有关于进步思想与运动变化的敏锐的洞察力，马克思的无产阶级革命就是黑格尔的自由主体依据理性行动在自然和社会实践中实现其自身自由的另一种表达。革命情绪仿佛与人们印象中保守的黑格尔格格不入，洛苏尔多通过将黑格尔在世时的讲稿、未加修饰的文本与公开发表的作品、出版后的文本加以对比得出结论，认为黑格尔是迫于普鲁士的审查制度才努力降低了批评的调门与激进的态度，保守主义并非黑格尔本色，他确确实实是一位激进的革命者。将黑格尔论证成一位理性主义者或自由主义者并不是我们的目的，因为只有通过分析洛苏尔多对黑格尔的重新审视，才可以发现隐藏在黑格尔哲学中的革命、激进元素，而这正是马克思所发现并真正继承的。其实，即使不从黑格尔法哲学的秘传教诲入手，单从对浪漫派保守、懦弱、内心自省的猛烈批判就已经可以看出他的哲学本意。

一、黑格尔评语中的浪漫派弱点

既看到法国大革命的欢欣鼓舞，又看到雅各宾专政的恐怖统治，浪漫派与黑格尔所面临的德国社会一直在革命与保守的左右为难中踌躇。法国大革命以资产阶级的经济、政治制度取代了封建专制，宗教改革的自由目标得以实现。法国大革命最终是在工业资本主义中找到了落脚之处的，拿破仑帝国的出现不仅结束了革命过于激进的趋势，而且巩固了法国革命的经济成果。而德国不是一个统一强大的国家，其经济发展远远落后于法国、英国，长期停滞在最低程度的资本主义生产水平上，资产阶级软弱、分散、势单力薄，各阶层与为了各自的利益对于革命的态度各有不同，"没有共同的利益，也就不会有统一的目的，更谈不上统一的行动"[①]。法国大革命后的

---

① 《马克思恩格斯选集》第1卷，北京：人民出版社1995年版，第490页。

混乱吓坏了德国唯心主义哲学家,他们认为理论的彻底性才会带来革命的彻底性。所以,当法国革命宣告自由实现的时候,德国所实现的只能是思维中的自由,"建立合理的社会形式的具体的历史的努力,在这里变成了哲学的反思"①。应该说,无论是浪漫派,还是黑格尔,两者的初衷都是要为德国自由的实现寻求一种合理、有效的理论解释。

谁是封建保守的,谁又是革命进步的?对比黑格尔与浪漫派的哲学体系以及两者之间的互相指责,我们又发现一个有趣的现象。面对德国的现状,黑格尔因宣称普鲁士王国即是合理的,即是绝对理念的历史体现而一度被扣上妥协、软弱、保守主义的帽子;而浪漫派却因不满资产阶级现实而对其予以否定与绝对批判而成为德国新的思想方向,反封建、反资产阶级的浪漫哲学也由于具有一定的革命性与进步性而短暂的占领德国一切文化领域。② 这是否代表黑格尔即为封建保守的,浪漫派即为革命进步的?我们要知道,黑格尔向普鲁士王国献媚多半是由于出版审查的压力,他对法国资产阶级的革命性还是赞赏的,他认识到法国革命导致的恐怖结局有其一定的历史原因,因为"一旦解放个体的过程被反对国家的个人而不是被国家本身所实现,那么它必然导致恐怖和毁灭的结果"③,所以个人自由的实现只能依靠被其称为绝对精神的国家。可以说,黑格尔实现自由的革命思想便隐藏在他的理论的抽象性中。浪漫派虽然具有反抗与革命的热情,但却并未找到真正有效的方法,而是以脱离社会现实,退归内心自省,向被虚幻理想化的中世纪后退为出路达到抽象自我的自由,这种懦弱与自我麻痹招致了黑格尔

---

① 赫伯特·马尔库塞:《理性和革命——黑格尔和社会理论的兴起》,程志民等译,上海:上海人民出版社2007年版,第20页。
② 加比托娃:《德国浪漫哲学》,王念宁译,北京:中央编译出版社2007年版,第5页。
③ 赫伯特·马尔库塞:《理性和革命——黑格尔和社会理论的兴起》,程志民等译,上海:上海人民出版社2007年版,第90页。

的嘲笑。黑格尔对浪漫派激烈的批判主要在于浪漫反讽，我们曾对此有过论述，但撇除反讽与辩证法之间方法论方面的争执，我们可以看到黑格尔对浪漫派批判中所隐含着的深层次的东西。黑格尔对浪漫派颇有微词，是源于前者对后者的不满，这种不满不单体现在方法论方面，还体现在实现个体自由的途径方面。显然，浪漫派逃避现实、向往田园牧歌式的中世纪的态度激怒了黑格尔，而黑格尔在指出浪漫派弱点的同时也是对自己革命、激进本色的潜在展示。

　　浪漫派的哲学观念与黑格尔的哲学观念在基本点上是相互矛盾的。浪漫派是在对资产阶级建立的理性世界的失望与被压迫中开始自己的诗化想象的，"科学化、技术化的世界降低了存在的地位，把整全的、神圣的和完美的世界——实在搁置一边。没有灵魂的世界反过来造就了没有灵魂的人"①。浪漫派"无法忍受越来越多的机械式说明，无法忍受生活中诗意的丧失"②，浪漫思潮就在对现实的失望与对回归中世纪的渴望中应运而生了。浪漫派将客观世界中的现实理解为一种"艺术机体"，而这种"艺术机体"的构建需要科学、艺术、哲学的三者合一，不能通过逻辑（会扼杀其生命美），而只能通过艺术直觉的悟性去把握。对浪漫派来说，感觉或当下直觉是把握世界的终极工具，哲学从属于绝对的当下的美学直观。因此，浪漫主义者多是诗人、哲学家兼艺术者，哲学理念也多以隐微诗文、断片、随笔为表达形式，艺术成为拯救理想世界的轻逸与客观现实的沉重的救生圈。浪漫主义者认为，资产阶级的现实世界若想被尽快治愈，就只能通过扩展浪漫主义运动、诗化世界的方式。所以，

---

① 穆特修斯：《现代危机意识的起》。见维塞尔：《马克思与浪漫派的反讽——论马克思主义神话诗学的本源》，陈开华译，上海：华东师范大学出版社2008年版，第24页。
② 马丁·汉高（Martin Henkel）：《究竟什么是浪漫派》。见刘小枫：《诗化哲学》，上海：华东师范大学出版社2007年版，第8页。

浪漫派将美学语言作为魔幻力量以揭示神圣或理想。施莱格尔将一切都看做艺术的，他认为诗和哲学应该结合起来，"有些无法回避的环境和情况，人们只有通过一个大胆的任意的行为才能扭转它们，并完全把它们看成诗。只有这样，才能自由地处理它们"①，从这个角度上来看，人的天性就是诗人。诺瓦利斯构想人类将出现一个"黄金时代"，诗人将是过去与未来的历史救世主。加比托娃将此看做诺瓦利斯用诗意、艺术的直觉，以及诗人对历史的领悟偷换了对于历史的科学认识。其实，偷换概念在浪漫主义哲学中时有发生，这本质上是混淆了诗与现实的界限。诺瓦利斯认为，"谁在今日世界里不幸福，谁没有找到他所寻觅的东西"，就该到"书本和艺术世界去，到自然的世界去"寻找"爱人和朋友、故乡和上帝"②。他们将费希特的"自我"引申为一切事业的主宰，对"自我"之外的世界采取反讽的态度，即把世界诗化，用"自我"通过想象创造出来的诗来代替现实。从艺术方式（诗文、断片等）入手把握世界哲理，易于从生活的丰满性中抽象出作为整体的一的世界，但也容易陷入神秘主义的漩涡，这种克服平庸的方式实质上即是否定和逃避现实。

黑格尔拒斥浪漫派以魔幻语词揭示神圣的信仰方式，认为浪漫派的"优美的灵魂"③只是一种"内心的孤独的上帝崇拜"④，这种"想要逃避命运摆布而创造上帝无限爱情的内心世界的精神"，"并不能逃脱世俗的干扰"⑤。他对于浪漫派在"想望仰慕"中，急迫要求稳定以弥补缺陷的主观性，表达了如下看法："这种主观性只停留

---

① 施勒格尔：《浪漫派风格——施勒格尔批评文集》，李伯杰译，北京：华夏出版社2005年版，第104页。
② 蒋孔阳、李醒尘：《十九世纪西方美学名著选》，上海：复旦大学出版社1990年版，第11页。
③ 黑格尔：《精神现象学》（下卷），贺麟、王玖兴译，北京：商务印书馆1983年版，第164页。
④ 同上。
⑤ 同上。见译者注。

在想望仰慕的阶段，没有达到实体性的东西，这种主观性的火焰在自身内就熄灭了，并且坚持这种观点……主观性强调过了头每每会到发狂的程度。如果这种过度的主观性是停留在思维里，那么，它便被束缚在反思的理智里绕圈子，而理智是永远对自己采取否定态度的，"① 在无望将思维转化为存在的苦恼中，这种主观性最终会灰飞烟灭。不同于浪漫派，黑格尔认为把握绝对的手段不是感觉，也不是直觉，而是人的思考能力。

黑格尔否定了浪漫派的直觉第一性，但却没有否定直觉本身。维塞尔认为，尽管黑格尔不同意浪漫主义的拯救方式，但"他在精神第一性的信仰上与浪漫主义并没有什么不同"②。他的艺术—宗教—哲学的绝对"知识"等级便是将哲学置身于艺术的美学直观与宗教的"自我意识"之上的格局。黑格尔与浪漫派都是将自身置于经验世界（自然界）中寻求绝对，有所分别的是，浪漫派无法达到应有与实有的和解，而黑格尔却将这种思想、概念与现实得到和解视为"哲学的最后的目的和兴趣"。"哲学是真正的神正论，不同于艺术和宗教以及两者所唤起的感情，——它是一种精神的和解……这精神在它的自由里和在它的丰富内容里把握住了自己的现实性。"③他将哲学置于艺术之上，只有理性的思想才能够在有限中理解无限。

然而，作为有限的个体的人是无法为自身创造无限的，人如何可以成为神圣，实现黑格尔预设的人类救赎之路？黑格尔的答案是社会集体性。社会集体是个体的集体，是普遍精神的肉身化形式。社会的集体无意识借由个体的存在而生存时，社会集体就变成了有

---

① 黑格尔：《哲学史讲演录》第4卷，贺麟、王太庆译，北京：商务印书馆1996年版，第338页。
② 维塞尔：《马克思与浪漫派的反讽——论马克思主义神话诗学的本源》，陈开华译，上海：华东师范大学出版社2008年版，第139页。
③ 黑格尔：《哲学史讲演录》第4卷，贺麟、王太庆译，北京：商务印书馆1996年版，第372页。

意识、有生命的。个体是意识的镜面反映，个体唯有放弃独权，将自身融于集体的整体之中，才会实现真正的自我救赎，超越客观有限。社会集体创造了文化，个体的人在文化的调解中得到了普遍性的社会认同，融入社会客观化的合理性。共同体中的单个个体不可避免地会出现相互的异化，这需要一个绝对的伦理权威将诸多个体推入"忘记之川"，行使消除其自身自主性的使命。这个绝对的权威便称为"国家"。国家被黑格尔当做"尘世的神性"与"理性象征"，有限个体通过这条"神圣的纽带"与无限精神联结在了一起，国家是"全中的一"，是"目标"，是"内容"，个体的一切有赖于它，包括私人的决定与幸福。

黑格尔的哲学危机在其逝世后出现了。19世纪30年代，作为黑格尔主义流派之一的"青年黑格尔派"（当然也包括马克思）依然追随黑格尔式的国家理想，但他们却提出了黑格尔哲学理想中现实性的缺乏，人类与神圣、人与国家之间存在着断裂。国家不再是"全中的一"，个体不再"清空自身"，个体成为现代文化的碎片，尽力拼凑国家的拼图。"世界的整体性一般地（本质上）说是内部分离的，并且这种分离达到了极点，因为精神的存在是自由的……在作为整个机体的具体形态之中形成了差别。……与本身是一个整体的哲学相对立的世界，是一个支离破碎的世界。因而这个哲学的能动性也表现得支离破碎，自相矛盾"①，黑格尔也演绎出了一个堕落的世界。

除却青年黑格尔派的批评不谈，单从黑格尔对浪漫派逃避现实、空虚"自我"、以感觉直观取代理性思考的指责，就可以看出黑格尔哲学与浪漫主义哲学的对立与矛盾，他们的哲学虽然都对现代性危机具有相同的批判的指向，但两者的哲学观却完全不同。维塞尔说：

---

① 《马克思恩格斯全集》第40卷，北京：人民出版社1982年版，第136页。

"黑格尔是浪漫派的敌人,却成了马克思的导师,不是因为黑格尔抛开了要主观化客观性的浪漫派命令,而是因为他提供了抓住这种权力的有效方法。"① 黑格尔重视人的主体性力量,通过人对万物的思考与"精神因果律",有限的、压迫的客观性才会转变为一个救赎的王国,而这正是马克思哲学后来的发展取向。黑格尔哲学从本质上来看,并没有脱离浪漫派的拯救学说,不同的是他认为应然与实然的和解应通过主体(作为主体的人)征服客观世界而实现。黑格尔哲学是普罗米修斯式的,它呼唤现实中人的自赎权力,这也是马克思曾在诗作中所力图表达出来的人的自豪。

黑格尔认为,理性若想实现便不能沉迷在乌托邦的幻想之中,它不单单是哲学的使命,更应该使哲学包含的真理成为存在。现实世界的危机是一段无法逾越的苦难,从中可以产生自由理性的力量,哲学的任务是认识它,而理性要成为社会真正秩序则需要实践发挥其作用。《法哲学原理》是黑格尔实现自我意识的资产阶级社会的哲学,哲学概念抽象的形而上学本质假定了自身的具体形式,并被运用于社会现实中,从而产生了具体的历史内容,自我、自由、理性和自然法同市民社会、所有权、共同体与国家法分别有了千丝万缕的联系。黑格尔的哲学概念具有社会和政治基础,社会内容不是哲学概念的外在运用,而是其原初涵义的实现。因此,理念与社会现实是相互依存的。这是黑格尔超越浪漫派的地方,也是吸引马克思的地方。马克思关于黑格尔的第一篇著作即为《黑格尔法哲学批判》,可见《法哲学原理》中的哲学概念运用于社会现实的方式确实引起了马克思的关注。但马克思做得要更为彻底,因为他发现了黑格尔法哲学中财产权所引发的阶级斗争,从而将哲学引入经济领域,而自由的实现终将从经济问题的解决开始。

---

① 维塞尔:《马克思与浪漫派的反讽——论马克思主义神话诗学的本源》,陈开华译,上海:华东师范大学出版社2008年版,第145页。

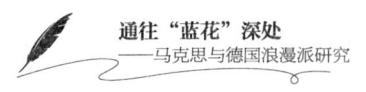

二、黑格尔的左派本色

从 1817 年到 1831 年，黑格尔共讲授《自然法与国家学或法哲学》七次，《法哲学原理》是他晚年在柏林任教期间所正式出版的唯一的著作，而其他的哲学讲稿则是在他去世后才由人整理出来。正是出版的《法哲学原理》使人们认为黑格尔是普鲁士王国的官方哲学家，法哲学是其政治观点与政治立场保守的表现。但依据非公开出版的讲稿版本，黑格尔在《讲演录》中用词大胆、激进，《法哲学》出版时却刻意修改了部分激烈的语言，这不排除黑格尔为了应对普鲁士严格的书报审查制度而作了掩饰。在《黑格尔与现代人的自由》中，洛苏尔多从分析人们关于公开的黑格尔与秘传的黑格尔之间的争论入手，为黑格尔的保守主义形象翻案，指出黑格尔哲学作为一个整体无需分割对待。黑格尔对如何使社会各阶层及个体的自由得以现实的实现的反思表明，其哲学理论既蕴含着革命与进步的情绪，也是对现代人自由的真正捍卫。青年马克思在对黑格尔法哲学进行批判时，并未意识到这点。他批判黑格尔法哲学中普遍事务的真正的现实性只是形式的；恩格斯也认为黑格尔的绝对理念只能"在有产阶级那种适应于当时德国小资产阶级关系的、有限的和温和的间接统治中得到实现"[①]。而当马克思在真正了解政治经济学后，这种对黑格尔的不成熟的批判才转向了对其国家法哲学中合理因素的继承，从而人的自由问题也被马克思引入了经济领域内阶级斗争的层面上。

1. 两个版本的黑格尔

通过对比《法哲学》与《改革法案》的出版文本与非公开发表

[①] 《马克思恩格斯选集》第4卷，北京：人民出版社 1995 年版，第 218 页。

文本，洛苏尔多发现了大量的语句与用词的修改，可见黑格尔的自我审查行为是相当明显的。从《改革法案》的第二部分出版时遭到当局的否决来看，黑格尔表达自己的观点时并非是自由的，审查制度依然是阻拦思想表述的障碍。马克思在《莱茵报》被查封时期有过类似的体会，他在写给卢格的一封信中如此报怨："即使是为了自由，这种桎梏下的生活也是令人厌恶的，我讨厌这种缩手缩脚而不是大刀阔斧的做法。"① 与黑格尔的自我修正的做法不同，马克思辞去了在《莱茵报》的工作，当局"伪善、愚昧、赤裸裸的专横"使他厌倦了这种"曲意逢迎、委曲求全、忍气吞声、谨小慎微"的生活。洛苏尔多认为，"真正的问题并不在于德国古典哲学中是否存在自我审查，而在于它的确切构造和真实内容是什么"②，语言上的自我审查并不等同于理论上的妥协，前者由特定的政治形势直接决定，后者才涉及范式的"本真性"，因此，"根本概念"在出版文本中与讲演中具有本质上的不同，而出版文本中的观点与黑格尔本真的思想也不相符合。要对黑格尔作私人维度和哲学维度上的划分，是因为一些不受当权者欢迎的信徒虽与黑格尔保持着私人联系，但追随他并非源于"私人"，而是他们把黑格尔的哲学体系"作为促进反抗甚至革命的政治斗争的一个意识形态平台来解释和利用"③ 了，单凭出版文本就断定黑格尔是个复辟哲学家的陈词滥调并不起作用。雅克·董特认为，在当时的形势下，黑格尔真正的思想可以通过出版之外的其他方式去表达，因此，不能只将研究限于其公开出版物之内。同时，他在研究中指出黑格尔终其一生与共济会员关系密切，而这正说明了他在某种程度上是一个"改革者"。这是否就意味着存

---

① 《马克思恩格斯全集》第47卷，北京：人民出版社2004年版，第49页。
② 洛苏尔多：《黑格尔与现代人的自由》，丁三东等译，长春：吉林出版集团有限责任公司2008年版，第10页。
③ 同上书，第17页。

在"公开的黑格尔"与"秘传的黑格尔"两个版本？哪个版本的学说更加进步，更有说服力？这是一场持久的争论。

洛苏尔多认为，无论是把黑格尔理解为自由主义者还是反自由主义者，任何一种视对方为对黑格尔哲学误解的解读都不该加以理会，黑格尔哲学应该作为一个整体而存在。海姆与青年黑格尔派"都承认，黑格尔和他的信徒们赞赏法国大革命和法国文化及政治传统"，但马克思不认同海姆将黑格尔视为反自由主义者与复辟支持者的观点。他曾提及一篇在"内部的国家制度"问题上批判黑格尔自然法的文章，主要是针对"立宪君主制"的，可见，马克思认为黑格尔支持的既不是复辟，也不是王权，而是立宪君主制。洛苏尔多指出，马克思与恩格斯对黑格尔法哲学进行批判所引用的是公开出版的文本，而没有搜寻秘传的黑格尔，是因为他们意识到了受到审查限制的黑格尔思想在当时社会仍是最为进步的理论。我们需要明白，无论是哪个版本的黑格尔，革命与激进的情绪是不会因为语句的修改而减弱的。青年马克思对《法哲学》采取了激烈的批判态度，并非是黑格尔哲学本身的弊病，而是因为青年马克思仍处于对政治经济学的一无所知之中。在1844年后身处巴黎的马克思才逃离黑格尔哲学逻辑的阴影转向政治经济批判的新方向，这是"马克思第一次思想转变过程中哲学和政治立场转变的逻辑结果，也可以说是最为重要的一个研究方向。因为正是在后来的政治经济学批判中，马克思才实现了哲学革命，最终创立历史唯物主义"。[①] 在马克思成熟时期的著作中，尤其是在《资本论》中，可以清晰地看到黑格尔法哲学中的经济学内容对马克思的影响。而人的自由的实现最终决定于经济领域内阶级斗争中无产阶级的力量，这在《法哲学》中也可以看到类似的革命情绪的宣扬。可以设想的是，马克思在接触了政

---

① 张一兵：《马克思哲学的历史原像》，北京：人民出版社2009年版，第131页。

治经济学后，后知后觉地理解了黑格尔《法哲学》的本意，从而将关注点悄悄由黑格尔哲学逻辑移向法哲学中的经济学内容之上。研究法哲学的经济学内容中根本概念所折射出的哲学本意，将使我们看到一个与保守主义印象不符的激进的黑格尔，他为马克思的反讽哲学注入了革命的、进步的、现实的因素。

2. 黑格尔《法哲学》的激进本意

洛苏尔多认为，不应将《法哲学》的讲演文本与出版文本对立起来，应对诸多版本进行统一的解读。通过分析理性与现实、君主的权力两个论题在多种版本中不同的表述，我们可以看到，《法哲学》并不是黑格尔向保守的复辟精神的转折，而是在其中延续了革命的激情。

在《法哲学》序言中，"凡是合乎理性的东西都是现实的；凡是现实的东西都是合乎理性的"①，这一命题使黑格尔声名狼藉，但洛苏尔多不赞同伊尔延的观点，即不同意将黑格尔有关现实的合理性主张看做是对复辟政治的妥协。同时，我们也会发现，青年马克思虽然对《法哲学》进行了严厉的批判，但其批判中却并未提到这个命题。相反，在他写给父亲的信件与诗作中，却表达了对现实的合理性的赞同。② 恩格斯进行了更加透彻的论证，他认为这一命题正是表达了黑格尔哲学的革命性方面。黑格尔的本意不是将现存的一切神圣化，也不是将一切现存的东西无条件地认作是现实的，他所说的现实性是与必然性相依的，即现实"并不居于与理性对立的地位，毋宁说是彻头彻尾地合理的。任何不合理的事物，即因其不合

---

① 黑格尔：《法哲学原理》，范扬、张企泰译，北京：商务印书馆1961年版，第11页。
② 在1837年写给父亲的信中，马克思认为现有之物与应有之物之间的对立是理想主义所固有的，这将导致"无可救药的错误的划分"；在献给父亲的诗作《黑格尔。讽刺短诗》中，他写道："康德和费希特喜欢在太空遨游，寻找一个遥远的未知国度；而我只求能真正领悟，在街头巷尾遇到的日常事物！"可见，马克思并未把现实与理性的统一排除在自己的思想之外。

理，便不得认作现实"①。所以，"黑格尔的这个命题应用于当时的普鲁士国家，只是意味着：这个国家只在它是必然的时候是合乎理性的，是同理性相符合的"②。以罗马帝国与法国大革命为例，恩格斯指出，黑格尔所说的"现实性决不是某种社会状态或政治状态在一切环境和一切时代所具有的属性"③，在发展的进程中，任何曾经现实的东西都会"丧失自己的必然性、自己存在的权利、自己的合理性"而成为不现实的，并被"一种新的、富有生命力的现实的东西"④所取代。罗马共和国与法国的君主制曾经是现实的，罗马帝国与法国大革命也是现实的，但一经比较，"凡在人类历史领域中是现实的，随着时间的推移，都会成为不合理性的"⑤了。因此，"现实的东西都是合乎理性的"命题中隐含着另外一个命题，即"凡是现存的，都一定要灭亡"⑥。现实的与不现实的，合乎理性的与不合乎理性的，要么在旧事物的不加抵抗中"和平地代替"，要么在旧事物的抗拒中"通过暴力来代替"。从中我们居然可以为阶级斗争的合理性找到依据，"黑格尔哲学的真实意义和革命性质，正是在于它彻底否定了关于人的思维和行动的一切结果具有最终性质的看法"⑦。据此推理，恩格斯得出结论，历史同哲学认识一样，将会在依次更替中从人类社会的低级状态向高级状态无穷发展，而不会在人类的完美理想状态中结束，因为完美的国家与社会只有在幻想中才会出现。历史中所有的一切事物都具有暂时性，都处于不断生成与灭亡的过程中，不存在任何最终的、神圣的东西。所以，黑

---

① 黑格尔：《小逻辑》，贺麟译，北京：商务印书馆1980年版，第296页。
② 《马克思恩格斯选集》第4卷，北京：人民出版社1995年版，第215页。
③ 同上。
④ 同上书，第216页。
⑤ 同上书，第216页。
⑥ 同上书，第216页。
⑦ 同上书，第216页。

格尔的思辨哲学具有绝对的革命性，其唯一的保守性即在于"承认认识和社会的一定阶段对它那个时代和那种环境"具有"存在的理由"①。

但恩格斯也明确指出，黑格尔哲学的革命性只是我们按其辩证方法操作所得出的结论，黑格尔本人并未做出如此这般的阐述。因为其哲学体系要求他需要以绝对真理作为终点与起点，而历史的完成即是达到对绝对真理的认识，这与辩证方法无疑是自相矛盾的，彻底的革命思维便成了极其温和的政治结论。（而这也是我们曾论证过的，黑格尔的辩证法并非是绝对辩证的，而是肯定的辩证法，恩格斯认为黑格尔哲学体系有悖于辩证原则，这就是间接否定了马克思实践辩证法对黑格尔思辨哲学的继承）因此，恩格斯判断，黑格尔的"革命的方面就被过分茂密的保守的方面所窒息"②了，而马克思与恩格斯的成就即在于他们发掘出了隐匿在《法哲学》中的革命因素，并将其运用到了自己的实践哲学中。

与黑格尔最初的自由主义立场相比，海德堡法哲学的讲演让人们确信，《法哲学》是黑格尔通过神圣权力为君主辩护并对复辟政治进行"机会主义式的调整"的说明，黑格尔有关王权的论题很容易使人把他误解为支持复辟的保守主义者。君主与政治制度，谁更具有优先性，这是保守主义者与自由主义者之间的争执。保守主义者强调君主的"品格"在道德上的绝对卓越，并将其视为公民实现好的生活和真正自由的保证。因此，维持社会现状是保守主义者的主要任务，主体"品格"而不是政治和制度决定着普鲁士的现实和历史的核心。洛苏尔多认为，黑格尔的立宪君主制不是绝对君主制，他是将政治制度置于优先性的地位的，这种优先性是其政治哲学的

---

① 《马克思恩格斯选集》第4卷，北京：人民出版社1995年版，第217页。
② 同上书，第218页。

主要特征。① 在对王权的讨论中，黑格尔严格限定了主权与专制的区别。他认为，若君主的品格占于主导地位，即"特殊的意志本身就具有法律的效力，或者更确切地说，它本身就代替了法律"②，那么这将会导致"无法无天"的专制。而主权不是"独立自主的和只管自己的东西"，而是在立宪的情况下，受国家的福利规定和支配的东西，它会"构成特殊的领域和职能的理想性环节"③。黑格尔指出，保守主义者所说的君主的品格作为"特殊意志"是建立在"情绪"基础上的，但只具有"国家为首者的德是不够的，所需要的是另一种形式，即合乎理性的法律的形式而不是情绪的形式"④。所以，黑格尔认为君主制没有建立在法律"客观性"之上，它不是现代的、进步的，而是以特殊意志为基础的封建的制度。对宪法的反复强调使黑格尔的政治哲学俨然与宪政运动相一致了。但在《法哲学》的各种文本中，黑格尔对君主权力的强调还是容易使人们产生他是一个复辟主义者的错觉。洛苏尔多分析这是由于在一段时期内，宫廷或政府相比代议机构采取了一种更加进步的立场，黑格尔是在这种情况下"勉强支持立宪君主制"的，他的做法是：一方面，"把君主品格的角色猛烈地削弱为某种有名无实的领袖"⑤；另一方面，在具体政治形势的要求下，不能"把君主排除出法律规定的权力"⑥，这是从君主制向立宪君主制的转变，后者的有序化与制度化将优先于君主的"心血来潮"，合乎宪法的君主也可以引导一场"自上而下的革命或改革"。洛苏尔多认为，黑格尔选择支持立宪君主制的政

---

① 洛苏尔多：《黑格尔与现代人的自由》，丁三东等译，长春：吉林出版集团有限责任公司2008年版，第52页。
② 黑格尔：《法哲学原理》，范扬、张企泰译，北京：商务印书馆1961年版，第295页。
③ 同上书，第295页。
④ 同上书，第289页。
⑤ 洛苏尔多：《黑格尔与现代人的自由》，丁三东等译，长春：吉林出版集团有限责任公司2008年版，第54页。
⑥ 同上。

治立场,并不是选择支持绝对君主制的复辟主义立场。而对条顿党的政治和意识形态混乱的场面,他只能把这种"自上而下的政治——宪政改革期望隐藏得更深"①,并"希望王权会粉碎无双议院的抵抗"②。复辟理论家弗朗茨·冯·巴德尔将那些捍卫王权却又反对贵族极端主义者与无双议会的人看做是自由主义者和革命者,这间接表示了黑格尔并不在复辟支持者之列。而《法哲学》先于复辟时期出版,并最终回归到自由、民主的主题,这也意味着他的政治哲学并未与复辟意识形态合流。由此,洛苏尔多得出结论,黑格尔主张立宪君主制绝不是反自由主义、拥护复辟的表现,而恰恰是在争取"现实的自由"。

3. 革命与财产权(所有权):黑格尔哲学隐含的阶级斗争酵素

洛苏尔多认为,断然确定黑格尔是个保守主义者还是自由主义者,这是一个虚假的两难选择。因为他的观点既偏离了自由主义的传统,又不是保守或反动的。我们与其纠缠于一个延续至今的争论,不如关注从这场争论中浮现出的黑格尔哲学的本色。透过封建的、保守的、复辟主义的表象,洛苏尔多使黑格尔革命、进步的形象逐渐清晰起来。沿袭着他的研究,我们居然发现,马克思阶级理论的主要内容早已潜存于黑格尔的政治哲学中,革命与所有权的问题正在黑格尔哲学理论中等待着被人发酵,并引起一场轰轰烈烈的斗争。

可以说,黑格尔在其整个哲学体系中是承认革命的进步意义的。即便在《法哲学》的出版文本中,黑格尔表现为一个既存制度的维护者,但在《历史哲学》中,他却支持并赞扬了人类历史上的每一场革命,并特别为法国大革命进行了辩护,指出它对人类灵魂产生

---

① 洛苏尔多:《黑格尔与现代人的自由》,丁三东等译,长春:吉林出版集团有限责任公司2008年版,第55页。
② 同上书,第56页。

了巨大的影响力。他认为，法国大革命有其爆发的理由，这与法国不合理的社会局面不无相关。当一大堆完全违犯了思想和理性的特权、腐败堕落到极点的道德与精神充斥于国家，国家系统只能以"没有公理"的形态展现了。从人民的血汗中征收来的款项并未促进国家的发展，而是被不合理的浪费了，"压在人民肩头上可怕的沉重的负担，以及政府罗掘俱空、无法筹款来供应朝廷挥霍的情形"①成为导致革命发生的首要原因。洛苏尔多认为，虽然劳苦大众的骚乱与社会压力使法国大革命忘记了作为自由体系本身的真正任务，但是这在黑格尔看来却使"新'精神'开始活动"，同时"政治压迫逼着人去从事研究探索"②。黑格尔在海德堡法哲学讲演期间对革命有过说明，他所指的革命既可以自上而下，也可以自下而上，即"革命的进程既可以从君主也可以从人民那里开始"③。面对贵族所享有的特权，君主、贵族、人民（平民）之间的关系产生了微妙的划分。黑格尔指出，无论在斯巴达、罗马，还是在现代社会，任何以理想和自由为名义开始的反对君主中央集权的斗争，都只是一场限于贵族内部的运动。"随着国家内部生活的发展，贵族看到自己的权力被削减……国王经常从反对他们的人民那里寻求支持"④，贵族与君主之间的冲突以及贵族与平民之间的冲突，使君主和人民的利益一致，他们便结合在一起共同对抗贵族了。所以，当代议机构与当权者及人民发生矛盾时，君主的"独裁"或"专制"在废除封建

---

① 黑格尔：《历史哲学》，王造时译，上海：上海世纪出版集团2006年版，第417页。
② 同上。
③ 卡尔－海因茨·伊尔延编辑：《法哲学：汪南曼笔记》（海德堡，1817—1818）及《霍迈尔笔记》（柏林，1818—1819），斯图加特1983年版，§146A。见洛苏尔多：《黑格尔与现代人的自由》，丁三东等译，长春：吉林出版集团有限责任公司2008年版，第129页。
④ G. 拉松编辑：《世界历史哲学讲演录》，莱比锡1930年版，第691页。见洛苏尔多：《黑格尔与现代人的自由》，丁三东等译，长春：吉林出版集团有限责任公司2008年版，第141页。

特权的作为中就具有了进步的意义。黑格尔谈到的革命涉及君主、贵族和人民，这是三个阶级之间的矛盾，也是两个政治与社会主体之间的斗争。可以说，黑格尔先于马克思注意到了阶级关系的复杂性，以及在革命中的重要性，列宁在《哲学笔记》中指出，在黑格尔哲学中历史唯物主义就开始萌芽了。

在鲍比奥看来，黑格尔迷恋金字塔的顶端（君主），而不是基础（人民），所以他是个不折不扣的"保守派"。但实际上我们会发现，黑格尔在赞扬每一场诞生现代世界的革命时，也意识到了人民争取自由的运动，并非盲目地将君主作为崇拜对象。洛苏尔多认为，以王权压制贵族不等同于保守派，在某种程度上，它几乎等同于民主。黑格尔将自由作了"形式自由"与"实质自由"的区分：形式自由是自上而下的革命产生的内容，所有权的自由与个体自由包含其中，它建立的法律构成了现代社会的根本环节；而实质自由是自下而上的革命产生的内容，是客观、现实的自由，即"工作的自由，也就是一个人如其所愿地使用自己的体力的自由"①。形式自由是实质自由实现的前提条件与工具，也受到后者自下而上的推动，但是两者带有滞后的、部分的一致性，他将这种不一致看作革命的两个阶段以及向自由行进的两个步骤，其所主张的是首先进行自上而下的改革，再使形式自由赶上实质自由。黑格尔既赞成君主的改革，又赞成人民的起义，这就使君主的"专制"与"独裁"有了不同的解释，在结束旧制度的革命进程中具有了积极的意义。专制成为革命与反封建的必要环节，其所针对的是封建的贵族特权，它"第一次成功地动摇了封建结构，但这只是通往自由之路上的第一步"②。马

---

① G. 拉松编辑：《世界历史哲学讲演录》，莱比锡 1930 年版，第 927 页。见洛苏尔多：《黑格尔与现代人的自由》，丁三东等译，长春：吉林出版集团有限责任公司 2008 年版，第 114 页。
② 洛苏尔多：《黑格尔与现代人的自由》，丁三东等译，吉林出版集团有限责任公司 2008 年版，第 131 页。

克思与恩格斯承认绝对君主专制是现代社会形成的基本要素，它介于资产阶级与封建贵族之间，从而可以限制贵族膨胀的权力。马克思在《共产党宣言》对无产阶级夺取政权的描述中，对专制有过类似的看法。但不同于黑格尔将君主作为专制的主体，马克思是准备将争取民主的无产阶级上升为统治阶级的，它会"对所有权和资产阶级生产关系实行强制性的干涉"[①]。可见，马克思的"专制"相比黑格尔要包含更多的内容，其所针对的不仅是封建所有权，还有资产阶级所有权。马克思崇尚彻底的自下而上的革命，并将其作为通往自由的第一步，抛弃了君主而使无产阶级成为自身的国王，无产阶级将成为创世主代替君主对国家施行自上而下的改革。黑格尔低估了人民的力量，但并未否认人民的力量，只是对君主寄予了过多的信任与希望。这不能不影响马克思的思考，自上而下的革命以及自下而上的革命，哪种革命优先发生才会实现真正的自由？马克思的答案是后者。

　　黑格尔哲学中隐含的另外一个与马克思的阶级斗争相关的要素就是所有权（财产权）。第一次将私有财产权作为政治哲学核心问题的人是洛克，他在《政府论》中将财产权视为体现现代人自由的诸多权利中最重要的一项，认为个体的财产与其生命相比更加不可侵犯，政治权利对私人财产权的侵犯即为暴行。因此，个人为了保护自己的财产权而运用曾在自然状态中运用的手段对暴行进行抵制，这将是合法的。洛克所指的暴力是对财产权的绝对的侵犯，合法则是以对私人财产的承认为前提的。霍布斯提出了相反的观点。他将生命权置于首位，认为只有剥夺个人生命的行为才是不可宽赦的暴行，合法的范围是尊重生命权的范围。我们可以看到，法国大革命是以捍卫生命权为口号的，从马拉、罗伯斯庇尔，到巴贝夫、布朗

---

① 《马克思恩格斯选集》第1卷，北京：人民出版社1995年版，第293页。

基,以生命权的名义对资产阶级的财产权进行否定仿佛成为革命家们的救世良方。生命权与财产权的冲突是现代政治哲学的争论之一,何种权利处于优先将决定现代人的自由会以何种方式实现。黑格尔站在了洛克的对面,他反对将所有权绝对化,并主张生命权构成了比所有权更高的价值。当一个人为保存生存的权利而实施了对所有权的侵犯,这只是把生命权作为一种更高的权利加以肯定,而不是任意的暴行。以生命权对洛克私人财产权不可侵犯的论断进行反驳,黑格尔实际上是延续了霍布斯等人对财产权批判的"异端"性的传统。从《法哲学》的出版文本到讲演文本,对于私人所有权的反抗态度有增无减,在某种程度上来看,黑格尔与马克思具有相同的关注点。

　　黑格尔批判所有权的表述在两种版本的《法哲学》中有所不同,但主要观点并无差异,只是激烈程度有所收敛,这不排除黑格尔为顾及普鲁士的审制度而对部分文字做了适当修改。对照讲演文本,我们将可以理解出版文本中黑格尔本该要表达的意思。在讲演文本中,他写道:"一个快要饿死的人有绝对的权利去侵犯另一个人的所有权,因为他只是在以一个有限的方式侵犯所有权。必需的权利要求他不要侵犯另一个人诸如此类的权利:他只是对一片面包感兴趣,他不是在把别人当做没有权利的个体对待。抽象的理智倾向于把任何违法的侵犯都看做绝对的,但一个快要饿死的人只是在侵犯特殊,他没有侵犯权利本身。"① 而在公开出版文本中,这段话被修改为:"当生命遇到极度危险而与他人的合法所有权发生冲突时,它得主张紧急避难权(并不是作为公平而是作为法),因为在这种情况下,一方面定在遭到无限侵害,从而会产生整个无法状态;另一方面,只有自由的那单一的局限的定在受到侵害,因而作为法的法以及仅其

---

　　① 卡尔-海因茨·伊尔延编辑:《法哲学讲演录》,斯图加特-巴特坎施塔特1973版,第341页。见洛苏尔多:《黑格尔与现代人的自由》,丁三东等译,长春:吉林出版集团有限责任公司2008年版,第203页。

所有权遭受侵害者的权利能力,同时都得到了承认。"① 通过对比,我们可以了解到,"生命遇到极度危险"的人即为黑格尔曾提到的具有绝对的权利侵犯他人所有权的"快要饿死的人",其必需的权利(紧急避难权)是为保全生命而不法的。黑格尔认为:"克制而不为这种不法行为这件事本身是一种不法,而且是最严重的不法,因为它全部否定了自由的定在。"② 生命体现了自然意志的各种利益的普遍性,作为各种目的的总和,它是人格的定在。因此,剥夺一个人的生命权即是否定他的全部自由。而所有权是特殊的权利,对所有权的侵犯只是否定了权利的特殊部分,并不构成对权利本身的否定。黑格尔将对生命权的侵犯视为"否定无限判断",将对所有权的侵犯视为"否定判断",前者面对的是一个人无限的生命,后者面对的是有限的所有权。因此,一个人在即将饿死的情况下承受的是他人对其生存的无限侵害,而一个人的财产受到侵犯所承受的只是有限的侵害,侵害者并未否定被侵害者的法律资格。黑格尔在洛克所主张的所有权绝对化中看到了比侵犯私人财产更残酷的罪行,有产者为保全并不构成普遍性权利的财产权而不惜牺牲他人作为权利本身的生命权,否定合法主体的行为不是"快要饿死的人"去抢夺一片面包,而正是有产者对私人财产神圣性的固执坚持。

D. 亨利希将黑格尔承认极端需要权利的合法性看做他对穷人革命权利的间接阐述。黑格尔认为,"极端需要的权利"(不法)可以为对所有权的侵犯进行辩护,当穷人感觉到"被排除在了所有事情之外,受到了所有人的嘲弄,一个内在的造反必然地随之发生了"③,"只有

---

① 黑格尔:《法哲学原理》,范扬、张企泰译,北京:商务印书馆1961年版,第130页。
② 同上。
③ D. 亨利希编辑:《法哲学:1819—1820讲演》,法兰克福1983年版,第195页。见洛苏尔多:《黑格尔与现代人的自由》,丁三东等译,长春:吉林出版集团有限责任公司2008年版,第213页。

当前情况下绝对的极端需要,才许可一个违法的行为"①。在黑格尔看来,所有权所依据的是来自现实的法律,生命权所依据的是"世界精神","世界精神"处于"宪法"之上,世界精神的法才是"最根本的、神圣的、最神圣的"。所以,不法不仅合法,而且在某种程度上还是正当的,而"造反"在极端需要的压迫下必须被赋予人们。反抗权,即穷人的革命权不能在法律秩序中被发现,只能在通过历史来显示自身的"世界精神"中被发现,"世界精神"优先于"国家"以及"宪法",这样法国大革命或者其他为打造现代世界而进行的反叛运动都该受到赞颂,因为它们遵循了"世界精神"的权利。洛克与马尔萨斯把贫困归结为个体缺乏理智、勤奋、主动,并且无法利用自然的结果,这就是把穷人遇到的所有权问题全部归咎于个人了。黑格尔指责这种推卸责任的解释,因为洛克等人认为"社会的普遍贫困对个体来说是人造的自然,它必须向他呈现自身,从而他能够占有它;事实上,地球被完全地填满了,因此个体转而求助于市民社会"②。穷人"被任意胁迫着进入这个契约"③,面对的不再是自然环境中的不平等斗争,而是一场由社会制度引发的不公平竞争,在这里自我意识被推入一个极端,权利与自由并不存在。洛苏尔多指出,黑格尔超越洛克等人的地方不只在于对生命权、财产权优先性的理解上,而且在于他将大众的贫困看做一个社会问题,这引起了人们对于整个"社会—政治秩序"的质疑。

---

① D. 亨利希编辑:《法哲学:1819—1820 讲演》,法兰克福 1983 年版,第 403 页。见洛苏尔多:《黑格尔与现代人的自由》,丁三东等译,长春:吉林出版集团有限责任公司 2008 年版,第 213 页。

② 卡尔-海因茨·伊尔延编辑:《法哲学:汪南曼笔记》(海德堡,1817—1818)、《霍迈尔笔记》(柏林,1818—1819),斯图加特 1983 年版,§118A。见洛苏尔多:《黑格尔与现代人的自由》,丁三东等译,吉林出版集团有限责任公司 2008 年版,第 209 页。

③ D. 亨利希编辑:《法哲学:1819—1820 讲演》,法兰克福 1983 年版,第 195 页。见洛苏尔多:《黑格尔与现代人的自由》,丁三东等译,长春:吉林出版集团有限责任公司 2008 年版,第 206 页。

马克思接受了黑格尔关于革命与财产权的观点,并将反抗权(革命权)的依据与正当性的原因做了进一步的政治化:黑格尔的"世界精神"被马克思现实化为"全人类的解放";穷人"造反"依据的是世界精神,工人阶级对资产阶级进行反抗所依据的却是普遍的人的解放的原则;"快要饿死的人"抢夺面包的正当性在于保全作为普遍权利的生命权,工人阶级消除私有制的正当性来自于资本主义财产权的压迫;穷人反抗的是私有财产的神圣性与绝对化,工人阶级反抗的是一种不合理的社会制度。马克思认为,"因为整个的人类奴役制就包含在工人对生产的关系中"①,所以"社会从私有财产等等解放出来、从奴役制解放出来,是通过工人解放这种政治形式来表现的"②。而私有财产是异化、外化劳动的结果,是资本主义社会制度的产物,私有财产对工人阶级的压迫归根到底就是资本主义社会制度对工人阶级的压迫了。因此,黑格尔所说的穷人的"造反"以及对财产权侵犯的不法,在马克思看来,就是无产阶级的革命以及对资本主义私有制的消灭。

三、马克思对黑格尔哲学的真正继承

可以说,黑格尔的政治哲学并非要为当权政府进行维护,黑格尔也并非一个保守主义者,洛苏尔多是要还原黑格尔的左派形象。青年马克思在最开始接触黑格尔时,并未读懂法哲学的本意,从而开展了一次并不成熟的批判。随着对政治经济学研究的深入,黑格尔革命、激进的情绪越来越明显地感染了马克思,他对于黑格尔法哲学形式逻辑的批判也转为了对其中经济学内容的继承。

---

① 《马克思恩格斯选集》第1卷,北京:人民出版社1995年版,第51页。
② 同上。

1. 费尔巴哈影响下的不成熟批判

1843年秋天，马克思开始为《德国年鉴》撰稿，刊物的政治评论性质要求他必须采取一种更加系统的写作方法，他决定将黑格尔政治哲学中的术语应用到自己的评论中来。戴维·麦克莱伦认为，"马克思喜欢通过批判性地分析其他思想者的思想来展开自己的思想"①，因此汲取黑格尔哲学中的政治术语便采取了批判的方式。在克罗茨纳赫的三个月中，马克思对黑格尔的法哲学进行了深刻的反思与考察，借由以往的纯粹逻辑—政治的方法，以及对世界历史的研究和费尔巴哈人本学的影响，实现了历史唯物主义的转向。马克思对黑格尔法哲学的看法受到两方面的影响，其一是《莱茵报》时期的工作经历使他批判法哲学时更多地考虑到了社会经济方面的因素，另外是对费尔巴哈《关于哲学改造的临时纲要》一文的阅读。通过批判黑格尔的思辨神学，费尔巴哈阐述了自己的哲学唯物主义以与黑格尔相对立。他认为，黑格尔思辨哲学是"神学—思辨神学"，如同对待神学一样对它"颠倒过来，就能得到毫无掩饰的、纯粹的、显明的"②真理。黑格尔辩证法以无限作为起点与终点，有限只是精神发展的中间阶段，所以客体是"自己思想自己的思维的宾词"③。费尔巴哈批判这种始于绝对谓词的哲学，他指出"存在是主词，思维是宾词。思维是从存在而来的，然而存在并不来自思维"④，所以，真正的哲学"不应当从自身开始，而应当从它的反面从非哲学开始"⑤，即从有限与现实出发，将感觉放在首位。马克思从中受到启发：既然黑格尔哲学是颠倒的，那么黑格尔的法哲学必

---

① 戴维·麦克莱伦:《卡尔·马克思传》，王珍译，北京：中国人民大学出版社2005年版，第65页。
② 《费尔巴哈哲学著作选集》（上卷），北京：商务印书馆1984年版，第102页。
③ 同上书，第114页。
④ 同上书，第115页。
⑤ 同上书，第111页。

然也是颠倒的，费尔巴哈对宗教和哲学进行的主宾倒置批判法可以被借鉴到政治哲学中来。

虽然受到费尔巴哈的触动，但是马克思对费尔巴哈的批判颇有微词："费尔巴哈的警句只有一点不能使我满意，这就是：他过多地强调自然而过少地强调政治。"① 在将自然与政治结合的基础上，他对费尔巴哈的黑格尔哲学批判开展了修正与补充。这是马克思的批判思想从哲学逻辑向现实政治转折的初次显示，也是其哲学前提、方法论以及哲学世界观发生变革的标志。马克思所探讨的是《法哲学》中最后关于国家法的部分，即黑格尔有关哲学与现实之间矛盾的内容。通过对国家和市民社会、行政体制和官僚机制、国家制度和立法权等基本概念与命题的分析，马克思重新梳理了国家与市民社会的关系。他认为："法的关系正像国家的形式一样，即不能从它们本身来理解，也不能从所谓人类精神的一般发展来理解，相反，它们根源于物质的生活关系，这种物质的生活关系的总和……概括为'市民社会'。"②

马克思对黑格尔法哲学的批判深受费尔巴哈主宾倒置批判法的影响，两者都认为黑格尔错置了主词与宾词的位置。但不同于费尔巴哈的是，马克思从社会历史的角度分析了实际的政治制度，据此指出黑格尔错误理解了观念与现实的关系。马克思的法哲学批判实现了其哲学面向现实的重大转向。但我们必须承认，1844年以前，未深入接触政治经济学的马克思对黑格尔的法哲学有些不知所措，他不能解读出黑格尔对古典经济学批判的原意，因此只能将关注点放在对法哲学抽象思辨逻辑的批判上。与其后期的著作相比，《黑格尔法哲学批判》作为马克思第一本正式的哲学著作，观点仍是不成熟的，不能代表马克思的真正思想。随着转入经济学研究，法哲学

---

① 《马克思恩格斯全集》第27卷，北京：人民出版社1972年版，第443页。
② 《马克思恩格斯选集》第2卷，北京：人民出版社1995年版，第32页。

曾饱受批判的抽象思辨逻辑悄然淡出了马克思的视线,但在黑格尔哲学中蕴含的异化因素却逐渐引发了马克思的兴趣,这正是其将逻辑哲学概念借用于经济领域的开始。

2. 马克思对黑格尔哲学的再批判

转向政治经济学批判,是马克思发生第一次哲学和政治立场转变后的另一次重要转折,在《莱茵报》时期,这种转折就已开始酝酿了。在后期的《〈政治经济学批判〉序言》中,马克思提到,"1842—1843年间,我作为《莱茵报》的编辑,第一次遇到要对所谓物质利益发表意见的难事"①,关于林木盗窃与地产析分的讨论,农民状况的论战,以及自由贸易与保护关税之间的辩论等社会现实问题,成为"促使我去研究经济问题的最初动因"②。在巴黎对政治经济学已有所研究的马克思,开始将关注点投入了经济领域,此时的他开始意识到,"对市民社会的解剖应该到政治经济学中去寻求"③。对法学和国家学进行批判是马克思继《黑格尔法哲学批判》后的又一打算,④ 但是探讨题目的丰富多样性使其不得不以单行本的形式对各个主题进行分别批判。与政治经济学的深入接触让他把对政治哲学的研究转入了经济学的领域,并开始了将经济学与哲学两相结合的研究尝试。

从1843年夏至1844年春之间,马克思研读了17世纪晚期如阿吉尔贝尔、魁奈、詹姆斯·穆勒以及萨伊等重要经济学家的著作,并做了摘录。同时,魏特林、赫斯与恩格斯也对他产生了重大的影响,特别是恩格斯《国民经济学批判大纲》中有关私有财产与竞争

---

① 《马克思恩格斯选集》第2卷,北京:人民出版社1995年版,第31页。
② 同上书,第31页。
③ 同上书,第32页。
④ 马克思在《德法年鉴》中曾发表《〈黑格尔法哲学批判〉导言》的文章,预告要以黑格尔法哲学批判的形式对法学和国家学进行批判。

的内容引起了马克思的注意。利用妻女不在巴黎的短暂的清静时间，马克思作了大量的有关古典经济学、共产主义以及黑格尔著作的阅读笔记，其中对资产阶级政治经济学进行哲学批判的三个笔记本以《1844年经济学哲学手稿》的形式为人所知。这是马克思首次对资本主义经济制度进行考察，并对自己经济学、哲学新观点与共产主义思想进行了初步阐述。手稿首先比较了斯密学说中工资、资本的利润与地租等经济范畴，指出了斯密学说的矛盾，并分析了异化劳动与私有财产；其次思考了资本和劳动之间的关系；最后讨论了私有财产和劳动、共产主义、需要之间的必然联系，并对黑格尔的辩证法和整个哲学进行了批判。再次面对黑格尔，马克思已减轻了对于法哲学逻辑形式主宾倒置的纠结，从对黑格尔辩证法的分析入手，他进一步批判了《精神现象学》的部分内容，并进而批判了整个黑格尔体系。我们看到，黑格尔哲学中的异化概念以及对异化的扬弃成为马克思对黑格尔哲学再批判的关注点，而这也是马克思第一次将哲学概念引入政治经济学研究，并用于解释市民社会中的现实问题。

异化是黑格尔哲学体系中的重要概念，也是《1844年经济学哲学手稿》的核心概念。在对黑格尔哲学的再批判中，马克思深刻思考了黑格尔的异化理论，并在继承中有所突破。马克思指出，黑格尔具有双重的错误，一方面，在于他所说的与人的本质相异化的对象仍然属于抽象的哲学思维；另一方面，黑格尔辩证法的唯心主义性质使其没有意识到蕴含在异化与异化的扬弃中的革命意义。马克思认为，黑格尔的异化是存在于"自在和自为之间、意识和自我意识之间、客体和主体之间的对立"[①]，但由于黑格尔哲学是一个始于纯粹的思辨的思想，终于绝对知识（超人的抽象精神）的哲学精神

---

① 马克思：《1844年经济学哲学手稿》，北京：人民出版社2000年版，第99页。

自我展开的过程，所以黑格尔的异化也就只能是"抽象的思维同感性的现实或现实的感性在思想本身范围内的对立"①。人的本质是逻辑的、思辨的精神，人的本质的异化不是以"非人的方式"而是以"同抽象思维对立"的对象化形式为存在的，对人的异化对象的本质占有也只是"在意识中、在纯思维中即在抽象中"对"作为思想和思想运动的对象的占有"。② 马克思发现，《精神现象学》中已经存在了"完全否定的和批判的外表"，黑格尔的异化虽然只是一场抽象精神活动，但它却"潜在地包含着批判的一切要素，而且这些要素往往已经以远远超过黑格尔观点的方式准备好和加过工了"③。对象的否定，即对象的自我扬弃隐藏着运动的环节与批判的本质；《法哲学》中的私法、道德、家庭、市民社会、国家、世界历史，以及逻辑哲学中的从质、量、度到艺术、宗教、绝对知识，每一环节都不是孤立存在，而是在对上一环节的批判与扬弃中的"互相消融、互相产生"。但马克思认为，这种批判与扬弃只"是思想上的本质的扬弃"，它"在现实中没有触动自己的对象"。④ 而扬弃应该从"理论的人道主义的生成"转变为"实践的人道主义的生成"，在对象世界的消灭与扬弃中实现对自身对象性本质的现实的占有。马克思肯定了黑格尔在政治经济学的立场上抓住了劳动的本质，并将劳动看做人以及人的自我确证的本质，对象化的人即为劳动的结果，但黑格尔所承认的劳动依然没有摆脱抽象精神的宿命。这正是马克思政治哲学中私有财产作为劳动的异化、共产主义扬弃私有财产的理论摹本。

马克思对黑格尔哲学进行了再一次的批判，不可否认的是，黑

---

① 马克思：《1844年经济学哲学手稿》，北京：人民出版社2000年版，第99页。
② 同上书，第99页。
③ 同上书，第100页。
④ 同上书，第111页。

格尔哲学中的异化理论启发了他在政治经济学研究中对私有财产、异化劳动、资本和劳动关系、共产主义等概念的思考。虽然在1844年以后，马克思不再把异化劳动作为其理论的根本性概念，但他并未放弃对这一概念的使用。在黑格尔异化概念的影响下，以将异化理论引入政治经济学领域为楔子，马克思梳理了工人阶级、异化劳动、私有财产与阶级斗争之间的关系，这是他进入成熟的哲学研究阶段的开端。

3. 异化概念引发的阶级斗争

在文艺复兴后的近代西方哲学里，在《圣经》中处于萌芽状态的"异化"（alienatio）概念才被提升至哲学的高度。从格劳秀斯到霍布斯、洛克，"异化"体现为权利的转让。卢梭在社会契约论中，使"异化"具有了抵抗性的含义，表现为个人在放弃自身的权利与自由时个人自然权利向国家意志与公共利益的转让。费希特将"异化"第一次引申为哲学概念，把"非我"视为"自我"的"外化"，从而使"非我"成为"自我"异己的力量。弗·施莱格尔的诗化哲学源发于费希特主观哲学，"外化"以"诗化"的新形式表达了自我的对象化，这是反讽过程中的一个重要阶段。直到黑格尔，异化概念才第一次得以系统阐述，成为精神哲学的不可或缺的运动的环节。可以说，在德国古典哲学中，"异化"有其浪漫主义的根源。在前一节对青年马克思诗歌的分析中，我们看到了反讽的前兆，并从中发现"异化"概念的应用，但此时的马克思仍在费希特的影响下处于浪漫主义阶段，所以其诗歌中的"异化"与黑格尔从费希特处继承来的"异化"都属于抽象思维的活动。开始接触政治经济学后，马克思开始了对"异化"概念的重新思考，在对黑格尔异化理论的批判中，他将其引申入自己的实践哲学中，并赋予其崭新的涵义。从《1844年经济学哲学手稿》到《德意志意识形态》、《资本论》，马克思对异化概念的理解发生了由人本主义向历史唯物主义的转变，这是异化概念在马克思哲学中得以完善的三个阶段。在《1844年经济学哲学手稿》对异化概念初步研究的基础上，马克思立足于唯物史观与剩余价值，对异化概念进行了新的阐释，《德意志意识形态》与《资本论》中的异化概念虽然只是被零星提及，但却具有了更加成熟的形式。工人阶级为实现共产主义而消除资本主义私有制的阶级斗争，正是以异化与扬弃异化的理论研究为基础的。

马克思反驳了国民经济学家将私有财产看做社会财富，将生产劳动视为人的本质，将资本主义私有制当做合理的生产方式等观点。他在"当前的经济事实"中发现，工人自身反而因为生产的财富与创造的商品的增多而更加赤贫或廉价，"物的世界的增值同人的世界的贬值"是成正比的，工人劳动的产品并未依赖于生产者，却以与劳动相对立的形式成为一种"异己的存在物"。① 从工人与劳动产品、工人与生产活动本身、人与人的"类本质"与"类特性"、人与人的相异化中，马克思发现"工人生产出一个对劳动生疏的、站在劳动之外"② 与劳动发生关系的人，即资本家，而工人创造的财富却成为外化劳动的产物，即私有财产。国民经济学家将外化劳动视为私有财产运动的结果，但是"尽管私有财产表现为外化劳动的根据和原因，但确切地说，它是外化劳动的后果"③。马克思指出了私有财产的秘密，即它"一方面是外化劳动的产物，另一方面又是劳动借以外化的手段，是这一外化的实现"④。在对私有财产与异化劳动的关系进行了考察的前提下，马克思意识到，要想社会从私有财产的压迫下解放出来，社会制度从奴役制度中解放出来，只能通过工人阶级从资产阶级的剥削下得到解放而实现。马克思《1844年

---

① 马克思：《1844年经济学哲学手稿》，北京：人民出版社2000年版，第51—52页。
② 同上书，第61页。
③ 同上。
④ 同上。

经济学哲学手稿》中的异化思想是建立在对生产活动和私有财产的关系进行考察的基础上的,这也是其后期成熟阶段生产力与生产关系辩证理论的雏形。在超越黑格尔的神秘、费尔巴哈的抽象后,马克思第一次尝试对国民经济学中的矛盾问题进行解释与说明,这是其哲学转向以阶级斗争为核心内容的政治哲学的标志。

可以说,《1844年经济学哲学手稿》中的异化劳动思想仍带有抽象的费尔巴哈人本学的痕迹,在《德意志意识形态》中,马克思开始将异化表达为"现实的个人的现实的异化",这是马克思异化思想从人本学主义向历史唯物主义的转折。马克思将"扩大了的生产力"、"物化生产力总和"等概念引入对人的异化的论证,这样,在《1844年经济学哲学手稿》中表现为劳动者与劳动、劳动产品的异化,在这里就表现为"现实的劳动"与"积累起来的劳动"的异化了,而异化的实质也由一种异己的社会力量表现为异己的"私有制的力量"。马克思分析了异化产生的历史根源,指出异化在原始时期并不存在,而是随着生产力的发展、社会分工的产生才出现的,"只要私人利益和公共利益之间还有分裂,也就是说,只要分工还不是出于自愿,而是自发的,那么人本身的活动对人来说就成为一种异己的、与他对立的力量,这种力量驱使着人,而不是人驾驭着这种力量"①。分工使每个人被强加了"一定的特殊的活动范围",人的劳动也就异化了,由这种"劳动积累的必然性"导致的"劳动及其产品的不平等的分配"便造成了私有制的产生。在《1844年经济学哲学手稿》中扬弃私有财产是消除异化的方式,在此基础上,马克思提出,要使"异化成为一种'不堪忍受的'力量,即成为革命所要反对的力量"需要有两个前提,即异化要"把人类的大多数变成完全'没有财产的'人,同时这些人又和现存的有钱的有教养的世

---

① 《马克思恩格斯全集》第3卷,北京:人民出版社1960年版,第37页。

界相对立"①。这些"没有财产"的"人类的大多数"形成了一个阶级,它"承担社会的一切重负,而不能享受社会的福利"②,又因为被社会排斥而"与其余一切阶级发生最激烈的对立"③。消除异化不再是简单的对私有财产的扬弃,而是上升为被统治阶级推翻统治阶级、消灭私有制的阶级斗争形式。这个阶级的产生与对统治阶级的仇恨需要"生产力的巨大增长和高度发展",只有达到这个阶段,生产力才不会作为"生产的力量",而是作为"破坏的力量"带给统治阶级"灾难",革命的意识,即"共产主义的意识"由此产生。共产主义革命不同于以前的任何革命,它"反对活动的旧有性质,消灭劳动,并消灭任何阶级的统治以及这些阶级本身"④。因为这个革命的阶级已成为民族解体后"现今社会的一切阶级",所以由其领导的共产主义革命将使人们在实际的革命运动中普遍的发生变化。只有依靠阶级斗争,"推翻统治阶级的那个阶级""才能抛掉自己身上的一切陈旧的肮脏东西,才能建立社会的新基础"⑤。在后来的《共产党宣言》中,这个阶级以无产阶级的身份出现了,而这场共产主义革命归根到底就是一场无产阶级消灭资产阶级的斗争。

何为黑格尔留给马克思的最大遗产?马克思从黑格尔处到底继承了什么?我们曾论证马克思的实践辩证法所具有的是反讽辩证法的形式,这就间接得出结论,即黑格尔的概念辩证法并未被马克思加以肯定并全盘接受。而在对黑格尔左派形象的分析时,我们发现,马克思著作中的革命、财产权观点早已在黑格尔政治哲学中被提及,并深深感染了马克思。在黑格尔现实哲学的影响下,马克思转向实践领域寻求人类解放的有效途径。他将黑格尔的异化理论引入政治

---

① 《马克思恩格斯全集》第3卷,北京:人民出版社1960年版,第39页。
② 同上书,第77页。
③ 同上书,第77—78页。
④ 同上书,第78页。
⑤ 同上书,第78页。

经济学的研究中,把私有制视为异化在现实社会中的表现,对异化的扬弃也就嬗变成无产阶级消灭私有制、推翻资产阶级的革命运动。而阶级斗争作为马克思政治理论的核心内容成为马克思哲学最重要的组成部分。相比较于概念辩证法,黑格尔现实哲学中进步的革命观、财产权观点以及异化理论在马克思成熟的哲学体系中占据了主要的位置,产生了更大的影响。因此,我们也可以这样认为,马克思的阶级斗争理论作为实践辩证法在现实世界中的表现,其形式来源于浪漫主义的反讽辩证法,其内容来源于黑格尔的现实哲学。而无产阶级革命就是反讽哲学在现实社会中的体现,它是马克思受浪漫派和黑格尔双重影响下的结果,也是反讽与现实的合体。

A Mental Journey to the Mystery of "Blue flower"

A Study of Marx and German Romanticists

第六章
反讽哲学观下的马克思阶级理论

通过对马克思实践辩证法与阶级理论的考察，我们发现了马克思实践辩证法的浪漫主义反讽本质以及阶级理论的黑格尔现实哲学来源。马克思的无产阶级革命理论以实践辩证法作为方法论原则，因此，实践辩证法的反讽本质必然也在其阶级理论中显现出来。马克思通过实践哲学对浪漫反讽进行了修正，使反讽实现了从审美立场到实践立场、从趋向于虚无到趋向于理想、从争取消极自由到争取积极自由的转变。而马克思的无产阶级革命就是一场现实世界中的反讽，资产阶级的自戕。无产阶级作为资本主义社会的产物是反讽的化身，在向共产主义无限趋近的同时，它将依靠自身的解放力量推翻资产阶级的统治与私有制的压迫，从而实现真正的自我救赎。

第一节 马克思实践哲学对浪漫反讽的修正

马克思在博士论文笔记中将浪漫反讽看做是"内在的形式的反讽"，并在浪漫主义的直接影响下不自觉地走上了反讽哲学之路。克尔凯郭尔在以苏格拉底为主线对反讽进行概念化的分析中，将苏格拉底的古典反讽与浪漫派的浪漫反讽理解为伴随主观意识强化而产生的主观性规定。而马克思的人的自由全面发展作为主观意识强化新的"因次"，必然酝酿着一种更为全善的反讽新形式。正是在对浪漫反讽形式主义的批判中，马克思立足于实践领域，将共产主义作为现实目标,并且使主体得以获取积极的自由,从而实现了对浪漫反讽的修正。

马克思与浪漫反讽的首次交锋出现在其准备博士论文写作期间,在《关于伊壁鸠鲁哲学的笔记》中,马克思将浪漫派的反讽理解为被"当做某种哲学而提出的""一般内在形式"①,即理解为一种形式上的反讽。可以说,他对浪漫反讽的形式化是不满的。美国学者维塞尔教授在对马克思与浪漫派反讽关系的考察中,肯定了浪漫主义反讽对于青年马克思的诗歌创作乃至于马克思阶级理论的滋养作用,将无产阶级看做"反讽"主体的化身,将无产阶级革命看做一种现实化了的浪漫反讽。按照维塞尔的观点,无产阶级革命理论与反讽哲学的相似结构决定了实践哲学与浪漫反讽具有可比性。因此,如果我们将浪漫派的反讽哲学与马克思具有反讽本质的实践哲学进行对照,就可以发现后者对前者的超越。从克尔凯郭尔对浪漫反讽概念的具体规定中,我们了解到施莱格尔的反讽哲学只立足于审美领域,反讽目标为无实质性内容的纯理想化世界,反讽主体只具有消极的自由,这正是浪漫反讽形式化特征的直接体现。以克尔凯郭尔的视角,从反讽立场、反讽目标与反讽主体三个方面出发对浪漫反讽与实践哲学进行研究,我们将会发现马克思实践哲学对浪漫反讽如何实现了修正。

一、修正何以可能:从浪漫反讽到实践哲学

从古典时期、19世纪到20世纪,反讽经历了古典的、浪漫的和现代的不同阶段。罗素规定反讽具有佯装无知、苏格拉底式的反讽以及罗马式反讽三种古典形式,其中苏格拉底式的反讽是古典反讽的典型代表。这"是在辩论中佯装无知,接受对方的结论,然后用

---

① 《马克思恩格斯全集》第40卷,北京:人民出版社1982年版,第139页。

发问方法逐步引到相反的结论而驳倒对方"①　的一种谈话技艺，也是回答者绝对的无限的自我否定，即通过提问者与回答者之间所达到的紧张与窘迫，让自以为是者陷入自戕的境地。以苏格拉底反讽为策源地，德国早期浪漫派的领军人物弗·施莱格尔在费希特、谢林、施莱尔马赫的共同影响下形成了自己独特的反讽哲学，从而使反讽脱离了谈话与修辞的局限进入审美领域，并最终达到形而上的高度。浪漫反讽认为哲学既不是从"自我"出发，也不是从"非我"出发，而是从对立面（理想与现实、肯定与否定）辩证同一的观点出发、"像史诗一样，总是从中间开始"②　的绝对唯心主义。这种哲学思维主张主体与客体都是活跃的因素，反讽主体在从"自我"诗化为"非我"、"非我"否定"自我"、"非我"向"自我"的复归中重复着同一、否定对立、同一的过程，这是无限的自我否定的浪漫主义表达形式。苏氏反讽与浪漫反讽都强调反讽的自我否定特征，前者体现为谈话中的自我诘难，后者体现为逻辑中的悖论，而马克思的无产阶级革命理论正是自我否定在现实世界中的真实体现。无产阶级革命理论的反讽本质表现为资产阶级的自我否定。马克思认为资产阶级相对于封建主也曾是革命的阶级，但生产力一旦强大到生产关系无以适应的地步，工业进步演变成为无法抵抗的商业危机，"资产阶级用来推翻封建制度的武器"，就"对准资产阶级自己了"③。"资产阶级不仅锻造了置自身于死地的武器；它还产生了将要运用这种武器的人——现代的工人，即无产者"④。无产阶级作为资产阶级的产物，成为资产阶级自我否定性的最好例证。

---

①　柏拉图：《柏拉图全集》第2卷，王晓朝译，北京：人民出版社2003年版，第287页。
②　施勒格尔：《浪漫派风格——施勒格尔批评文集》，李伯杰译，北京：华夏出版社2005年版，第69页。
③　《马克思恩格斯选集》第1卷，北京：人民出版社1995年版，第278页。
④　同上。

透过克尔凯郭尔对反讽概念的分析，反讽立场、反讽目标与反讽主体在反讽哲学中的重要性突显出来，它们主导了反讽的主要内容与表现形式。马克思将浪漫反讽看做形式的反讽，而我们可以将无产阶级革命理论看做实践中的反讽，马克思的实践哲学正是在反讽的实践立场、理念的现实化目标和争取积极自由的主体三个方面，实现了对浪漫反讽的修正。

二、从克尔凯郭尔视角看马克思对"形式反讽"的修正

克尔凯郭尔在《论反讽概念》中将苏格拉底式的古典反讽与浪漫派的浪漫反讽理解为伴随主观意识强化而产生的两个反讽阶段，即反讽由于主观意识的增强而愈加完善。追随这种理解，马克思的人的自由全面发展作为主观意识强化新的"因次"，必然酝酿着一种更为全善的反讽新形式。

1. 反讽立场的转变：从审美到实践

浪漫主义是对 18 世纪现代理性主义的怀疑与反动。施米特认为反对理性主义主要有四种形式，即哲学斗争的反对形式、神秘主义的反对形式、以维柯为代表的历史的传统的反对形式以及情感式审美的反对形式。第四种反对形式属于审美形式领域，以抒情为其独特的创造模式，从抒情与感性化的角度表现出对自然、生命的情感。施米特认为，19 世纪初的德国浪漫主义便属于这种审美反动，这种作为其感性主义倾覆对象的时代哲学的概念——浪漫反讽，正是以情感式审美来实施了对现代性的第一次批判。

审美曾被施莱格尔当做综合有限性与无限性、实在论与唯心主义、诗学与哲学等对立面的最初途径。他将反讽定义为"包含并激励着一种有限与无限无法解决的冲突、一个完整的传达既必要又不

可实现的感觉"①，以及"无视一切、无限地超越一切有限事物的情绪"②的"逻辑的美"，这就是将审美，即表现对立面的悖论归入了逻辑范畴，而反讽也就表现为逻辑中的悖论，浪漫"反讽就是悖论的形式"。因此，反讽是将无限的自我否定作为哲学的基本任务的，具有逻辑学范畴的形而上学规定。克尔凯郭尔认为，浪漫主义"享受精神的否定，它以为这就是在诗意的生活着"，但浪漫反讽的追求"扬弃所有的现实，并以一种并非现实的现实来取代它"，③ 所以这种审美式的无限性只是在逃避现实。虽然浪漫主义最先戳破了资本主义掩盖矛盾的伪装，是现代性批判的源头。但是浪漫主义，无论是保守的，还是革命的，由于本身的社会、阶级局限性，都没有认识到资本主义社会关系对于人类历史进步的推动作用，它是人类历史实现从自然主义向人道主义社会理想复归的不可逾越阶段。而浪漫派对于资本主义，只是思辨意义上的批判，没有历史意义上的实践；只是逻辑范围内的否定，没有现实世界中的革命，这只能反映出浪漫主义者现代性批判手段的苍白无力。

　　马克思哲学成就了反讽立场从审美向实践的流转，这是将浪漫反讽去形式化的首个重要步骤。马克思批评浪漫派形式化的反讽哲学，因为他们的愿望也同其他哲学家一样，认为"身上作用着的观念性是现实世界的真正应有"，这种形式的反讽只是内在的自我满足。而马克思的反讽作为实践立场上的反讽，本质上是一种超越于浪漫反讽的实践反讽。马克思需要哲学具有实践性，在将应有变为实有的过程中，使反讽哲学具有实质性的内容。马克思整理博士论文笔记与写作博士论文的过程，是他寻找哲学通往现实之路的尝试，

---

① 施勒格尔：《浪漫派风格——施勒格尔批评文集》，李伯杰译，北京：华夏出版社2005年版，第57页。
② 同上书，第49页。
③ 同上书，第49—57页。

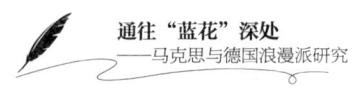

也是为形式反讽应用于实践寻找可行理由的开端。在其正确找到哲学的现实开端的时候，我们看到，马克思的哲学逐渐实现了历史唯物主义的立场，马克思的反讽其实是实践中的反讽，其哲学观不是逻辑范畴内的审美规定或纯粹思辨意义上的抽象思考，而是"哲学世界化"后的具有现实内容的理论指导。浪漫派是通过审美将主客体之间的二元对立唯心主义的统一起来，而马克思则是通过实践哲学使主客体对立的消除成为可能。反讽的绝对的无限的自我否定在浪漫派那里只局限于审美领域，而马克思则在实践中为形式反讽找到了现实的立足点，使反讽形而上的概念具备了形而下的肉身。

马克思认为资产阶级相对于封建主也曾是革命的阶级，新的生产关系也造就了"把一切封建的、宗法的和田园诗般的关系都破坏了"的生产力，但生产力一旦强大到生产关系无以适应的地步，工业进步演变成为无法抵抗的商业危机，"资产阶级用来推翻封建制度的武器"，就"对准资产阶级自己了"。马克思说，"资产阶级不仅锻造了置自身于死地的武器；它还产生了将要运用这种武器的人——现代的工人，即无产者"[1]。无产者是"通过兴起的工业运动"而产生的，"不是自然形成的而是人工制造的贫民"。无产者随着资本的发展而得到补充与联合：资本与生产方式的竞争力使"统治阶级的整批成员""降落到无产阶级的队伍里来了"，这样，"资产阶级自己就把自己的教育因素即反对自身的武器给予了无产阶级"；工人的大规模集结，"不是他们自己联合的结果"，而是"资产阶级为了达到自己的政治目的必须而且暂时"的将无产者联合的结果，这种联合又因"大工业所造成的日益发达的交通工具而得到发展"；工人成立"反对资产者的同盟"，是为保护因商业危机引起的越来越不稳定的工资；愈加趋同的内部利益与生活状况，使无产

---

[1] 《马克思恩格斯选集》第1卷，北京：人民出版社1995年版，第278页。

者组织成为无产阶级,而又因资产阶级的内部冲突而被资产阶级卷入政治运动。无产者作为大工业图景中资本主义的产物,其反对资产者的斗争最终成为了无产阶级推翻资产阶级的革命。

无产阶级的产生使马克思哲学具有了反讽的内容:资本主义社会是近代启蒙理性的产物,而无产阶级作为资产阶级的产物,必然会以其自身所具有的否定性摧毁启蒙理性的结果——资本主义社会,这是资产阶级对自身的诘难,具有真正的反讽威力。"批判的武器当然不能代替武器的批判,物质力量只能用物质力量来摧毁;但是理论一经群众掌握,也会变成物质力量。"① 在打翻立宪德国"政治的、审美的饕餮"谋划中,表现为实践能力与物质武器的无产阶级革命来得最合时宜。于是,反讽的自我否定变成作为资本主义社会产物的无产阶级对资产阶级自身的否定,无产阶级肩负起通过革命实现哲学改造世界的使命,无产阶级革命成为反讽哲学在现实中的具体说明。资产阶级作为资本主义社会的主角,从未预想到一个同时伴己而生的新的阶级正是自身的掘墓人,它将"宣告迄今为止的世界制度的解体"。

2. 反讽目标的充实:从理念的具体化到理念的现实化

克尔凯郭尔认为,为了确保反讽的无限的绝对的否定性,反讽者必须预设某种东西作为终极目标,他所设定的东西在既存本质上是一种虚无。虚无是相对于现实而言的无物。现实从形而上学的意义上与从历史的意义上来理解具有不同的含义,前者是指理念的具体化,而后者是指理念实现于现实中。因此,反讽哲学的虚无是历史意义上的理念在既存现实中的失效,而理念的具体化在失效的既存现实中是其憧憬的麦加圣地。也可以说,在反讽者的虚无中,理念的具体化与无限被否定的既存现实并存而不冲突。他在对理念具

---

① 《马克思恩格斯选集》第1卷,北京:人民出版社1995年版,第9页。

体化的冲动渴求中，执行其无限否定既存现实的命令。反讽者从不为能不能达到预设的终点而紧张或绝望，因为他从不把虚无当真。所以反讽主体可以轻松的往来于具体化理念与无限被否定的既存现实之间，无数次实行否定性的摧毁计谋。反讽者是真正的悲剧式英雄，他脱离了其生存的时代队伍，将之视作仇敌，现实对他失去了效力，他将未来设置为隐藏在背后的虚无，在趋求新事物的旌旗下架起毁灭现存秩序的枪炮。苏格拉底、施莱格尔与马克思是真正意义上的反讽家，他们一直在用反讽来诋毁城邦文化或资本主义，在用既存现实本身诋毁既存着的现实。无论是古希腊的城邦社会，还是启蒙之后的资本主义社会，都已与主体没有任何本质上的联系，既存的现实完全失去了有效性，成为阻碍主体实现自由的绊脚石。他们设定的终点，无论是佯装无知、诗化王国，还是共产主义，我们都不知其若存在于现实为何物，因为它们本质上是一种具体化理念掩盖下的虚无。

苏格拉底的无知、施莱格尔的诗化王国、马克思的共产主义都是理念具体化的不同表现形式。理念于他们的思维中，或具有具体化的趋势（苏格拉底），或具有合理的具体化预设（施莱格尔），或具有科学的具体化形式（马克思）。所不同的是，作为反讽者，苏格拉底与浪漫派不会为在思辨哲学中理念具体物与历史意义上无物的分袂而殚精竭虑，也不会为在个人生存领域中无物的无法到达而绝望，因为佯装无知、诗化王国只是他们借以摧毁希腊城邦文化或资本主义社会的理想性的虚无，他们的关注点是在通往虚无的路上。苏氏反讽基于自我否定而对肯定性无限趋近与向往，但这种肯定性的理念是什么，他却不再推敲，只是做出即将肯定的姿态，将其悬置。可以说，苏氏反讽的目标是一种欲求中的理想。相比苏格拉底对肯定的悬置，诗化王国作为浪漫反讽的目标已是一种具体化的理念，浪漫派希望实现从需求的理性王国向更崇高的世界的跃现，在对绝对生活的一致向往中使理想与现实达到融合，这种绝对生活被弗·施莱格尔规定为诗化王国。施莱格尔虽然渴求以浪漫反讽为手段来实施绝对唯心主义的哲学观，用以调和现实与理想、主体与客体、无限与有限之间的矛盾，但他却将本体论的自我与经验的、有限的自我，形而上学意义上的现实与历史意义上的现实相混淆而不加分辨。并且，浪漫反讽不承认既存现实的有效性，它否认一切历史环节来为自创的世界预留空间。因此，他只能构造出一个费希特式的系统化的世界。由于"浪漫派的无根性，他没有能力在自由抉择的基础上坚持重要的政治理念"。① 以施莱格尔、诺瓦利斯为代表的浪漫派的诗化王国构想停留在诗意阶段，只是内心的政治满足，而马克思的想象力立足于现实，以无阶级、无压迫的政治理想为无产阶级提供了革命的激情，反讽目标的具体化理念便以共产主义作为新的形象而出现了。

马克思的反讽哲学最为彻底，他的反讽趋向不仅希求予以理念具体化，即共产主义的制度构想，而且相对于苏格拉底的诘难与施莱格尔的诗句具有更加具体丰富的载体与行动——无产阶级与无产阶级革命。美国马克思学者穆尔认为，马克思思想早期中存在一个"哲学共产主义"阶段，并在后期与无产阶级共产主义结合起来。我们也可以这样说，马克思反讽哲学的归结点是理念具体化指引下的一种社会经济政治制度理想的实现。在《德意志意识形态》中，马克思将共产主义真正归入实践领域，它不再是"应当确立的状况，不是现实应当与之相适应的理想"，它成为了"那种消灭现存状况的现实的运动"，② 这是与无产阶级革命的革命目的相呼应的。共产主义具有崇高感与现实性，并非一个理想化的悬设，在否定既存现实

---

① 卡尔·施米特：《政治的浪漫派》，冯克利、刘锋译，上海：上海人民出版社2004年版，第56页。
② 《马克思恩格斯全集》第3卷，北京：人民出版社1960年版，第40页。

的同时，马克思将历史意义上的虚无转变为一场现实中的具体化理想，并为引导现实世界更加接近于理想王国而竭尽一生。一些西方学者如麦金太尔认为马克思的共产主义只是一项空洞的方案而从未详尽阐述共产主义为何物。产生这种理解上的偏差是因为，他没有意识到共产主义只是马克思针对人类史前史而构想的现实化的理念，它目前的主要任务不是规划一张理想国度的生活蓝图，而是以无产阶级对它的向往以及对革命结果的对照审查摧毁资本主义制度的目的是否实现。

3. 反讽主体的进步：从虚幻自由到现实自由

克尔恺郭尔认为反讽依赖于主观性的形式，反讽就是一种主观性的规定。"反讽的新的表现形式要能够出现，很显然主观性就需要以一种更高的形式产生效果。"① 基于概念与现象的不可分割性，反讽形式的衍变必然标志着主观性规定的流转。克尔凯郭尔将这种流转视作主观意识的逐渐强化过程，古典反讽及浪漫反讽便是世界图景中反讽的两种不同的表现形式。当苏格拉底以对话的方式呼唤主观性在世界历史中的第一次苏醒，反讽便以苏氏诘难作为其历史表现形式的首映。康德、费希特的主观唯心主义是主观性出现于世界之后所展现的更高形式，是"相应于反思之反思的主观性之主观性"，克尔凯郭尔将其称为"主观性的第二个因次"，浪漫反讽的出现也成必然。若按克尔凯郭尔的思路延展，即主观意识的强化可以导致新的反讽形态的出现，那我们是否可以将马克思主义哲学视为主观性呈现的第三因次？它是否为更高层次的主观意识，更为全善的第三种反讽形式？反讽哲学在经历了古希腊唯心主义与德国古典哲学的多次助跑之后是否可以实现其最为完美的跳跃？

---

① 索伦·奥碧·克尔凯郭尔：《论反讽概念：以苏格拉底为主线》，汤晨溪译，北京：中国社会科学出版社2005年版，第208页。

在这里，我们"需要着眼于在费希特之后极力宣扬第二个因次的主观性的立场"①。费希特将自我设定为绝对原则，自我不仅建构了整个世界，而且也直接确定了自身。具有创造性的自我与被创造的自我达于抽象的同一性，思维便被无限地解放了。然而这种思维的无限性不具有丝毫的有限性，理想主义趋向也无任何的实质性内容，所达到的至高无上的东西只是一个"应该"。自我只是在与非我的无休止的矛盾中，陷入恶的无限性，陷入无穷扬弃旧界限、面对新界限的循环。"这是一个否定与肯定的连续不断的交替，是一种自身同一性，这同一性又陷于否定，又从否定中不断恢复自己的同一性"②。在费希特的无世界论面前，主观性只具有虚幻的、无限的自由。可以说，费希特的主观唯心主义哲学观引发了施莱格尔试图解决有限与无限对立状态的热情。施莱格尔是完全站在费希特的早期立场上来开始浪漫反讽的实施的。在消除理想与现实的对立中，浪漫反讽主体在思维中将宇宙的一切变为自身的产物，变为被创造的自我，自我与非我的对立便成为了主体与世界中客观化了的主体精神之间的融合。这种"融合"是消除主体（自我）与客体（客观化的主体、被创造的自我、主观化的非我）之间的对立，即反题的环节。主体在客观化自身的自我毁灭与消除主体、客体间对立之后，将复归自身，形成新的自我创造。而新一轮的自我毁灭又在自我创造后重新拉开帷幕，无限循环。这是对绝对反题的无限否定。

施莱格尔认为主体的自由源于主体的"自我限制"，"只要人们不对自己进行限制，世界就限制人们；从而人们就变成了奴隶"③，

---

① 索伦·奥碧·克尔凯郭尔：《论反讽概念：以苏格拉底为主线》，汤晨溪译，北京：中国社会科学出版社 2005 年版，第 208 页。
② 黑格尔：《哲学史讲演录》第 4 卷，贺麟、王太庆译，北京：商务印书馆 1996 年版，第 324 页。
③ 施勒格尔：《浪漫派风格——施勒格尔批评文集》，李伯杰译，北京：华夏出版社 2005 年版，第 48 页。

而这种"自我限制""只能在人们具有无限的力量、即自我创造和自我毁灭的问题和方面中,才能实施"①。费希特的自我在无限性中只具有精神领域内的渴求与创造力,"这种强烈的渴求和欲望是无力起步的激昂情绪,是神圣的、绝对的焦躁,是一种无限的活力,可这种活力一事无成……没有任何地方可以立脚,以举起整个世界"②。在费希特的无世界论面前,主观性并不作用于现实。因此,浪漫反讽主体虽然在具有能动性与创造性的"自我限制"中实现了自由,但这种只沉迷于想象力的自由之中的自由并非为人类真正的自由,而只是虚幻的自由。

克尔凯郭尔认为,反讽的行为与主体的自由成正比,"人们越是把现实的反讽看法付诸实施,现实的覆灭也就越是大势所趋、不可回避,反讽的主体与他欲摧毁的现实相比也就越会拥有优势,他也就越是自由。"③马克思将无产阶级作为其实践反讽的主体,他对施莱格尔的超越就在于他将人作为自身目的的同时,还设定了一种达到自身目的的现实中的途径,即实践交往中的"获得全面发展其才能的手段,也就是说,只有在集体中才可能有个人自由"。浪漫反讽主体的自由可以与实际生活中的人无关,而马克思的实践主体的自由只能在社会存在中通过"自由人联合体"来实现,"自由王国只有建立在必然王国的基础上,才能繁荣起来"。由此我们可以判断,马克思相比较于施莱格尔将会采取更为彻底的反讽行为,人作为实践主体的全面自由的解放便是无产阶级作为反讽的命令执行最为有效的结果。只有马克思设定了真实的反讽主体,将无产阶级作为人民的代表与象征,历史任务的承担者与完成者。

---

① 施勒格尔:《浪漫派风格——施勒格尔批评文集》,李伯杰译,北京:华夏出版社2005年版,第49页。

② 索伦·奥碧·克尔凯郭尔:《论反讽概念:以苏格拉底为主线》,汤晨溪译,北京:中国社会科学出版社2005年版,第237页。

③ 同上。

因此，施莱格尔的浪漫反讽是一种与现实客观性无联系的主观主义反讽，只有马克思才将反讽与现实问题联系起来，赋予其实践的革命意义。真正的全善的反讽形式，其形而上的理论必定可以应用于形而下的领域，反讽将趋向于可得以科学论证的理想王国，反讽主体将获得全面的解放与现实中的自由，这将通过马克思的实践反讽哲学得以实现。美国学者维塞尔教授将马克思的无产阶级革命视为反讽在现实中的具体形式，通过马克思对浪漫反讽的修正，实践哲学在形式与内容、精神领域与现实世界中实现了反讽的双重有效性。而反讽在其经历了古典的、浪漫的两种主观形式后，终于具有了客观性的内容，达到了实践的新高度。

通过论证，我们得出实践辩证法对概念辩证法的改造其实是向反讽辩证法的还原，以及马克思在黑格尔的影响下实现了哲学的现实转向的结论。同时，黑格尔哲学中的革命、进步元素对马克思的感染以及马克思对政治经济学的研究，无形中使马克思哲学的关注点由形式逻辑转入了政治哲学。马克思将人获取自由这一抽象哲学命题理解为一场现实中的人类自我解放运动，更将这场运动归结为由经济矛盾引发的阶级斗争。马克思的历史唯物主义以实践辩证法作为核心内容，而无产阶级革命是实践辩证法在政治经济领域内的具体体现，实践辩证法的反讽本质便以现实中的自我毁灭形式在无产阶级革命中呈现出来。美国学者维塞尔考察了马克思与浪漫派反讽之间的联系，肯定了浪漫主义反讽对于青年马克思的诗歌创作乃至于马克思阶级理论的滋养，他将无产阶级看做"反讽"的化身，将无产阶级革命看做一种自我救赎的物质力量。在反讽哲学观下对马克思的阶级理论进行重新阐释，这将是在维塞尔教授研究的基础上对此问题的进一步完善。

第二节 反讽主体与无产阶级

　　阶级、无产阶级的概念在马克思哲学中占据着重要的位置,但却从来未在其哪部著作中被系统地加以论述。卢卡奇在《历史与阶级意识》中指出,"就在马克思要规定什么是阶级的时候,他的主要工作被中断了,这对无产阶级的理论和实践来讲都是一种灾难"①。马克思后来对"无产阶级"的说明只有在其与恩格斯的部分著作内被提及,而这个概念始终未得以归纳。在马克思的政治理论中,如此重要的概念却如此"相对地不确定",在雷蒙·阿隆看来这有其独特的原因,"模棱两可的含义"不仅没有限制马克思哲学的成功,反而发挥了有利作用,"概念本身越是不确定,阶级和阶级斗争的学说就越是容易传播"②。无论马克思的阐释是否清晰,从其著作中分厘出无产阶级的概念是必要的,这将更好的说明无产阶级为何可以被看做反讽的主体。

　　无产阶级之所以成为无产阶级,主要由其产生的社会条件与阶级意识两方面决定:一方面,工业社会的发展造就了产业工人的贫穷,工人阶级生产资料的绝对丧失与劳动的商品化为无产阶级的必然产生创造了社会条件;另一方面,无产阶级只有在其意识到自身的悲惨命运与革命使命时,才会被赋予无产阶级的"崇高的称号"。马克思和恩格斯在《共产党宣言》中对无产阶级的产生作了详尽的论述,雷蒙·阿隆认为,这种论述基于马克思的"历史想象":马克思相信随着资本主义的发展,即便工人收入的增加也不会避免无产阶级的绝对贫困化。无产阶级境况的极端恶化在工业社会中是否会

---

① 卢卡奇:《历史与阶级意识》,杜章智等译,北京:商务印书馆2004年版,第98页。
② 雷蒙·阿隆:《阶级斗争——工业社会新讲》,周以光译,南京:译林出版社2003年版,第14页。

真实的发生这不是重点,正如本来在真空中匀速运动的物体,在空气中遭遇阻力的状态并不影响其在真空中匀速运动的原理一样。

一、革命主体身份的必然:作为私有制的产物

马克思将阶级看做按等级划分的多个社会集团,阶级对立就是"压迫者和被压迫者,始终处于相互对立的地位,进行不断的、有时隐蔽有时公开的斗争"①。人类的全部历史就是以剥削阶级与被剥削阶级、统治阶级与被统治阶级之间的斗争为主要内容的。马克思认为在其所处的资本主义时代,社会化大生产使各个不同阶级的划分最终简单化了,"整个社会日益分裂为两大敌对阵营"与"两大相互直接对立的阶级",即资产阶级与无产阶级。② 恩格斯将这两个阶级直接定义为现代资本家阶级与现代雇佣工人阶级,他们以占有或失去生产资料、雇佣或出卖劳动作为区别。不管恩格斯的注释是否精确、全面,他道出了这样一个事实,即无产阶级是以资产阶级的相反形式存在,它的存在与资产阶级在私有制中具有绝对统治地位相关。

将无产阶级看做反讽的主体,即是将其看做马克思阶级斗争的主体,这主要在于作为资本主义私有制社会的产物,无产阶级以私有制反题的形式主导了革命的整个过程。贫穷与富有的对立,在资本主义社会中表现为无产阶级与富有的对立,"二者都是由私有制世界产生的"③。私有制,作为富有的保障,不仅要"保持自身的存在",还要"保持自己的对立面——无产阶级的存在"④;而无产阶级必须以消灭"制约着它而使它成为无产阶级的那个对立面——私

---

① 《马克思恩格斯选集》第1卷,北京:人民出版社1995年版,第272页。
② 参见《马克思恩格斯选集》第1卷,北京:人民出版社1995年版,第273页。
③ 《马克思恩格斯全集》第2卷,北京:人民出版社1957年版,第43页。
④ 同上。

有制"①的方式来消灭自身。马克思将私有制保持无产阶级存在的阶段视为"对立的肯定方面",而将无产阶级消灭私有制的阶段视为"对立的否定方面",可以说,这正是反讽过程的两个阶段,即"对资本主义的表述"与"对资本主义的否定"②。无产阶级作为资本主义社会特有的阶级,以"一个与资本主义社会力图自我呈现的形象相对立的形象"③表露了资本主义社会的本质,又因自身的"一无所有"而否定私有制存在的合理性。无产阶级在使私有制得到"自我满足"又使私有制得以"消灭自身"的反讽中确立了自己的主体地位。

马克思与恩格斯肯定了资产阶级在破坏中世纪"封建的、宗法的和田园诗般的关系"中曾经起过的革命的作用,但它随即又"用公开的、无耻的、直接的、露骨的剥削代替了由宗教幻想和政治幻想掩盖着的剥削"④,这招致了马克思与恩格斯的批判。资产阶级以不断地对生产关系、社会关系的革命来维持自身的生存,因扩大产品的销路而抢夺世界市场,以资本主义的文明征服带有仇外心理的蛮族,它"消灭生产资料、财产和人口的分散状态"⑤,只为使其更加集中以利于财产更多地聚集在自己手中,但"文明"的过剩引发了资本主义社会的危机,过于强大的生产力在现实中已无法找到与之相适应的所有制关系。因受到现存所有制的阻碍与威胁而陷入混乱的资产阶级,不得不通过"消灭大量生产力"、"夺取新的市场"以及"更加彻底地利用旧市场"的方式防止危机的过度发生。用马克思的话说,资产阶级用来毁掉封建束缚、创建现代工业社会的法

---

① 《马克思恩格斯全集》第2卷,北京:人民出版社1957年版,第43页。
② 雷蒙·阿隆:《阶级斗争——工业社会新讲》,周以光译,南京:译林出版社2003年版,第19页。
③ 同上书,第20页。
④ 《马克思恩格斯选集》第1卷,北京:人民出版社1995年版,第275页。
⑤ 同上书,第278页。

术,已"不能再支配自己用法术呼唤出来的魔鬼了","资产阶级用来推翻封建制度的武器,现在却对准资产阶级自己了"①,而这种武器的使用者就是成为现代工人的无产者。无产者以一个阶级的形式出现经历了这样一个过程,资本的发展使无产者的劳动"失去了任何独立的性质"而沦落为资产阶级的附庸,社会化大生产的竞争与淘汰使中间等级的下层、居民的所有阶级越来越多地"降落"到无产者的队伍中来,利益与生活状况的一致导致了分散的无产者的同盟,对资产阶级的共同反对因日益发达的交通而使"许多性质相同的地方性斗争汇合成全国性的斗争,汇合成阶级斗争"②,无产者组织成为阶级,并以无产阶级的身份宣告了向资产阶级的反抗。马克思认为,是"资产阶级无意中造成而又无力抵抗的工业进步,使工人通过结社而达到的革命联合代替了他们由于竞争而造成的分散状态"③,资产阶级生产了"它自身的掘墓人"。

二、革命主体身份的确证:无产阶级的自我意识

卢卡奇把阶级意识看做是由于处于"生产过程中特殊的典型的地位"而产生的"理性的适应的反应",它"不是个别无产者的心理意识,或他们全体的群体心理意识,而是变成为意识的对阶级历史地位的感觉"④。他确定了阶级意识在阶级斗争以及组织整个社会中所起到的决定性作用,什么阶级拥有阶级意识将决定什么阶级在阶级斗争后处于统治地位,统治阶级的阶级意识将会使这个阶级建造符合自己利益的社会。阶级意识程度的高低是阶级处于统治或被统治地位的原因,"如果连对自身的利益所作的归因于这些利益的深

---

① 《马克思恩格斯选集》第1卷,北京:人民出版社1995年版,第278页。
② 同上书,第281页。
③ 同上书,第284页。
④ 卢卡奇:《历史与阶级意识》,杜章智等译,北京:商务印书馆2004年版,第133页。

刻思考也没有涉及这个社会的总体的话，那么一个这样的阶级就只能起被统治的作用，就决不能影响历史的进程"①。所以，单纯的一无所有者不是马克思的无产阶级，无产阶级只有在其具有自我意识时才作为革命的主体而真正存在。"当无产阶级意识到自己是被剥削的，它不可能不认识到它的根本利益在于推翻现存社会，也就是消灭生产资料所有制"，②所以，没有意识到自身悲惨境况、没有阶级斗争革命意愿的无产者只能是逆来顺受的劳苦大众，不具有可以意识到通过革命而实现统治的能力。

拥有更加成熟的阶级意识注定了革命的无产阶级必将取代资产阶级，资产阶级将不得不面临向意识程度更成熟的无产阶级投降的命运。资产阶级的阶级意识虽然曾经在反对封建专制时期促使其取得了资本主义社会的统治权，但其阶级意识与阶级利益的辩证矛盾，即意识形态和经济基础之间不可消除的对立，却成为了资产阶级不能理解的危机。对资本主义社会危机的解决途径已超出了资产阶级本身的范围，它只能以欺骗其他阶级并抹杀其他阶级的阶级意识的形式掩盖资本主义的本性。卢卡奇认为，资产阶级的困境意味着无产阶级力量的增长，取得胜利的决定性的武器就是"正确地洞见到社会本质是首要的力量因素"③。不可否认的是，资产阶级在现实世界中在思想与组织上仍然占有优势，但无产阶级更具优势的原因在于，"它有能力从核心出发来观察社会……因而能从核心上，从改变现实上来采取行动"④，并能"自觉地把它自己的行动作为决定性的因素投放到历史发展的天平上去"⑤。因此，当资本主义被经济危

---

① 卢卡奇：《历史与阶级意识》，杜章智等译，北京：商务印书馆2004年版，第106页。
② 雷蒙·阿隆：《阶级斗争——工业社会新讲》，周以光译，南京：译林出版社2003年版，第22页。
③ 卢卡奇：《历史与阶级意识》，杜章智等译，北京：商务印书馆2004年版，第127页。
④ 同上。
⑤ 同上书，第128页。

机击中之时，人类的命运是否会被彻底改变要取决于无产阶级的意识形态是否酝酿出了足够革命的力量。无产阶级的阶级意识作为人类历史上最后的阶级意识，既要揭示社会的本质，又要实现理论和实践的内在统一，它不是"一面扛着去进行战斗的旗帜"，也不是"目标的外衣"，而本身就是目标和武器，它将会为了解放自身而宣告对资产阶级意识形态的淘汰以及对整个阶级社会的废除。

三、革命主体身份的呈现：自我异化与反讽中的反题

从对反讽的分析中我们得知，反讽主体必将经历自我——非我——自我非我同一的过程，反讽必将经历正题——反题——综合的绝对命令的三个阶段。施莱格尔认为，反讽主体知晓自身是作为无限者存在的，并清楚地意识到自己想的是什么。当他认识到无限者是永远分裂而又永远混合的力量的产物时，就会想到自己的理想，能够有机地思考理想才是完美的精神。反讽主体洞悉所处时代四分五裂的本质，他既是"随心所欲创造自己、又随心所欲创造周围世界的极度自由的主体"[1]，又是对现实社会中"极端分离与疏远"的人的处境的写照。因此，反讽主体作为主观的自我的同时，也是作为客体的自我，人的精神的本质即为"自我感觉"、"自我欣赏"、"自我反映"。这个高度反省的主体，不仅仅只是"人的现实社会孤立状态的产物"，他还是"消灭这一现实人际分离的一种不切实际的尝试"[2]。为了消除人与世界的疏离状态，反讽主体在思维中将自身物化为客体，客体便成为主体客观化后的对象，这也是主体诗化客观世界的过程。由此，客观化了的主体便占据了现实的世界，而客

---

[1] 加比托娃：《德国浪漫哲学》，王念宁译，北京：中央编译出版社2007年版，第64页。
[2] 同上。

观化了的主体的世界便成为"主体精神的放射"。在浪漫主义反讽中，施莱格尔更多强调的是自我的物化与非我的诗化，并未将非我作为自我的异化过多地加以考虑。经过黑格尔的借用，曾作为反讽环节的客观化成为了其概念辩证法的一个环节——异化。反讽与辩证法在客观化后与异化后将面对相同的发展进程，即消灭主体与客体之间对立的反题阶段。主体在完成主体与客体的综合、复归自身之前，将无限地持续消除主体、客体相分离的自我生成与自我消灭的反题状态。

马克思认为，"有产阶级和无产阶级同是人的自我异化"，但不同的是，有产阶级把这种人异化为资产阶级的事实看做"自身强大的证明"，它在这种自我异化中"获得人的生存的外观"并"感到自己是被满足的和被巩固的"。① 而无产阶级却在人异化为一无所有者的存在中"看到自己的无力和非人的生存的现实"，并"感到自己是被毁灭的"。② 境况的迥异迫使两个阶级形成了不同的意识形态，也对社会和历史采取了不同的立场：资产阶级的私欲是保守的维持社会现状并保持异化的对立；无产阶级的愿望是通过破坏性的革命摧毁现存世界中的一切，从而消灭异化带来的人类本性与"否定这种本性的生活状况"之间的矛盾。这注定了只有无产阶级才会成为反讽主体在现实中的反映，它将完成主体异化后的反讽过程而不是中断反题向合题的过渡。

无产阶级作为革命的主体在现实世界中重复了反讽主体在思维中的表现，它以人的异化以及曲折反复的阶级斗争的形式再现了反讽主体客观化自身以及处于无限反题状态的特质。与反讽主体相同，无产阶级经历了从人异化为无产者的过程，也将实现从无产者向自由的人的复归，它"在自己身上找到同一的主体——客体，行为的

---

① 参见《马克思恩格斯全集》第2卷，北京：人民出版社1957年版，第44页。
② 同上。

主体，创世的'我们'"①。而无产阶级革命将会通过毁灭的力量解决"人和自然界之间、人和人之间的矛盾"，解决"存在和本质、对象化和自我确证、自由和必然、个体和类之间的斗争"，②超越历史运动中的反题阶段，使自然主义成为"完成了的自然主义"，从而达到人道主义。无产阶级的阶级意识使其认识到了社会的本质与自身的角色，这是反讽主体高度自省的体现，它对阶级目标的追求"也就是意味着自觉地实现社会的、客观的发展目标，这些目标如果没有它的自觉参与只能仍旧是抽象的可能性、客观的限制"③。无产阶级不仅仅是资本主义社会私有制的产物，还是消除这一不合理制度的毁灭者。因此，正如卢卡奇所认为的，"只有当主体（意识、思维）同时既是辩证过程的创造者又是产物"④，主体"在一个由它自己创造的、它本身就是其意识形式的世界中运动，而且这个世界同时以完全客观的形式把自己强加给它的时候"⑤，扬弃主体与客体、思维与存在、自由与必然等的对立才成为可能。

第三节　批判、反讽与革命

维塞尔将马克思的无产阶级革命看做反讽在现实中的演绎，只是从马克思早期的著作入手，对马克思如何使浪漫派的反讽在自己的哲学中具有了现实的力量做了论述，却未对无产阶级的革命在哪些方面具有反讽的本质做进一步的说明。我们曾将反讽归结为一种趋向于理想的无限的自我否定的过程，而在无产阶级革命中这种自我否定无处不在，并昭显着反讽的光辉。这体现在，无产阶级对资

---

① 卢卡奇：《历史与阶级意识》，杜章智等译，北京：商务印书馆2004年版，第228页。
② 马克思：《1844年经济学哲学手稿》，北京：人民出版社2000年版，第81页。
③ 卢卡奇：《历史与阶级意识》，杜章智等译，北京：商务印书馆2004年版，第228页。
④ 同上书，第219页。
⑤ 同上。

产阶级的斗争,既是资产阶级的自我毁灭,也是无产阶级的自我扬弃,以及在革命爆发并取得胜利之前无产阶级革命的进程也将循环往复、艰辛痛苦。

一、无产阶级革命的自我批评

从觉醒到革命,从革命到夺取政权,从无产阶级专政到共产主义,这条预想的路线是否会顺利地进行?无可否认的是,资产阶级在资本主义社会仍然具有政治上与经济上的绝对优势,为保持自己的统治而对其对手实施的大众欺骗或强力镇压注定了无产阶级革命将"历尽艰辛、屡遭挫折"。针对革命的曲折进程,马克思在《路易·波拿巴的雾月十八日》的著作内提到,无产阶级革命需要不断地进行自我批评,而我们可以这样来看,这种自我批评其实就是反讽哲学无限的自我否定性在无产阶级革命中最为充分的体现。

马克思认为,每一场革命虽然都是"人们自己创造自己的历史",但资产阶级革命与无产阶级革命的形势完全不同。资产阶级在对封建的中世纪社会进行改造时,所面临的任务是要创造一个"前所未闻"的崭新的世界。在这种革命危机中,革命英雄请出"一切已死的先辈们的传统"为他们效劳,"借用它们的名字、战斗口号和衣服,以便穿着这种久受崇敬的服装,用这种借来的语言,演出世界历史的新的一幕"①,从而"解除桎梏"并建立现代的资产阶级社会。但当资产阶级将关注点完全集中于"财富的创造与和平竞争"之时,它却早已"忘记了古罗马的幽灵曾经守护过它的摇篮"。② 可以说,虚伪的资产阶级假借古代的英雄气概策划了自己的诞生,却在资产阶级社会诞生后抛却了它曾供奉的"先辈们的传统"。因为,

---

① 《马克思恩格斯选集》第1卷,北京:人民出版社1995年版,第585页。
② 同上书,第586页。

善忘的资产阶级革命者只是为了在这种传统中寻找"理想和艺术形式"来掩饰其斗争的"狭隘内容",只是为自己行动的合理性高唱颂歌,只是为了找到一种革命的精神,只是"为了要把自己的热情保持在伟大历史悲剧的高度上所必需的自我欺骗"①。所以,资产阶级的革命意识与其革命目的、革命结果与革命初衷之间总是不相符合的,但它从不会因此停下前进的脚步反省该如何自我调整,反而"突飞猛进,接连不断地取得胜利",争取早日实现可以使自己利益最大化的资产阶级王国。马克思指出,资产阶级革命"为时短暂",而没有反复的阶段,它"很快就达到自己的顶点","革命的戏剧效果一个胜似一个",社会对资产阶级的革命成果尚未有清醒的认识,因此便以"酒醉状态"沉溺于每天的狂欢。② 这说明,资产阶级革命从不具备无限的自我否定性,它将自己视为绝对的真理,从而可以批评、否定任意有异于它的东西。从马克思对19世纪革命的分析中我们发现,这种反讽的本质只有在无产阶级的革命中才会存在。

无产阶级革命与18世纪革命最大的不同在于具有自我批评的精神。马克思认为,这是由于无产阶级所要创造的新世界不是"前所未闻"的,而是同现存的资本主义社会完全相反的,假借古罗马的激情并不能引发无产者对于新世界的憧憬与想象。资产阶级革命"需要回忆过去的世界历史事件,为的是向自己隐瞒自己的内容"③,而无产阶级在开始自己的任务之前,需要破除人们对于过去时代的一切迷信与幻想,"一定要让死人去埋葬他们的死人,为的是自己能弄清自己的内容"④。所以,"19世纪的社会革命不能从过去,而只能从未来汲取自己的诗情"⑤,不能只是通过宣告我将建立一个什么

---

① 《马克思恩格斯选集》第1卷,北京:人民出版社1995年版,第586页。
② 参见《马克思恩格斯选集》第1卷,北京:人民出版社1995年版,第588页。
③ 《马克思恩格斯选集》第1卷,北京:人民出版社1995年版,第587页。
④ 同上。
⑤ 同上。

样的王国的华丽"辞藻"来争取人们的拥护,更要通过陈述我会如何实现这个理想国度的具体"内容"来迎得人们的信任。为证明这个"内容"的合理性,无产阶级会因此不断反省自身,只要阶级意识尚不具有现实性,没有成熟到革命一举成功的地步,革命"就会回归到它的起点,就会重复原来的状况,直至最后在经历了无数的痛苦,走了可怕的弯路后,历史的直观教育使无产阶级完成它的意识过程并因而把历史的领导权交到它的手里"①。

卢卡奇所说的革命的重复即马克思所说的无产阶级专政前的不断革命阶段。可以说,无产阶级的"不断革命"过程正是其自我批评过程,也是反讽本质的一种体现。马克思与恩格斯在对法国大革命史的研究中,发现了法国大革命"不断革命"的彻底性,并在《神圣家族》中首次使用了这个概念。他们承认法国大革命对于1848年欧洲革命的直接影响,认为"正是法国在1789年以来的全部欧洲历史中起了主要的作用,正是它现在重又发生了普遍变革的信号"②,"不断革命"成为资产阶级、小资产阶级革命家及社会主义者所描述的1848年革命的特征。在《共产党宣言》中,马克思、恩格斯将德国资产阶级革命看做是无产阶级革命的直接序幕,德国资产阶级革命将转变为社会主义革命,这就使后者延续了"不断革命"的传统,或者说,它也是"不断革命"的一个环节。1850年,马克思在《1848年至1850年的法兰西阶段斗争》与《共产主义者同盟中央委员会告同盟书》中,首次对无产阶级的"不断革命"进行了阐释,并将其视为当时无产阶级革命运动的主要策略。他指出,无产阶级的"利益"和"任务""是要不间断地进行革命,直到把一切大大小小的有产阶级的统治全部消灭,直到无产阶级夺得国家政

---

① 卢卡奇:《历史与阶级意识》,杜章智等译,北京:商务印书馆2004年版,第136页。

② 《马克思恩格斯全集》第22卷,北京:人民出版社1958年版,第594页。

权,直到无产者的联合不仅在一个国家内,而且在世界一切举足轻重的国家内都发展到使这些国家的无产者之间的竞争停止,至少是发展到使那些有决定意义的生产力集中到了无产者手中"①。也就是说,马克思将无产阶级革命看做一个需要反复论证的过程,它"经常自己批判自己"并"在前进中停下脚步",在"嘲笑自己的初次行动的不彻底性、弱点和拙劣"中返回到它的出发点,"以便重新开始把这些事情再做一遍"。②卢卡奇认为,这是无产阶级不可回避的使命,在它认识到自己的阶级地位、达到自己的阶级意识之前,必将经历诸多痛苦(它对资产阶级的批判仍然只是针对其生活方式的局部的否定,只是否定的超过被否定的东西,无法找到摆脱资本主义危机的正确出路)。③而当工人阶级发现攻击资产阶级的生产关系、毁坏外国商品、捣毁机器、烧毁工厂等斗争形式并不能改变其悲惨的命运时,它将在无路可退的情况下将批判对象上升为总体,跟整个资产阶级进行彻底、无情的清算,从而向"自己无限宏伟的目标"迈进。

二、资产阶级的自我毁灭

马克思在《神圣家族》中曾明确指出,"私有制在自己的经济运动中自己把自己推向灭亡"④,可见,反讽的自我否定性在无产阶级革命中的第二个表征就体现在资产阶级的命运上。资产阶级带来了大工业生产,大工业生产造成了无产阶级的联合,而这一切都曾是资产阶级为反对封建制度准备的,现在大工业产物的矛头却对准

---

① 《马克思恩格斯选集》第1卷,北京:人民出版社1995年版,第368页。
② 同上书,第588页。
③ 参见卢卡奇:《历史与阶级意识》,杜章智等译,北京:商务印书馆2004年版,第137页。
④ 《马克思恩格斯全集》第2卷,北京:人民出版社1957年版,第44页。

了它自身。私有制作为资产阶级对抗封建专制的答案，无产阶级作为私有制维护资产阶级统治的结果，革命作为无产阶级摧毁资产阶级压迫、废除私有制的方案，每一个环节都对产生它的上一个环节作了否定性的回答。我们发现，革命破坏了资产阶级以保持无产者的逆来顺受来确保其统治的骗局，无产阶级的贫穷拆穿了私有制下自由平等的谎言，资产阶级在资本主义社会的利益最大化揭露了它推翻封建制度的真实目的。资产阶级陷入了自戕的境地，它"不仅锻造了置自身于死地的武器；它还产生了将要运用这种武器的人——现代的工人，即无产者"①。这再现了古典反讽中苏格拉底式的反诘法，而浪漫反讽本身也来源于此。

马克思认为，私有制的自我毁灭需要两个条件，即遭遇"不以它为转移的、不自觉的、同它的意志相违背的、为客观事物的本性所制约的发展"，以及"意识到自己在精神上和肉体上贫困的贫困"和"非人性"，并把自己消灭的无产阶级。② 可以说，这两个条件都是由资产阶级创造却又反过来制约其自身的。封建的所有制关系因不再适应生产力的发展而成为阻碍生产的束缚，它的结局只能被"自由竞争以及与自由竞争相适应的社会制度和政治制度、资产阶级的经济统治和政治统治"③ 所"炸毁"，而现在这种新的所有制关系也将经历"类似的运动"。马克思将资本主义社会的历史看做"现代生产力反抗现代生产关系、反抗作为资产阶级及其统治的存在条件的所有制关系的历史"④，周期性重复发生的商业危机导致了这种反抗的持续发生。"生产过剩的瘟疫"将整个资本主义社会卷入了一场灾难，社会在大部分产品与生产力被毁掉的境况下失去了全部的

---

① 《马克思恩格斯选集》第1卷，北京：人民出版社1995年版，第278页。
② 参见《马克思恩格斯全集》第2卷，北京：人民出版社1957年版，第44页。
③ 《马克思恩格斯选集》第1卷，北京：人民出版社1995年版，第277页。
④ 同上书，第278页。

生产资料。生产力的这种发展超乎了资产阶级的想象与控制,它不仅"已经不能再促进资产阶级文明和资产阶级所有制关系的发展"①,相反,它"已经强大到这种关系所不能适应的地步,它已经受到这种关系的阻碍"②。资产阶级生产关系的狭隘性使其已无法容纳自己剥削到的财富,而一旦它"着手克服这种障碍,就使整个资产阶级社会陷入混乱,就使资产阶级所有制的存在受到威胁"③。任何一种克服危机的方法对于资产阶级来说,仿佛都是苍白无力的,马克思将之视为"资产阶级准备更全面更猛烈的危机的办法","使防止危机的手段越来越少的办法"④。所有事实都在证明,资产阶级所创造的经济发展已因不再受其控制而越来越加速它的灭亡。

在上文对革命主体身份的确认中,我们得知,无产阶级是私有制的产物。马克思将财富与资本看做资产阶级生存和统治的根本条件,将雇佣劳动看做资本的条件,将工人的自相竞争看做雇佣劳动的基础,因此,无产阶级对资产阶级的斗争使其成为私有制自我毁灭的第二个条件。以往一切在斗争中取得胜利的阶级在得到统治权后,总会千方百计地巩固其已获得的生活,它迫使社会满足其发财致富的野心,这归根到底"都是少数人的或者为少数人谋利益的运动"。而无产阶级一无所有,它没有什么自己的东西需要保护或巩固,它只有"摧毁至今保护或保障私有财产的一切",废除现存的占有方式,"炸毁构成官方社会的整个上层",才会"抬起头"、"挺起胸"地取得社会生产力的主导权。无产阶级虽然一无所有,但它可以成为一切。资产阶级赖以生存的基础就这样被无产阶级从它的脚下挖走了,它生产了自己的"掘墓人"。可

---

① 《马克思恩格斯选集》第1卷,北京:人民出版社1995年版,第278页。
② 同上。
③ 同上。
④ 同上。

以确定的是，同无产阶级的胜利无法阻挡一样，资产阶级的灭亡同样也是不可避免的事实。

三、无产阶级的自我扬弃

维塞尔认为，当无产阶级所经受的经验的苦难具有普遍性的时候，它便具有了救赎的意义。无产阶级的自我救赎就是它对自身的自我扬弃，这是反讽的自我否定性在无产阶级革命中的第三次表征。马克思的观点是，"无产阶级执行着雇佣劳动因替别人生产财富、替自己生产贫困而给自己做出的判决，同样地，它也执行着私有制因产生无产阶级而给自己做出的判决"①，它的判决就是通过消灭自身而消灭阶级社会。具有了阶级意识的无产阶级发现了自己"已完全丧失了一切合乎人性的东西，甚至完全丧失了合乎人性的外观"②，发现了它所在的社会生活已达到了违反人性的顶点。这不仅体现为理论上的损失，还直接体现为一种现实生活中的贫困，这些只有通过无产阶级的自我解放能力才能得以消除。

不论从哪个方面来说，无产阶级作为创造财富的劳动者与其生存境况相比都具极大的讽刺意味。马克思从经济事实出发，对这一现象进行了分析，将之归结为工人自身的异化。工人生产的财富与产品的增加并未改善他的生活条件，反而加速了他的贫穷与廉价，"物的世界的增值同人的世界的贬值成正比"了。私有制使工人失去了人作为人之根本的类特性，劳动成为了外在的东西，劳动产品成为了异己的产物，人与类本质、人与人之间是相对立的关系，工人因只有依赖于他人才可生存使其越来越不像人，因只有在运用动物机能时才感觉到自由而越来越像动物，这是异化现象在工人身上的

---

① 《马克思恩格斯全集》第2卷，北京：人民出版社1957年版，第44页。
② 同上书，第45页。

体现，而当工人意识到自己的无产阶级的身份时，他将是以革命主体的姿态出现的，所以异化也是革命主体所必经的阶段。反讽主体需要经历从自我到非我，再到扬弃非我、自我与非我同一的过程，而革命主体作为反讽主体在现实世界中的反映，也必将经历从工人到非人存在，再扬弃由工人异化导致的非人状态，从而实现向人性的复归的过程。

  无产阶级对自身的自我扬弃就是对自己本身生活条件的消灭，这要以消灭"集中表现在它本身处境中的现代社会的一切违反人性的生活条件"① 为前提。无产阶级需要联合为阶级去反对资产阶级，这就是要通过革命使自己成为统治阶级，然后再运用自己统治阶级的身份以暴力消除旧有的生产关系。"它在消灭这种生产关系的同时，也就消灭了阶级对立的存在条件，消灭了阶级本身的存在条件，从而消灭了它自己这个阶级的统治。"② 卢卡奇认为，共产主义实现的是真正无阶级的社会，无产阶级的存在即是阶级仍然存在的证明，无产阶级只有扬弃自身，只有在阶级斗争中废除阶级的划分，才会在自身的完善中达到真正的解放与自由。这不仅需要无产阶级要与作为其外部敌人的资产阶级进行斗争，更重要的是要与自身相斗争、与资本主义制度破坏和腐蚀它阶级意识的阴谋相斗争。无产阶级的自我扬弃不是一场一举胜利的运动，这是一个在反复思索与实践中逐步达到阶级意识的过程。卢卡奇将无产阶级在不同领域达到的不同意识阶段看做是一把尺子，认为它"可以精确地度量已经达到了什么和还应该争取什么"③，从而在不断的自我批评中接近自我扬弃的目标。自我批评保持了无产阶级行动的生命力，这是每一次不成熟的自我扬弃的组

---

  ① 《马克思恩格斯全集》第2卷，北京：人民出版社1957年版，第45页。
  ② 《马克思恩格斯选集》第1卷，北京：人民出版社1995年版，第294页。
  ③ 卢卡奇：《历史与阶级意识》，杜章智等译，北京：商务印书馆2004年版，第142页。

合，所以，"无产阶级决不能害怕自我批评，因为只有真理才能给它带来胜利"①，而真理本身就是在反复的自我考证中获得的。

第四节 黄金时代与共产主义

历史该如何发展？历史将走向何方？这是人类社会发展中每个时期都会存在的历史之谜。马克思认为，"这些谜反映了时代所提出的问题"②，而"世界史本身，除了通过提出新问题来解答和处理老问题之外，没有别的办法"。所以，每个时代所有思想和理论的研究都指向了对历史之谜的解答。浪漫派与马克思分处资本主义社会初期与中期两个不同的阶段，他们具有相同的解决时代危机的渴望。针对人类历史的发展走向，两者提出了不同的解答。诺瓦利斯作为德国早期浪漫派的另一领军人物，与施莱格尔兄弟终身保持着密切的交流与联系，他的历史哲学不仅影响了弗·施莱格尔反讽哲学观的形成，而且为反讽哲学的趋向定下了明确的基调。青年时期深受浪漫派影响的马克思，不能不为浪漫派实现黄金时代的理想所动。通过分析诺瓦利斯的黄金时代与马克思的共产主义，我们可以发现两者的内容具有惊人的相似，若除去将其视为一种巧合的可能性，这是否意味着诺瓦利斯的历史哲学间接地、潜在地影响了马克思对于人类历史发展目标的制定。

卢梭认为，人类的文化与文明带来的只是灾难，黄金时代只能在自然状态出现，人类将不能再返回遥远的过去，这是他历史悲观主义情绪的表达。不同于卢梭，德国启蒙运动者们站在了历史乐观主义一边，莱辛、赫尔德、赫姆斯特休斯、康德与费希特相信在无限遥远的未来，历史的终极目标是一个道德完善、文化发达、理性

---

① 卢卡奇：《历史与阶级意识》，杜章智等译，北京：商务印书馆2004年版，第142页。
② 《马克思恩格斯全集》第40卷，北京：人民出版社1982年版，第289页。

与自然相统一的完美时代。诺瓦利斯的历史哲学观是在卢梭与启蒙运动者的共同影响下形成的，因此更具有独特的浪漫主义性质。他将人类历史分为过去、现在、未来三个时期，处于历史发展两端的是黄金时代，也就是说，历史始于黄金时代又终结于黄金时代。当他用黄金时代描述过去时，我们看到了卢梭的影子，当他提出未来向黄金时代复归时，我们看到赫姆斯特休斯《论黄金时代》的理论重述。加比托娃认为，诺瓦利斯的历史哲学虽然纳入了黄金时代复归的观点，但不能认为他的历史哲学观是一种圆周运动，他"辩证地思考着历史的发展，也就是把历史的发展设想为沿螺旋状上升的运动"①，所以，未来向过去、黄金时代向黄金时代的还原是一种更高水平的复归。他认为，在过去的黄金时代（第一阶段）中，人与自然处于无法区分的统一，现代社会（第二阶段）中人与自然处于分离的状态，而在未来的黄金时代（第三阶段），人与自然又将恢复统一，但这种统一是划分、分离和多样化基础上的。将历史视为自然哲学与人的哲学的中介环节，将自然的历史看作人类的历史，人与自然的关系成为诺瓦利斯历史哲学努力调和的主要内容。这意味着自然的人化或人向自然的归化，即人与自然之间应建立一种"坦诚相见"的联系，只有这样人才能"感到自己在世界上就像在家里一样"。诺瓦利斯认为，人对自然的不同的认识形式构成了人类文化、文明与生活方式的不同模式与形态，决定了人类历史的不同阶段。因此，当资产阶级以科学认识作为获取自然知识的方式，将人作为自然的主宰与统治者的时候，它所建立的社会就是"新魔鬼王国"。虽然世俗的理性王国实现了资产阶级启蒙运动的理想，但它却把理性、科学与技术看做人类战胜自然的权威。这种统治从根本上来说并不具有稳定性，因为它"摧毁了事物的

---

① 加比托娃：《德国浪漫哲学》，王念宁译，北京：中央编译出版社2007年版，第184页。

本来构架",而人并不应该凌驾于自然之上,人与自然的融合才是人类历史发展的要求。未来的黄金时代即是对被理性王国破坏的人与自然的统一。

应该说,诺瓦利斯意识到了资本主义社会中人与自然的相互对立与异化,但他只是将之归罪于资产阶级认识自然、掌握自然的方式,而没有看到导致这种二元分裂的最根本的原因。马克思以共产主义作为对黄金时代的表达,作为解决资本主义社会中人与自然矛盾的方案,在这一点上,马克思与诺瓦利斯是相似的。但超越诺瓦利斯的是,他认识到人与自然的二元分裂即是人的本质的丧失,造成这种局面的原因不是一个认识问题,而是一个实践问题,它是由资产阶级的私有制本质造成的。对于黄金时代的实现,诺瓦利斯寄希望于诗人,因为只有诗人能真正理解人与自然的关系;而对于共产主义的实现,马克思寄希望于无产阶级,因为只有无产阶级才具有重新占据人类本质的渴望。这样来看,诗人与无产阶级"的需要代表了人类要成为'最高存在'的需要,这样的阶级将发挥拯救者的作用。因此,总代表也有理想的含义、神话诗学的意义",或者我们可以这样说,马克思的无产阶级即将是革命胜利后共产主义社会中的诗人。

屈贝尔、迈尔、克莱福特等部分西方学者肯定了诺瓦利斯的历史哲学观具有辩证的基础,在某种程度上,诺瓦利斯与席勒、弗·施莱格尔一起优先于黑格尔,主导了18世纪末即法国大革命后十年间的"辩证的历史形而上学"的发展。可以说,弗·施莱格尔的反讽哲学与诺瓦利斯的历史哲学是在相互影响下共同形成的,他们的哲学或多或少的互相采纳了对方的合理因素。因此,把与马克思没有直接传承关系的诺瓦利斯同马克思作比较并无不妥,德国早期浪漫派的哲学是作为一个整体影响了耶拿时期的马克思,并进而影响到他对历史之谜的初次解答。

马克思在1844年开始了对历史之谜的研究，他认为历史之谜指的是"人和自然界之间、人和人之间的矛盾"，即"存在和本质、对象化和自我确证、自由和必然、个体和类之间的斗争"①。而对历史之谜的解答，就是对这些斗争的真正解决。马克思将自然主义、人与自然的分离、人道主义视为人类历史发展的三个阶段，自然主义是以自然界为本体和基础的人的本质的原始体现，人道主义是人的本质的充分体现，这是人类历史的两端。而私有制破坏了人的本质的原始同一，使人与自然、人与人相异化，这是人类历史的中间阶段。共产主义是对这一中间阶段的扬弃，它将消除人与自然、人与人之间的根本对立，从而实现对人的本质的真正占有。所以，"共产主义，作为完成了的自然主义＝人道主义，而作为完成了的人道主义＝自然主义"②，人道主义向自然主义的复归不是简单恢复人的原始本质，而是"人向自身、向社会的即合乎人性的人的复归，这种复归是完全的，自觉的和在以往发展的全部财富的范围内生成的"③，共产主义是人道主义与自然主义真正的统一。

1844年的马克思虽然开始转向了政治经济学的研究，但他身上仍没有完全摆脱青年时期的浪漫主义气息（爱琳娜曾回忆，这一时期的马克思与海涅有着密切的联系，两人经常在一起推敲诗歌的写作，马克思和燕妮给予海涅极大的帮助与鼓励④），因此，他的共产主义仍然是带有理想主义色彩的一种对应有的社会状况进行的设想，对人与自然、人与人之间矛盾的解决此时只是一种在抽象的人的类本质基础上的关照，而没有转入实践领域。《1844年经济学哲学手稿》中的共产主义与诺瓦利斯的黄金时代都将关注点投向人与自然

---

① 马克思：《1844年经济学哲学手稿》，北京：人民出版社2000年版，第81页。
② 同上。
③ 同上。
④ 参见戴维·麦克莱伦：《卡尔·马克思传》，王珍译，北京：中国人民大学出版社2005年版，第93页。

关系的调和之上,即关注自然界如何才能成为人的无机的身体,以及社会如何在自然的人化和人向自然的归化中实现自然的历史与人的历史的融合,这"至多只能算是对这一谜(历史之谜)的外在敲打"①。虽然,马克思与诺瓦利斯对理想王国的构想在某一时段有过巧合,但这不能说共产主义即是黄金时代在马克思哲学的表述。因为,马克思对历史之谜的研究并未止步于此,他超越了诺瓦利斯的历史哲学观,不再把对问题的解决局限于一种抽象。到《德意志意识形态》时,马克思的共产主义才真正进入实践领域,它不再是"应当确立的状况,不是现实应当与之相适应的理想",它成为了"那种消灭现存状况的现实的运动"②,这是与无产阶级革命的革命目的相呼应的。

---

① 孙伯鍨、张一兵、唐正东:《"历史之谜"的历史性剥离与马克思哲学的深层内涵》,载于《南京大学学报(哲学·人文科学·社会科学)》2000年第1期。
② 《马克思恩格斯选集》第1卷,北京:人民出版社1995年版,第87页。

结束语

如何理解德国早期浪漫派、黑格尔与马克思之间的关系，是马克思与西方思想传统关系研究的新的关注点。对实践辩证法进行反讽本质的还原，分析黑格尔激进本色对马克思政治哲学的现实导向，并且在反讽哲学观下对马克思的阶级理论进行重新释读，是本书的核心主题。

传统的观点由于马克思对浪漫派的指责而忽略马克思哲学的浪漫主义根源，由于受恩格斯观点的影响，而将马克思对黑格尔的继承囿于对概念辩证法"颠倒"的借用。在我们看来，这两种理解并未真正从马克思哲学形成的真实图景出发，因此也就不能对马克思阶级理论进行准确的分析。在对上述观点的批判性考察的基础上，我们认为，马克思的阶级理论既是浪漫主义反讽哲学观在现实世界中的应用，也是黑格尔法哲学中革命、财产权、异化等观点在政治经济领域的体现。马克思的阶级理论是受浪漫派与黑格尔双重影响的结果，它是反讽与现实的合体。

以此为前提，我们将马克思的阶级理论解析为浪漫与现实两个维度，并分别考察德国早期浪漫派与马克思、黑格尔与马克思的理论传承关系。一方面，实践辩证法作为无产阶级革命的理论原则，是现实世界中最为全善的反讽形式。在浪漫主义哲学的影响下，马克思不自觉地走上了反讽之路，并将其青年时期的浪漫诗情延续至成熟时期的哲学著作中。另一方面，黑格尔哲学对马克思影响最大的不是其概念辩证法，而是其法哲学中穷人造反、生命权绝对优异性以及异化等政治词汇对马克思的启示。正是在对黑格尔现实哲学的批判中，马克思的反讽哲学实现了现实的转向。重新审视反讽哲学与辩证法之间的联系，发掘《法哲学》"秘传文本"中黑格尔隐藏的激进本色，这将突破旧有的认识，为马克思哲学研究提供新的视角。

马克思预言无产阶级将夺取政权，并在实现共产主义之前存在一个无产阶级的统治时期。然而事实却是，从马克思的预想提出到现在，资本主义社会并未灭亡，工人阶级反而愈发衰微和边缘化，这使马克思的阶级理论遇到了极大的挑战。当代学者对马克思无产阶级革命理论的理解存在两个极端，即或者认为工人阶级因慑于资产阶级的权威而陷入恐惧与妥协，因此无法承担阶级革命的重任，革命将不会发生；或者认为无产阶级在实现革命的胜利后，它作为统治阶级将导致恐怖的霸权。通过前文的论证，我们已将马克思的阶级理论看作反讽理论在现实社会中的具体形式，反讽哲学的无限自我否定本质决定了无产阶级革命不会是一场一举成功的运动，无产阶级专政只是向共产主义社会过渡的一个短暂阶段，它将在无产阶级的自我扬弃后自行结束。因此，革命主体的恐惧以及可能导致的霸权都是反讽维度缺失下对无产阶级革命的误读。

本书所涉及的马克思与浪漫主义关系在学术界讨论较少，尤其是将反讽概念应用于马克思主义政治理论更是没有引起较多关注，因此文献引用存在一定的难度。相对照浪漫主义与黑格尔哲学，人们更倾向于厘清浪漫主义与马克思的关系，而承认黑格尔现实哲学对马克思的影响，同时因为黑格尔对浪漫派的无情批判而将两者视为悖行的理论。本书认为两者潜在地具有相同的批判路向，更在马克思的政治理论中可以得到完美的融合，这既是本书的创新点所在，也是难点所在。在国内翻译的研究资料、参考文献相对不太丰富的情况下，论证尚存在不足之处，但学术研究从来都是一个上下求索的过程，我将在未来的学术探索中提升自身以求得理论上的完善。

主要参考书目

[1]《马克思恩格斯选集》第1—4卷,人民出版社1995年版。

[2]《马克思恩格斯全集》第2版,第1、3、22、25、30、31、32、44、45、46、47卷,人民出版社。

[3]《马克思恩格斯全集》第2卷,人民出版社1957年版。

[4]《马克思恩格斯全集》第3卷,人民出版社1960年版。

[5]《马克思恩格斯全集》第40卷,人民出版社1982年版。

[6]马克思:《1844年经济学哲学手稿》,人民出版社2000年版。

[7]《列宁选集》第1—4卷,人民出版社1995年版。

[8]《列宁全集》第2卷,人民出版社1984年版。

[9]列宁:《哲学笔记》,人民出版社1956年版。

[10]黑格尔:《精神现象学》(上、下),贺麟、王玖兴译,商务印书馆1983年版。

[11]黑格尔:《逻辑学》(上、下),杨一之译,商务印书馆1977年版。

[12]黑格尔:《小逻辑》,贺麟译,商务印书馆1980年版。

[13]黑格尔:《法哲学原理》,范扬、张企泰译,商务印书馆1961年版。

[14]黑格尔:《美学》第1卷,朱光潜译,商务印书馆2008年版。

[15]黑格尔:《哲学史讲演录》第1—4卷,贺麟、王太庆译,

商务印书馆1996年版。

[16] 黑格尔：《历史哲学》，王造时译，上海世纪出版集团2006年版。

[17] 《康德著作全集》第3—6卷，李秋零译，中国人民大学出版社2004年版。

[18] 康德：《历史理性批判文集》，何兆武译，商务印书馆2005年版。

[19] 康德：《纯粹理性批判》，蓝公武译，商务印书馆1960年版。

[20] 卢卡奇：《历史与阶级意识》，杜章智等译，商务印书馆2004年版。

[21] 维塞尔：《马克思与浪漫派的反讽——论马克思主义神话诗学的本源》，陈开华译，华东师范大学出版社2008年版。

[22] 亨利希·库诺：《马克思的历史、社会和国家学说——马克思的社会学的基本要点》，袁志英译，上海译文出版社2006年版。

[23] 雷蒙·阿隆：《阶级斗争——工业社会新讲》，周以光译，译林出版社2003年版。

[24] 乌尔里希·贝克：《风险社会》，何博闻译，译林出版社2004年版。

[25] 赫伯特·马尔库塞：《工业社会和新左派》，任立译，商务印书馆1982年版。

[26] 恩斯特·拉克劳、查特尔·墨菲：《领导权与社会主义的策略》，尹树广、鉴传今译，黑龙江人民出版社2003年版。

[27] 塞缪尔·鲍尔斯、赫伯特·金蒂斯：《民主和资本主义》，韩水法泽，商务印书馆2003年版。

[28] 爱德华·汤普森：《英国工人阶级的形成》，钱乘旦译，译林出版社2001年版。

[29] 卡尔·柯尔施：《卡尔·马克思——马克思主义的理论和

阶级运动》，熊子云等译，重庆出版社1993年版。

[30] 埃里克·欧林·赖特：《阶级》，刘磊、吕梁山译，高等教育出版社2006年版。

[31] 路易·阿尔都塞：《保卫马克思》，顾良译，商务印书馆2007年版。

[32] 伯尔基：《马克思主义的起源》，伍庆、王文扬译，华东师范大学出版社2007年版。

[33] 陈越编：《哲学与政治——阿尔都塞读本》，吉林人民出版社2003年版。

[34] 阿多尔诺：《否定的辩证法》，张峰译，重庆：重庆出版社1993年版。

[35] 戴维·麦克莱伦：《马克思以前的马克思主义》，李兴国等译，社会科学文献出版社1992年版。

[36] 戴维·麦克莱伦：《马克思以后的马克思主义》，李智译，中国人民大学出版社2008年版。

[37] 戴维·麦克莱伦：《卡尔·马克思传》，王珍译，中国人民大学出版社2005年版。

[38] 恩斯特·拉克劳、查特尔·墨菲：《领导权与社会主义的策略》，尹树广等译，黑龙江人民出版社2003年版。

[39] 约瑟夫·熊彼特：《资本主义、社会主义与民主》，吴良健译，商务印书馆1999年版。

[40] 里夫希茨：《马克思论艺术和社会理想》，人民文学出版社1983年版。

[41] 希·萨·柏拉威尔：《马克思和世界文学》，梅绍武等译，生活·读书·新知三联书店1980年版。

[42] 亚历山大·科耶夫：《黑格尔导读》，姜志辉译，译林出版社2005年版。

［43］赫伯特·马尔库塞：《理性和革命——黑格尔和社会理论的兴起》，程志民等译，上海人民出版社2007年版。

［44］路易·阿尔都塞：《黑格尔的幽灵——政治哲学论文集》，唐正东译，南京大学出版社2005年版。

［45］邱立波编译：《黑格尔与普世秩序》，华夏出版社2009年版。

［46］哈贝马斯：《现代性的哲学话语》，曹卫东等译，译林出版社2004年版。

［47］查尔斯·泰勒：《黑格尔》，张国清、朱进东译，译林出版社2002年版。

［48］沃·考夫曼：《黑格尔——一种新解说》，张翼星译，北京大学出版社1989年版。

［49］洛苏尔多：《黑格尔与现代人的自由》，丁三东等译，吉林出版集团有限责任公司2008年版。

［50］捷·伊·奥伊则尔曼主编：《辩证法史》，徐若木、冯文光译，人民出版社1982年版。

［51］施勒格尔：《浪漫派风格——施勒格尔批评文集》，李伯杰译，华夏出版社2005年版。

［52］诺瓦利斯：《夜颂中的革命和宗教——诺瓦利斯选集卷一》，林克等译，华夏出版社2007年版。

［53］诺瓦利斯：《大革命与诗化小说——诺瓦利斯选集卷二》，林克等译，华夏出版社2008年版。

［54］加比托娃：《德国浪漫哲学》，王念宁译，中央编译出版社2007年版。

［55］以赛亚·伯林：《浪漫主义的根源》，吕梁等译，译林出版社2008年版。

［56］以赛亚·伯林：《启蒙的时代：十八世纪哲学家》，孙尚扬、杨深译，译林出版社2012年版。

[57] 以赛亚·伯林:《浪漫主义时代的政治观念:它们的兴起及其对现代思想的影响》,王崟兴、张蓉译,新星出版社 2011 年版。

[58] 以赛亚·伯林:《现实感:观念及其历史研究》,潘荣荣、林茂译,译林出版社 2008 年版。

[59] 索伦·奥碧·克尔凯郭尔:《论反讽概念:以苏格拉底为主线》,汤晨溪译,中国社会科学出版社 2005 年版。

[60] 亨利希·海涅:《论浪漫派》,张玉书译,人民文学出版社 1979 年版。

[61] 曼弗雷德·弗兰克:《德国早期浪漫主义美学导论》,聂军等译,吉林人民出版社 2006 年版。

[62] 雅克·巴尊:《古典的、浪漫的、现代的》,侯蓓译,江苏教育出版社 2005 年版。

[63] 卡尔·施米特:《政治的浪漫派》,冯克利、刘锋译,上海人民出版社 2004 年版。

[64] 海登·怀特:《元史学:十九世纪欧洲的历史想像》,陈新译,译林出版社 2004 年版。

[65] 詹姆斯·施密特:《启蒙运动与现代性》,徐向东,卢华萍译,上海人民出版社 2005 年版。

[66] 卡尔·贝克尔:《18 世纪哲学家的天城》,何兆武译,生活·读书·新知三联书店 2001 年版。

[67] 马克斯·霍克海默、西奥多·阿道尔诺:《启蒙辩证法》,渠敬东、曹卫东译,上海人民出版社 2006 年版。

[68] 格特鲁德·希梅尔法布:《现代性之路:英法美启蒙运动之比较》,齐安儒译,复旦大学出版社 2011 年版。

[69]《费尔巴哈哲学著作选集》(上卷),商务印书馆 1984 年版。

[70] Burns, R. M. Pickard, H. R:《历史哲学:从启蒙到后现代性》,张羽佳译,北京师范大学出版社 2008 年版。

[71] 罗伯特·皮平:《作为哲学问题的现代主义》,阎嘉译,商务印书馆2007年版。

[72] 安东尼·J. 卡斯卡迪:《启蒙的结果》,严忠志译,商务印书馆2006年版。

[73] A. O. 洛夫乔伊:《观念史论文集》,吴相译,江苏教育出版社2005年版。

[74] 戴维·李、布赖恩·特纳:《关于阶级的冲突——晚期工业主义不平等之辩论》,姜辉译,重庆出版社2005年版。

[75] 列奥·施特劳斯:《自然权利与历史》,彭刚译,生活·读书·新知三联书店2006年版。

[76] 杰弗尼·C. 亚历山大:《社会学的理论逻辑》第2卷,夏光、戴盛中译,商务印书馆2008年版。

[77] 弗·梅林:《马克思传》,樊集译,人民出版社1972年版。

[78] 贝奈戴托·克罗齐:《历史学的理论和实际》,傅任敢译,商务印书馆1982年版。

[79] 科佩尔·S. 平森:《德国近现代史》,商务印书馆1987年版。

[80] 罗素:《西方哲学史》,马元德译,商务印书馆1982年版。

[81] 弗里德里希·希尔:《欧洲思想史》,赵复三译,广西师范大学出版社2007年版。

[82] 斯塔夫里阿诺斯:《全球通史:从史前史到21世纪》,吴象婴等译,北京大学出版社2005年版。

[83] 伯恩斯、拉尔夫:《世界文明史》,商务印书馆1987年版。

[84] 文德尔班:《哲学史教程》,罗达仁译,商务印书馆1993年。

[85] E. 卡西尔:《启蒙哲学》,顾伟铭等译,山东人民出版社1988年版。

[86] 高清海:《找回失去的"哲学自我"》,北京师范大学出版社2004年版。

[87] 孙正聿:《思想中的时代》,北京师范大学出版社 2004 年版。

[88] 孙正聿:《简明哲学通论》,高等教育出版社 2000 年版。

[89] 孙利天:《论辩证法的思维方式》,吉林人民出版社 2006 年版。

[90] 张盾:《马克思的六个经典问题》,中国社会科学出版社 2009 年版。

[91] 刘小枫:《诗化哲学》,华东师范大学出版社 2007 年版。

[92] 刘小枫:《现代人及其敌人——公法学家施米特引论》,华夏出版社 2005 年版。

[93] 赵汀阳:《坏世界研究:作为第一哲学的政治哲学》,中国人民大学出版社 2009 年版。

[94] 蒋孔阳、李醒尘:《十九世纪西方美学名著选》,复旦大学出版社 1990 年版。

[95] 张一兵:《马克思哲学的历史原像》,人民出版社 2009 年版。

[96] 孙凤城:《德国浪漫主义作品选》,人民文学出版社 1997 年版。

[97] 刘森林:《追寻主体》,社会科学文献出版社 2008 年版。

[98] 何中华:《重读马克思——一种哲学观的当代诠释》,山东人民出版社 2009 年版。

[99] 何中华:《哲学:走向本体澄明之境》,山东人民出版社 2002 年版。

[100] 吕梁山:《赖特的阶级理论研究》,中共中央党校出版社 2007 年版。

[101] 鲁克俭:《国外马克思学研究的热点问题》,中央编译出版社 2006 年版。

[102] 黄克剑:《人韵:一种对马克思的读解》,东方出版社 1996 年版。

[103] Robert C. Tucker, *Philosophy & Myth in Karl Marx*, New Brunswick (USA): Transaction Publishers, 2001.

[104] Alex Callinicos, *Is There a Future for Marxism?* London: Macmillan Pr. Ltd., 1982.

[105] Darren Webb, *Marx, Marxism, and Utopia*, Aldershot, Hants, England; Burlington, Vt.: Ashgate, 2000.

[106] Stanley Moore, *Marx on the Choice between Socialism and Communism*, Cambridge, Mass.: Harvard University Press, 1980.

[107] David MacGregor, *Hegel and Marx After the Fall of Communism*, Cardiff: University of Wales Press, 1998.

[108] Claire Colebrook, *Irony in the Work of Philosophy*, Lincoln: University of Nebraska Press, 2002.

[109] Leonard P. Wessell, Jr., *Prometheus Bound: The Mythic Structure of Karl Marx's Scientific Thinking*, Baton Rouge: Louisiana State University Press, 1984.

[110] Georges Cottier, *Du Romantisme au Marxisme*, Paris: Alsatia, 1961.

后　记

本书写作的初衷是要将浪漫主义这朵"蓝花"别上马克思严肃的衣襟。对于马克思思想的德国起源来说，德国古典哲学一直占据主流地位，而被伯林视为引发欧洲思想观念重大转折的浪漫主义却没有得到应有的重视。受维塞尔教授《马克思与浪漫派的反讽》一书的启发，本书系统地尝试将马克思与德国早期浪漫派之间的理论传承关系予以全面呈现。浪漫主义对"无限性"的向往所力求消除的是现代社会诗性生活沦陷后的聒噪情绪，马克思延续了这一"蓝花"意象，其浪漫精神体现的正是人类社会中一种基于理想性前提的批判与超越。在马克思的掌舵之下，浪漫主义这叶"醉舟"才拥有了其诗意而现实的新航道。

本书是在我 2011 年 12 月通过答辩的博士学位论文的基础上修改而成的。在本书即将付梓之际，我首先需要感谢的是我的导师张盾教授。从博士论文的选题到框架内容的构思，再到本书最终完稿，深蒙先生多年来的悉心教诲。学生必铭记于心、永志难忘。张盾先生为人谦和、治学严谨，近些年来在马克思哲学的思想史研究方面有重大的理论创见。先生虽学养醇厚，却深居简出、素朴清约。他对于学术的执著，对于人生的体悟令人心生敬佩。正是缘于先生的醍醐点化、严格要求与鼓励策勉，我才会有修炼理论素养的动力与行走学术之路的勇气。本书的顺利完成，还离不开中山大学刘森林教授的殷切关注。在进行写作与修改时，我一直深受刘先生学术思想的辐射,从他陆续发表的多篇有关浪漫主义与启蒙主义的论文中,我为自己的观点寻找到了强力的支撑。还记得在中山大学的林阴路上漫步时我们与刘先生有关浪漫主义的讨论,由衷感谢他对本文思路的认可与指点。辽宁大学陆杰荣教授对西方形而上学的理解深邃独到,在此书进行文字增补、观点完善的阶段,他以西方哲学的视角提出了若干修改意见。吉林大学哲学社会学院孙正聿教授、孙利天教授、贺来教授、王天成教授亦对我的博士论文进行了诸多指导,令我受益匪浅。博士论文完成后,曾分别寄送李德顺教授、王南湜教授、邹广文教授、胡海波教授等专家评审,得到了他们的热情鼓励与批评指教。辽宁大学的叔贵峰教授是我步入哲学森林的引路人,没有他的言传身教与鼎力推荐,我可能依然游离于哲学大门之外,从他宗教哲学的科研成果中我学习借鉴了许多研究方法。辽宁大学的张继云教授、马玉凤教授,在浪漫主义理论外文文献的收集、翻译方面提供了热情的帮助。就本书内容,我曾向李广昌、侯小丰、王庆丰、丁宁、王华、杨晓、田冠浩、袁立国等师兄(姐)、师弟多次请教,他们宽广的学术视域为我观点的最终成形提供了莫大的帮助。还有更多关心我的师长、同学与朋友们,不能一一提到他们的名字,但我始终心存感激。在此对上述人员一并表示诚挚的感谢。除此之外,我要特别感谢我的师母苏晓飞女士以及我的家人,从他们那里我汲取到了安心于学术的巨大能量,以及宽容温暖的至深亲情。

本书部分内容已在《马克思主义与现实》、《江海学刊》、《现代哲学》、《社会科学辑刊》等刊物发表,谨向这些刊物致以深深的谢意。本书的顺利出版,得益于中央编译出版社郑锦、苗永姝编辑的帮助,同时还要感谢为此书出版发行而付出宝贵时间、辛勤劳动的所有工作人员。

一年间,虽然有对博士论文的倾力修整,却仍存在一些粗疏之处。犹豫再三之后，决定尽量对原文观点不做过大的改变，以真实凿划下自己学术思想历程初期第一道笨拙而稚嫩的刻度，而纯熟自如的思想之藤终将从中蔓延滋生。学术探索是场孤独又奇幻、冒险却丰饶的航行，只有短暂的靠岸，没有终结，爱智者甘于迷醉其中。阿伦特有言："如果说一件事情是持久的，那就意味着在这件事情的结局，某种东西始终如一，一如这件事情的开端。"这位我尊崇的女哲学家的话语表达了我对哲学的真实情感：这是一种追求，无涉功利；这是一份持守，无关时间。当人以趋向于崇高的方式接近哲学、体悟哲学和印证哲学，人生便会在对神圣之光的粹集中迎来一场无法言说的精神狂欢，此时无关乎是否会引来驻足与掌声。就像浪漫派对"蓝花"的无限渴慕一样，在未来的学术生涯中，我将保有对哲学的敬畏之心，永恒而纯粹地释放我的热爱。

刘　聪
2013 年 3 月 16 日于沈阳

图书在版编目（CIP）数据

通往"蓝花"深处：马克思与德国浪漫派研究／刘聪著．—北京：中央编译出版社，2013.4
ISBN 978－7－5117－1186－1

Ⅰ.①通… Ⅱ.①刘… Ⅲ.马克思主义哲学—研究②浪漫主义—文学流派—研究—德国
Ⅳ.①B0－0②I516.099

中国版本图书馆 CIP 数据核字（2013）第 082235 号

通往"蓝花"深处——马克思与德国浪漫派研究

出 版 人	刘明清
出版统筹	薛晓源
责任编辑	郑 锦　苗永姝
责任印制	尹 珺
出版发行	中央编译出版社
地　　址	北京市西城区车公庄大街乙 5 号鸿儒大厦 B 座　邮编：100044
电　　话	（010）52612345（总编室）　（010）52612335（编辑室）
	（010）66161011（团购部）　（010）52612332（网络销售）
	（010）66130345（发行部）　（010）66509618（读者服务部）
网　　址	www.cctpbook.com
经　　销	全国新华书店
印　　刷	北京溢漾印刷有限公司
开　　本	787×1092 毫米　1/16
字　　数	225 千字
印　　张	17.5
版　　次	2013 年 4 月第 1 版第 1 次印刷
定　　价	52.00 元

本社常年法律顾问：北京市吴栾赵阎律师事务所律师　闫军　梁勤
凡有印装质量问题，本社负责调换，电话：（010）66509618